JR패스로 즐기는 일본 온천 50

JR패스로 즐기는 일본 온천 50

개정판 | 2024년 12월 20일
지은이 | 박승우
펴낸이 | 이연숙

펴낸곳 | 도서출판 덕주
출판신고 | 제2024-000061호
주소 | 서울시 종로구 십일대로457 1502호(경운동)
전화 | 02-734-1470
팩스 | 02-6280-7331
이메일 | duckjubooks@naver.com
블로그 | blog.naver.com/duckjubooks

ISBN 979-11-988146-7-8(03910)

일본 온천 여행,
패키지로
가지 마라!

JR패스로 즐기는
일본 온천 50

글·사진 박승우

도서출판
덕주

개정판을 내며 여행에 앞서

온천에서 즐기는 꿈같은 경험

2년반이 넘도록 전세계로 확산되던 코로나 사태가 엔데믹을 맞이하여 오랫동안 막혀왔던 해외 여행의 문이 열리기 시작했다. 특히 일본 여행은 가히 폭발적으로 늘어나고 있는 추세이다. 더불어 필자의 책도 독자들의 성원에 힘입어 초판 3쇄를 끝으로 2023년 10월 개정된 각지역 JR 패스 가격등 최신 정보를 업데이트한 최신 개정판을 다시 출간하게 되었다. 누구나 저렴한 JR패스 기차여행을 통해 자유롭게 다닐 수 있는 가까운 일본의 다양한 온천 명소들을 소개하고자 한다. 단, 사철(私鉄, 민영철도)이나 버스로만 갈 수 있는 곳은 제외하였다.

온천이 그다지 많지 않은 우리나라와 달리 환태평양 화산대에 속해 있는 일본에는 전국에 걸쳐 약 3,000여 곳의 온천이 있다고 알려져 있다. 태평양과 우리의 동해(일본 현지에서는 '일본해'라 부르고 태평양 쪽을 '동해'라 부른다)를 따라 있는 바닷가 온천에서 탁 트인 바다의 저녁 노을을 바라보며 즐기는 노천 온천, 빨간 단풍잎이 둥실 떠 있는 늦가을의 노천 온천, 폭설이 덮인 아름다운 설경의 고원지대나 산속 깊은 계곡에서 눈이 내리는 노천 온천 등 비경(祕境)을 만끽하며 온천욕을 즐기는 꿈같은 경험을 해볼 수 있는 온천들이 산과 바닷가 곳곳에 산재해 있다. 또한 유황천, 산성천, 알칼리천, 방사능천 등 수질과 온도가 다양한 온천수가 있어 여기에 몸을 담그고 있으면 피부가 매우 좋아지는 것을 바로 느낄 수 있다.

지난 30여 년간 출장과 여행 등으로 180여 차례 이상 일본열도 최북단의 홋카이도(北海道)부터 최남단 가고시마(鹿児島)까지 2만여 킬로미터에 달하는 JR철도 전 노선을 여러 차례 완주하면서 직접 답사하고 경험한 100여 곳의 일본 온천 가운데, 한 번쯤 가보라고 꼭 추천하고 싶은 아름다운 온천 50곳을 선정했다. 이 책에 나오는 온천 지역은 외국인 여행자들을 위한 저렴한 일본 철도회사(JR)의 각 지역 JR패스를 이용해서 기차 여행으로 누구나 쉽게 갈 수 있다. 상세한 교통편(기차 시간표, 버스 시간표)과 함께 온천의 유래, 성분, 효능, 주변 명소 등을 간단하게 소개하였다.

특히 50곳의 온천들 중 19년 연속 일본 온천 인기 1위에 꼽히는 구사쓰온천(草津温泉), 420여 년 역사의 목조건물 시마온천(四万温泉), 1,800m 고원에 8가지 색깔과 성분의 노천탕 만자코겐온천(万座高原温泉), 석유램프로 불을 밝히는 아오니온천(青荷温泉), 거친 파도가 밀려오는 바닷가 바위의 노천탕 코가네자키 후로후시온천(黄金崎不老不死温泉), 4층 전통 목조 료칸 거리의 모습이 환상적이어서 미야자키 하야오 감독의 애니메이션 〈센과 치히로의 행방불명〉의 배경이 된 긴잔온천(銀山温泉), 세계에서 단 2곳뿐인 모르(moor, 퇴적 식물성 온천)인 토카치가와온천(十勝川温泉), 봄부터 가을까지만 문을 여는 다테야마 쿠로베 협곡(立山黒部峡谷) 계곡가에 자리 잡은 노천 온천 쿠로나기온천(黒薙温泉) 등은 우리에게 잘 알려지지 않은 비경 온천이라 강력하게 추천한다.

필자의 경험을 바탕으로 3박 4일 또는 4박 5일 정도의 일정으로 누구나 쉽게 따라서 여행할 수 있도록 몇 개의 모델 코스를 기차 시간에 맞춰 일정표로 정리해놓았다. 우리에게 잘 알려진 몇 군데 한정된 온천을 다소 빠듯한 일정으로 가는 일반적인 패키지 온천 여행과는 전혀 다른, 나만의 자유롭고 낭만적인 기차 여행의 즐거움을 함께 만끽할 수 있을 것이다.

사계절 다양하고 아름다운 풍광을 즐기는 기차 여행

일본은 독일이나 스위스 못지않은 철도 강국으로서 철도망이 일본열도의 해안선인 태평양 연안과 동해(일본해)를 따라서 한 바퀴를 돌 수 있을 정도이며, 중간중간에 내륙 산간지대를 가로질러 태평양과 동해 쪽을 연결하는 로컬 노선들로 전국이 거미줄처럼 연결되어 있다. 또한 발권, 승하차, 환승 시스템도 알기 쉽게 매우 잘되어 있어 외국인들도 큰 어려움 없이 이용할 수 있다.

특히 우리나라처럼 바닷가나 산속을 운행하는 몇 개의 특정 노선에 굳이 바다열차, 계곡열차란 별칭을 붙일 필요 없이 바닷가를 따라 달리는 모든 노선들이 바다열차이고 산속 계곡을 따라 달리는 로컬 노선들은 모두가 계곡열차일 정도로 벚꽃, 신록, 단풍, 설경 등 사계절 다양하고 아름다운 풍광들을 즐길 수 있는 것 또한 일본 기차 여행의 묘미다.

고속열차인 신칸센(新幹線)을 비롯한 다양한 형태의 재래선 특급(在来線 特急)열차와 주말 및 공휴일 특정 계절 등에 운행하는 탁 트인 넓은 차창의 리조트 열차, 바다 관광열차, 만화 주인공들로 랩핑한 캐릭터 열차, 산악열차, 추억의 증기기관차(SL), 창문 없이 개방된 토롯코열차 등 다양한 모습의 열차들이 각 지역 JR철도회사들만의 서비스와 함께 운행되고 있다. 일본의 열차는 기관차가 끄는 형태가 아닌 동력 분산식 전동차 또는 디젤 기동차로 기관사 운전석이 유리창으로 되어 있어서 운전하는 모습이나 열차 진행 방향 앞쪽의 경치를 즐길 수 있는 재미도 있다.

JR일본 열차의 종류와 등급을 보다 자세히 살펴보면 다음과 같다.

신칸센

KTX와 같은 고속열차로, 전용 선로로만 운행하며 좌석권을 받는 지정석 외에 3~5량 정도 자유석도 운영하고 있어 예약 없이도 이용할 수 있다. 보통차와 그린카(특실)로 나뉘며, 도호쿠 신칸센(東北新幹線)에는 비행기 비지니스석에 버금가는 안락한 시설의 매우 비싼 '그란 클라스'도 있다. 도호쿠 신칸센 하야부사(はやぶさ)와 코마치(こまち) 등은 전 차량이 지정석으로만 운행하므로 지정석권을 발급받아야 한다.

신칸센에 탑승할 때는 재래선 개찰구로 들어간 뒤 다시 신칸센 개찰구를 한 번 더 통과해야 한다. 바로 신칸센으로 갈 수 있는 신칸센 전용 개찰구가 있는 곳도 있다. 신칸센에서 일반 열차로 환승할 때도 신칸센 개찰구를 통과한 후 환승하는 열차 플랫폼으로 가면 된다.

재래선 특급열차

신칸센 다음으로 빠른 열차로 주요 역만 정차하며 신칸센과 같이

지정석 외에 자유석과 특실이 있는 차량도 있다. 유후인노모리(ゆふ いんの森) 등 인기 있는 일부 관광열차는 전 차량이 지정석이므로 사전에 지정석을 발권받는 것이 좋다. 보통열차 요금에 특급권 요금이 추가된다.

재래선 급행, 신쾌속, 쾌속, 보통열차

정차역과 속도에 따라서 구분하는데, 보통열차는 각 역마다 모두 정차하는 가장 느린 완행열차로 카쿠에키테이샤(各駅停車)라고도 한다. 요금은 보통열차 요금으로 모두 동일하여 시간이 맞으면 쾌속 이상을 타면 좀 더 빠를 수 있다. 일부 열차에는 추가 요금을 내고 편한 좌석을 탈 수 있는 특실이 연결되어 있는 경우도 있다.

특정일 운행 특별열차, 관광열차(특급, 급행, 쾌속, 토롯코열차, SL)

대부분 전 차량 지정석 위주로 운행하여 지정석 요금이 추가된다.

일본은 다른 물가에 비해 철도 요금이 비싼 편이지만, 외국인을 위한 저렴하고 다양한 JR패스를 이용하면 대부분 위의 열차들을 편리하게 이용할 수 있다.

또한 각 역마다 지역의 특산 재료로 만든 수많은 종류의 에키벤 (駅弁, 기차역 도시락)이 있다. 〈에키벤〉이라는 장편 만화 시리즈가 나올 정도로 인기가 있으니 에키벤을 맛보며 기차 여행의 또 다른 즐거움을 느껴보기 바란다.

누구나 쉽게 따라 할 수 있는 모델 코스 소개

이 책에서는 일본열도를 동부와 서부 두 지역으로 나누고, 총 12개 패스를 이용해 갈 수 있는 온천 50곳을 소개하였다.

동부 지역

- JR동일본(東日本) : 도쿄를 중심으로 혼슈(本州) 동부와 북부 지역
- JR도카이(東海) : 도쿄부터 나고야 주변까지의 동해(태평양) 연안 지역
- JR홋카이도(北海道) : 홋카이도 전 지역

서부 지역

- JR서일본(西日本) : 교토부터 시모노세키까지 혼슈 서쪽 지역
- JR시코쿠(JR四国) : 시코쿠 섬 전 지역
- JR큐슈(九州) : 큐슈 섬 전 지역

단기 체류 외국 관광객을 위한 전국 JR패스를 비롯해 각 지역 JR회사별로 지역 JR패스를 발매하고 있어 각자 계획하는 여행 지역과 일정에 맞춰 구입해 사용하면 된다. 국내 여행사를 통해 미리 구입하면 조금 더 저렴하고 편리하다. 특히 지역 JR패스는 전국 JR패스로는 이용이 불가한 일부 사철 노선도 이용할 수 있는 장점이 있다.

신칸센 및 특급열차 영문 시간표 책자는 JR패스를 구입할 때 요청하거나 각 역의 JR 여행안내소에서 받을 수 있다. 각 역의 노선별 열차 출발 시간표는 야후재팬(transit.yahoo.co.jp/timetable)에서 확인할

수 있으나 한자 및 일본어로 되어 있으니 검색 방법을 미리 숙지해 두기 바란다. 또한 각 지방의 로컬 노선에 따라서는 작은 팸플릿 형태의 시간표가 역 창구에 비치되어 있는 곳도 많으니 활용하면 도움이 된다.

항공편은 도쿄, 오사카, 후쿠오카, 삿포로, 나고야, 오카야마, 센다이 등 직항편이 있거나 다시 운항을 재개할 대도시에서 출발할 수 있도록 일정을 구성하여 각자의 일정에 맞춰 각 항공사의 운항 스케줄을 검색해 활용하면 된다.

기차와 버스 시간표는 2024년 4월 1일부로 개정된 최신 시간표와 2024년 10월 1일부로 30여 년 만에 20-70%가량 대폭 인상된 JR패스 가격표를 수정 게재하였다. 일본의 기차 시간표는 거의 변동이 없기 때문에(5분 내외로 개정되는 경우는 있다) 2025년 4월 1일 이후에도 게재된 시간표보다 10분 정도 일찍 여유 있게 다니면 큰 어려움은 없을 것이다.

하지만 일부 만성 적자 지방 열차 노선은 매년 운행 편수가 감축되는 추세이고, 버스 역시 다소 변동 가능성이 있으므로 사전에 또는 도착해서 다시 한번 확인해 보는 것이 좋다. 때때로 지진, 태풍 등 천재지변이 발생하여 복구에 시간이 걸리는 경우에는 일시적으로 임시 운행 시간표가 적용되므로 이때도 사전 확인이 필요하다.

이 책에서는 출발 편 시간표(환승 및 도착)만 게재하였다. 돌아오는 일정은 현지에 도착해 각자 일정에 따라 역순으로 목적지에서 돌아오는 시간표를 확인해서 맞추기 바란다. 각 장에 소개한 지역별 JR패스로 갈 수 있는 온천 교통편과 모델 코스 일정을 참고하면 큰 어려움 없이 여행을 할 수 있으리라 생각된다.

　각 지역별 모델 코스 일정표는 필자의 시행착오와 여러 경험을 바탕으로 출발 열차 시간과 환승해야 하는 다음 열차나 버스 시간에 맞추는 데 중점을 두었다. 처음에는 다소 어려울 수 있으나 일정표상의 시간표를 사전에 잘 확인하고 각 역에서 행선지 전광판에 나오는 시간표와 플랫폼만 잘 찾아간다면 금방 익숙해질것이다. 버스 환승도 대부분 역에서 나오면 바로 버스정류장이 있기 때문에 행선지와 시간표만 잘 확인하고 타면 된다. 기본 일정표 외에도 각 온천별로 소개한 열차 시간표를 응용해서 원하는 일정을 만들어보면서 단축하거나 혹은 몇 개의 코스를 조합하여 더 많은 일정으로 조정할 수 있으니 참고하기 바란다.

　여기에 소개된 몇 군데의 호텔이나 료칸, 식당 등은 필자의 개인적인 경험과 생각에 기초한 것이어서 한계가 있다. 각 온천 관광협회나 료칸조합의 홈페이지 주소를 게재했으니 여기서 소개하는 호텔, 료칸, 식당과 주변 명소 등을 참고하거나 일본 호텔 전문 예약 사이트인 라쿠텐 트래블(travel.rakuten.co.kr)과 자란넷(www.jalan.net) 등을 이용해서 예약하기를 추천한다.

　아무쪼록 이 책이 일본 JR 기차 여행을 통해 온천 여행은 물론, 벚꽃과 단풍과 설경 등 사계절 아름다운 산과 계곡, 바다를 자유 여행으로 즐기는 데 도움이 되길 바란다.

개정판을 내며

2024년 12월 박승우

차례

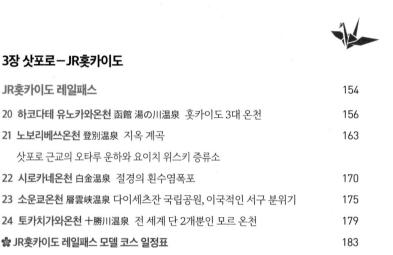

부록 일본 음식 문화 상식 사전

홋카이도
동일본
도카이
서일본
시코쿠
큐슈

아사히카와로 23
22 24
삿포로 오비히로
21
하코다테
20
아오모리
9 8
아키타 10
11
12
15
13
센다이
14
6
38
39 16 2 4
37 5 1 3
36 17
19 도쿄
18
29
32 28
34 33 31 30 나고야
35 27 교토
오카야마 오사카
히로시마
다카마쓰
26
마쓰야마 25
41
40 42 43
후쿠오카 44
46 45
47 50
나가사키
49 미야자키
가고시마
48
7

동부 지역 : 동일본, 도카이, 홋카이도

JR도쿄 와이드패스

1 구사쓰온천
2 시마온천
3 이카호온천
4 가와지온천
5 만자코겐온천
6 에치고유자와온천
7 아타가와온천

JR동일본패스 도호쿠

8 아오니온천
9 코가네자키 후로후시온천
10 유제온천
11 타자와코고원온천
12 하나마키 나마리온천
13 나루코온천
14 자오온천
15 긴잔온천

JR동일본패스 나가노·니가타

16 토가리노자와온천
17 벳쇼온천

JR히다지 프리깃푸

18 게로온천
19 신호타카온천

JR홋카이도 레일패스

20 하코다테 유노카와온천
21 노보리베쓰온천
22 시로카네온천
23 소운쿄온천
24 토카치가와온천

서부 지역 : 서일본, 시코쿠, 큐슈

JR간사이 와이드패스

25 시라하마온천
26 가다(아와시마)온천
27 아리마온천
28 아마노하시다테온천
29 오쿠이네온천
30 기노사키온천

JR산인 오카야마패스

31 미사사온천
32 토고·하와이온천
33 신지코온천
34 다마쓰쿠리온천
35 이즈모시 유노카와온천

JR호쿠리패스

36 카가온천·야마나카온천
37 아와즈온천
38 와쿠라온천
39 우나즈키온천·쿠로나기온천

JR히로시마·야마구치패스

40 유다온천
41 쓰와노온천

JR올시고쿠패스

42 도고온천
43 오보케협곡온천

JR북큐슈 레일패스

44 벳푸온천
45 유후인온천
46 다케오온천
47 우레시노온천

JR남큐슈 레일패스

48 이부스키온천
49 기리시마온천
50 타카치호온천

동부 지역

동일본, 홋카이도

1장

도쿄-JR동일본

아오모리

아키타

센다이

도쿄

JR도쿄
와이드패스
3일권

구사쓰온천, 시마온천, 이카호온천,
가와지온천, 만자코겐온천,
에치고유자와온천, 아타가와온천

JR도쿄 와이드패스 3일권은 도쿄를 중심으로 2시간 내외 거리의 유명 온천지들이 많은 도쿄 북서쪽 군마현(群馬県) 도치키현(栃木県)과 소설《설국》의 무대인 에치고유자와(越後湯沢)를 비롯해 도쿄 남서쪽 태평양 연안의 이즈반도(伊豆半島) 등 JR동일본의 지정된 구간을 나리타공항에서부터 연속으로 3일간 신칸센 및 특급열차까지 무제한 승차할 수 있는 유용한 패스다. 예를 들어 나리타공항에서 도쿄를 경유해서 신칸센으로 에치고유자와까지 갈 경우 나리타익스프레스의 편도 요금은 10,060엔(3,070엔 + 신칸센 6,990엔)이나 한다. 2024.10.1 부로 50%가 대폭 인상되었음에도 한 번만 왕복해도 JR도쿄 와이드패스의 2배 가까이 되므로 3일 동안 이용하면 비용을 대폭 절감할 수 있다. 하네다공항 입국 시에는 도쿄 모노레일을 이용해 도쿄 시내로 갈 수 있다.

특히 전국 JR패스로는 이용할 수 없는 일부 사철도 이용할 수 있는데, 온천이 많은 도쿄 서남부의 태평양 연안 이즈반도(伊豆半島) 지역을 운행하는 이즈큐코(伊豆急行)와 후지산(富士山) 기슭의 카와구치코(河口湖)까지 운행하는 후지큐코(富士急行) 열차도 이용할 수 있다.

단, 도쿄에서 출발하는 오사카 방면의 도카이도 신칸센(東海道新幹線)
은 JR도카이(JR東海)가 운행하므로 JR동일본에서 발행한 패스로는 이
용할 수 없다.

　3박 4일 이상의 일정인 경우에는 나리타-도쿄(도쿄-나리타) 구간은
사철인 도쿄역 야에스미나미구치(八重洲南口) 앞 JR버스 ⑦ ⑧ 정류
장에서 케이세이버스(京成バス)에서 운행하는 케이세이 공항셔틀버
스(1,500엔)를 이용하거나 JR우에노역 맞은편에 있는 케이세이우에
노(京成上野)역에서 나리타공항으로 운행하는 케이세이전철(京成電鉄
1,280엔)을 이용하면 리무진 버스보다 저렴하다.

- 요금 : 대인 15,000엔(12세 이상), 소인 7,500엔(6-11세)
- 구입처 : 나리타공항, 하네다공항 JR동일본 여행 서비스센터, 도쿄 내 주요 역,
  JR동일본 홈페이지에서 예약 후 위의 구입처에서 수령할 수도 있다. 참고로 한
  국어 홈페이지(www.jreast.co.jp/kr)에서도 JR동일본 지역의 다양한 패스 사용
  지역과 구입 방법을 알 수 있다.

1 — 구사쓰온천 草津温泉

19년 연속 일본 온천 1위, 일본 3대 명탕

구사쓰온천 관광협회 홈페이지 www.kusatsu-onsen.ne.jp
성분 산성천, 유황천
용출 온도 50-90℃
효능 피부병, 신경통, 당뇨병 등

도쿄에서 특급열차로 약 두 시간 만에 갈 수 있는 군마현(群馬県)에 속해 있다. 해발 1,100m 이상의 고지대에 위치해 있어 한여름에도 시원한 편이다. 츄부(中部) 지방 기후현(岐阜県)의 게로온천(下呂温泉), 간사이(関西) 지방 효고현(兵庫県)의 아리마온천(有馬温泉)과 함께 일본 3대 명탕 중 하나이다. 10여 년 이상 일본 최고의 온천으로 선정되었을 뿐 아니라 에도시대부터도 항상 온천 순위 중 최고라 할 수 있는 오제키(大関)에 꼽혀왔다.

'구사쓰(草津)'라는 지명은 온천수에서 풍기는 강한 유황 냄새가 지독한 물이란 뜻의 '쿠사미즈(臭水)'에서 비롯되었다. 예로부터 상사병 외의 모든 병에 효과가 있다는 약탕으로 전해진다. 산성이 매우 강해 살균 효과가 있으며, 구사쓰 시라네산에서 내려온 지하수가 화산가스와 만나 온천수가 되는 것으로 알려졌다. 구사쓰온천의 대부분은 산성천이지만 원천에 따라서는 유황천도 있다. 크고 작은 원천들이 여러 곳에 있어서, 마을에서 관리하는 여섯 곳의 대원천뿐만 아니라 각 호텔과 료칸 등에서도 각각 원천을 가지고 있을 정도다.

온천수량은 분당 32,300L 이상으로 일본 최고 수준이고, 수온은 섭씨 50~90도 정도로 매우 뜨겁다. 온천 마을 한가운데에는 원천의 수온을 낮추기 위한 유바다케 시설이 있다. 인근 시설로는 구사쓰 시라네산(草津 白根山)에 접해 있는 구사쓰온천 스키장이 있다.

유바다케(湯畑)

버스터미널 아래, 온천 마을 한가운데 있는 구사쓰온천의 대표적인 원천이다. 구사쓰온천의 상징과 같은 존재로 구사쓰온천을 소개하는 광고에 항상 등장한다. 뜨거운 원천수의 수온을 자연적으로 낮추기 위해 원천 한가운데 온천수 통들을 설치했다. 1년에 3회 정도 유노하나(湯ノ華, 온천 부유물·유황)를 모아 걷어들여 다양하게 활용한다. 유바다케 주위에서 해발 1,156m 고지대임을 알리는 표지석을 찾아볼 수 있다.

구사쓰온천가(草津温泉街)

온천 마을 한가운데 유바타케 주위에는 전통적인 일본 건물들이 온천 거리를 둘러싸고 있다. 료칸, 호텔, 오타키노유(大滝の湯), 사이노카와라 공원(西ノ河原公園), 테르메 테르메, 온천센터 등 온천에 관련된 시설들과 국제 콘서트홀, 구사쓰 음악의 숲, 구사쓰 열대식물원 등의 여러 즐길거리들이 도보 10분 거리 내에 위치해 있다. 풍부한 수량을 자랑하듯 온천 마을 곳곳에는 19곳이나 되는 공동 온천탕이 있다. 이곳의 특산품인 소고기 신슈와규(信州和牛) 전문 식당들도 쉽게 찾아볼 수 있다.

사이노카와라 공원, 노천 온천

사이노카와라는 구사쓰온천의 서쪽 강변이라는 뜻으로, 유바다케에서 도보 10분 거리에 위치해 있다. 사이노카와라는 온천 마을 서쪽에서 용출되는 원천들이 모여 있는 지역이다. 위쪽에는 마을이 운영하는 약 150평의 대규모 노천탕이 있어 대자연 속에서 노천 온천을 경험할 수 있다. 그 외 지역은 산책로를 갖춘 공원으로 조성되어 있어 곳곳에서 온천이 솟아나는 모습을 볼 수 있다. 공원으로 가

는 길에는 아기자기한 기념품 가게와 온천수 증기로 찐 온센만쥬를 파는 가게들이 여럿 있다. 늘 지나는 관광객들에게 시식을 권해 무료로 만쥬를 맛볼 수도 있다.

- 영업시간 : 4월 1일~11월 30일 07:00~20:00 / 12월 1일~3월 31일 09:00~20:00
- 입욕료 : 대인 700엔, 소인 350엔 / 개인 타올 지참

네쓰노유(熱乃湯)의 유모미 오도리쇼(湯もみ踊りshow)

구사쓰온천의 원천은 너무 뜨거워서 그대로 사용할 수 없으며 찬물을 섞어 수온을 낮추면 온천의 효능이 떨어진다. 이에 사람들은 뜨거운 원천수에 긴 나무판을 넣고 물을 뒤집듯 휘저으며 온천욕을 할 수 있을 만큼 적당한 온도로 낮추는 방법인 '유모미(湯もみ)'를 개발했

다. 이때 '초이나 초이나'라고 노래를 부른다. 유모미는 온천수를 부드럽게 하고 온천욕 이전에 준비운동을 하도록 하는 효과도 가지고 있다. 네쓰노유(熱乃湯)를 비롯한 일부 장소에서는 방문객과 함께 어울려 유모미(湯もみ)를 시연한다.

유모미쇼는 1960년, 아쓰노유(熱乃湯)에 온 관광객을 대상으로 하는 시연으로 출발해 1968년의 재단장을 거쳐 46년간 이어져왔다. 이후 2015년 4월, 약 일 년에 달하는 대대적인 공사를 거쳐 빛이 잘 들고 향기로운 통나무향을 맡을 수 있는 2층 건물로 재탄생했다. 레트로 트렌드에 맞춰 다이쇼(大正)시대의 분위기를 살린 건물이다. 구사쓰온천의 전통을 계승하고 있는 유모미쇼에 한 번쯤 참여해 경험해 보는 것도 좋을 것이다.

- 위치 : 유바타케 바로 옆
- 입장료 : 대인 700엔, 소인 350엔
- 공연 시간(6회) : 09:30, 10:00, 10:30, 15:30, 16:00, 16:30

숙박 시설

일본 최고의 온천 마을답게 유바다케를 비롯한 온천 료칸과 호텔

등이 여럿 있으므로 구사쓰온천 관광협회 홈페이지 추천 료칸이나 호텔들을 예산에 맞춰 예약하면 된다. 번잡한 온천가를 피해 도보로 약 10분 걸어가면 한적한 숲속 산책로와 유럽풍의 작은 호텔 및 펜션 지구를 찾을 수 있다. 이곳에 숙소를 정하는 것도 고려해볼 만하다.

호텔 타카(Hotel Taka)

유바다케 외곽의 펜션 마을에 위치한 작고 소박한 호텔이다. 노천 탕을 포함해 3개의 무료 대절 온천탕을 갖추고 있으며, 근처에 편의 점과 산책로가 있어 조용하고 저렴한 곳을 선호하는 사람에게 추천 한다.

• 전화 : 0279-88-6044

교통편

하루 2회(토·공휴일 3회) 도쿄의 우에노역(上野駅)에서 출발하는 특급 쿠사츠.시마호(草津.四万号, 2시간 18분)로 나가노하라 구사쓰구치역(長野原草津口駅)에서 구사쓰온천행 JR간토(関東)버스(25분)를 타고 가는 게 편리하다. 일정상 시간을 맞추기 어려울 경우에는 도쿄역(東京駅)에서 호쿠리쿠 신칸센(北陸新幹線) 하쿠타카호(はくたか号), 조에츠 신칸센(上越新幹線)으로 다카사키역(高崎駅)까지 가서 로컬선인 아가츠마센(吾妻線)으로 환승하는 방법도 있다.

① 특급 쿠사츠.시마(特急 草津.四万)+JR 간토(関東)버스(요금 710엔 별도)

우에노-나가노하라 구사쓰구치-구사쓰온천 버스터미널

(평일)　　쿠사츠.시마1호 10:00-12:18 JR버스 환승 12:31-12:53

　　　　　쿠사츠.시마3호 12:10-14:34 JR버스 환승 14:45-15:07

(특정일)　쿠사츠.시마71호 9:05-11:41 JR버스 환승 12:12-12:37

② 도쿄-다카사키-나가노하라 구사쓰구치-구사쓰온천 버스터미널

• 호쿠리쿠 신칸센 하쿠타카 553호

　07:52-08:42 아가쓰마센 환승 08:53-10:19 JR버스 환승 10:26-10:54

• 호쿠리쿠 신칸센 하쿠타카 559호

　10:32-11:21 아가쓰마센 환승 11:44-13:19 JR버스 환승 13:26-13:51

• 호쿠리쿠 신칸센 하쿠타카 563호

　12:24-13:14 아가쓰마센 환승 13:55-15:22 JR버스 환승 15:29-15:54

• 호쿠리쿠 신칸센 아사마(あさま) 619호

　15:52-16:48 아가쓰마센 환승 17:08-18:35 JR버스 환승 18:40-19:05

- 호쿠리쿠 신칸센 아사마 621호

  16:52-17:48 아가쓰마센 환승 18:10-19:32 JR버스 환승 19:37-20:02
- 호쿠리쿠 신칸센 아사마 623호

  17:32-18:25 아가쓰마센 환승 19:16-20:43 JR버스 환승 20:48-21:13

특급 쿠사츠시마호

호쿠리쿠 신칸센 하쿠타카호

2 — 시마온천 四万温泉

420여 년 역사의 목조 료칸과 야생 원숭이

시마온천 관광협회 홈페이지(한국어) nakanojo-kanko.jp/shima/korean
성분 염화물, 황산염
용출 온도 43-82℃
용출량 3,200L/분

989년경 발견된 것으로 알려졌으며 군마현에 속해 있다. 온천의 이름은 한자 표기에서도 알 수 있듯 4만 개의 병을 치유할 정도로 뛰어난 효험을 가지고 있어 지어졌다는 설이 있다. 특히 위장병에 특효가 있는 '일본 3대 위장병의 명탕'으로 불린다.

또한 산성이 강한 구사쓰온천에서 온천 치료를 하고 난 뒤 시마온천을 방문하면 보습과 피부 미용에 효과가 있는 염화물, 황산염 온천으로 마무리를 할 수 있어서 더욱 효과가 좋아진다고 한다. 이로 인해 시마온천은 '구사쓰온천의 마무리 탕'이라 불리기도 했다. 1954년에는 일본 최초로 국민보양온천지 제1호에 지정되었다. 시마온천 마을에는 42곳의 다양한 온천 료칸과 호텔들이 있다.

420년 역사의 목조 료칸 세키젠칸(積善館)

버스 종점에서 올라가면 작은 개울가 양편에 위치한 온천 료칸 세키젠칸 본관 건물을 찾을 수 있다. 1694년 건축된, 일본에서 가장 오래된 목조 유슈쿠(湯宿, 숙박 온천)로 420여 년의 역사를 간직하고 있

본관, 오래된 목조 건물에서 나는 삐그덕 소리가 향수를 자극한다.

카쇼테이, 노천탕이 딸려 있는 5성급 객실도 있다.

어 세계적인 애니메이션 감독 미야자키 하야오(宮崎駿)의 영화 〈센과 치히로의 행방불명〉의 배경으로 등장하기도 했다.

료칸은 토지동(湯治棟, 온천 치료 숙박동)인 본관과 고급 료칸동 산소우(山莊), 카쇼테이(佳松亭) 등 모두 3개 동으로 이루어져 있다. 이들은 본관에서 작은 터널로 연결되어 있으며 노천 온천도 터널을 통해서 갈 수 있다.

• 세키젠칸 홈페이지 : www.sekizenkan.co.jp

겐로쿠노유(元禄の湯)

본관 앞 개울가에 위치한 겐로쿠노유는 지금은 많이 낡았지만, 건

축 당시인 1930년에는 유럽풍의 호화롭고 현대적인 분위기를 가지
고 있었다. 서구식 아치 모양의 창문을 통해 빛이 들어와 온천탕 안
을 밝게 비추는 모습이 아름다운 온천으로, 타일로 장식한 바닥에 5
개의 커다란 석조 욕조가 나란히 있는 모습이 이색적이다. 욕조의 바
닥에서는 물이 솟아나온다. 또한 옛날 방식처럼 탈의실과 욕실이 함
께 있고, 벽 쪽으로는 아주 작은 1인용 찜질방도 있어 1930년대의 레
트로한 욕실 문화를 즐길 수 있다.

혼욕 암반탕 이와부로(岩風呂)

본관에 있다. 1959년 인근 강가에서 채취한 푸
른색의 암석으로 장식해 색다른 정취가 넘치는 암
반 온천탕이다. 기본적으로는 혼욕이지만, 성별 전
용 시간이 따로 정해져 있으며 탈의실도 남자와 여
자가 따로 사용한다.

노천 온천 모리노유(杜の湯)

본관과 연결된 동굴을 지나 엘리베이터로 올라가면 카쇼테이 1

층에 숲으로 둘러싸여 있는 노천 온천에서 사계절의 정취를 느낄 수 있다. 붉은 단풍이 아름다운 가을 저녁에는 노천탕 물 위에 떠다니는 단풍 낙엽을 건져가며 가을 노천 온천만의 색다른 즐거움을 맛볼 수 있다.

산소우(山荘)

산소우 동에는 2곳의 대절 온천이 있어 가족이나 일행이 무료로 온천을 즐길 수 있다.

역사자료관(歷史資料館)

본관 1층에는 420년에 달하는 세키젠칸의 역사 자료들이 전시되어 있는 방이 있다.

시마온천가(四万温泉街)

　시마온천 마을은 아주 작은 마을로 지금은 쇠락한 옛날 쇼와시대 (昭和時代)의 정취를 느낄 수 있는 레트로한 분위기의 골목으로 이루어져 있다. 골목과 개울을 따라 위치한 산책로를 걷다 보면 가끔 지나다니는 야생 원숭이들과 마주치는 이색적인 경험도 할 수 있다. 봄에는 개울가에 만개한 벚꽃을, 가을에는 울긋불긋한 단풍을 볼 수 있어 매우 아름답다.

교통편

쿠사츠온천 교통편과 같은 하루 2회(토·공휴일 3회) 도쿄의 우에노역(上野駅)에서
출발하는 특급 쿠사츠.시마호(草津.四万号, 2시간)를 이용하면 된다. 나카노조역(中
之条駅)에서 시마온천행 버스(40분)로 환승하는 것이 편리하다. 일정상 시간을 맞
추기 어려우면 도쿄역(東京駅)에서 호쿠리쿠 신칸센(北陸新幹線), 조에츠 신칸센(上
越新幹線)으로 다카사키역(高崎駅)까지 가서 로컬선인 아가츠마센(吾妻線)으로 환
승해서 가는 방법도 있다. 21시 이후의 너무 늦은 시간 도착편은 생략했다.

① 특급 쿠사츠.시마(特急草津.四万) + 간에츠교통(関越交通)버스(요금 940엔 별도)

우에노-나카노조역-시마온천 버스 종점

(평일)　　　쿠사츠.시마1호 10:00-11:57 간에츠버스환승 12:02-12:42

　　　　　　쿠사츠.시마3호 12:10-14:12 간에츠버스환승 14:17-14:57

(특정일)　쿠사츠.시마71호 9:05-11:20 간에츠버스환승 12:02-12:42

② 도쿄(東京)-다카사키(高崎)-나카조노역-시마온천 버스 종점

• 호쿠리쿠 신칸센 하쿠타카 559호

　10:32-11:21 아가쓰마센 환승 11:44-12:48 간에츠버스 환승 12:55-13:45

• 호쿠리쿠 신칸센 하쿠타카 563호

　12:24-13:14 아가쓰마센 환승 13:55-14:51 간에츠버스 환승 15:00-15:50

• 호쿠리쿠 신칸센 아사마(あさま) 619호

　15:52-16:48 아가쓰마센 환승 17:08-18:03 간에츠버스 환승 18:15-18:55

• 호쿠리쿠 신칸센 아사마 621호

　16:52-17:48 아가쓰마센 환승 18:10-19:05 간에츠버스 환승 19:10-19:50

3 — 이카호온천 伊香保温泉

아름다운 돌계단 풍경과 산책로

이카호온천 관광협회 홈페이지(한국어) www.ikaho-kankou.com/kr
성분 황산염천
용출 온도 44℃

구사쓰온천과 함께 군마현의 대표적인 온천으로 꼽힌다. 《만요집 (万葉集)》에도 이름이 등장하는 것으로 보아 1,300년 전 혹은 그 이전 인 1,900년 전에도 있었던 것으로 짐작된다. 이후 500여 년 전 센고 쿠시대(戦国時代)에 전투에서 부상당한 병사들의 치료 장소로 이용되 면서 현재의 온천 마을이 생긴 것으로 알려졌다. 이곳의 명소인 돌계 단도 이 무렵에 생겼다. 특히 문인들이 많이 방문했으며 근대에 와서 는 황궁이나 하와이 왕국 공사 별장 등도 들어섰다.

오늘날 대부분의 온천지에서 볼 수 있는 갈색의 온센만쥬는 이카 호온천에서 처음 만들어져 1910년부터 판매되었으며 '유노하나만쥬 (湯の花饅頭)'라고 불린다. 휴가철이던 1920년 8월 20일 한밤중에 큰 화재가 발생하여 온천 마을이 모두 불에 타서 지금의 모습으로 재건 되었다.

이카호온천가(伊香保温泉街)

경사가 급한 언덕에 365개의 계단으로 만들어진 돌계단은 이카호온천의 상징이다. 이 일대는 '이시단가이(石段街, 돌계단가)'라고 불린다. 돌계단 양쪽으로는 온천 료칸, 식당, 선물 가게, 놀이장 등이 줄지어 있어 돌계단을 천천히 오르내리며 이색적인 풍경을 즐기며 산책하기에 좋다. 어둠이 깔린 돌계단 위에서 내려다보이는 온천 마을 야경도 매우 인상적이다.

돌계단 아래로 황금색 원천이 흐르고 있고 온천수는 '오마구치(小間口)'라고 불리는 히키유구치(引湯口)를 통해 각 여관으로 공급된다. 돌계단을 중간 정도 오르면 오른쪽에서 대중 온천인 이시단노유(石段の湯, 돌계단온천)를 찾을 수 있으며, 돌계단 맨 위에서는 이카호 신사를 볼 수 있다. 돌계단 위쪽에 있는 원천에서 온천수가 용출되는 모습을 볼 수 있다. 원천까지의 산책로에는 온천수를 마실 수 있는

곳이 있으며 원천 옆에는 '이카호노천탕'이 있다. 입구에 위치한 전통적인 주홍색의 아치형 다리 위에서는 황금빛 계곡을 볼 수 있다.

이카호온천 버스터미널 옆에는 모노키산(物聞山)에 있는 가미노야마 공원(上ノ山公園)을 잇는 이카호 로프웨이(편도 500엔, 왕복 830엔)가 있어 공원 위에서 이카호온천을 조망할 수 있다.

료칸 사쿠라이(旅館さくらい)

이카호온천 버스터미널에서 10분 정도 걸으면 도착할 수 있으며 사전에 연락하면 픽업도 해준다. 노천탕에서 탁 트인 경치와 카이세

키 요리를 즐길 수 있다.

• 홈페이지 : ikaho-sakurai.com

오오에도온천 모노가타리 이카호온천(大江戸温泉 物語 伊香保温泉)

가성비가 괜찮은 전국 단위의 오오에도온천 모노가타리 체인 호텔이다. 돌계단이 가까운 거리에 있으며 가격대에 따라 객실도 다양하다. 저녁 식사는 뷔페로 제공되어 초밥, 스테이크, 덴푸라 등 다양한 음식들을 맛볼 수 있다. 생맥주를 비롯한 주류가 90분간 무료로 제공되기도 한다.

주의할 점은 시부카와역에서 버스를 탈 때 이카호온천 터미널행이 아닌 이카호온천 하루나구치(榛名口)행을 타고 종점에서 내려야 한다는 것이다. 종점에서 2분가량 걸으면 도착할 수 있다.

• 홈페이지 : ikaho.ooedoonsen.jp

교통편

하루 2회(토·공휴일 3회) 도쿄의 우에노역(上野駅)에서 출발하는 특급 쿠사츠.시마 (特急草津.四万, 1시간 40분)를 이용하는 것이 편리하다. 시부카와역(渋谷駅)에서 이카호온천행 버스(40분)로 환승하는 것이 좋다. 일정상 시간을 맞추기 어려우면 도 쿄역(東京駅)에서 호쿠리쿠 신칸센(北陸新幹線), 조에츠 신칸센(上越新幹線)을 이용 해 다카사키역(高崎駅)까지 간 뒤 로컬선인 아가츠마센(吾妻線)이나 조에츠선(上越 線)으로 환승해 시부카와역(渋谷駅)으로 가는 방법도 있다.

① 특급 쿠사츠.시마(特急草津.四万) + 간에츠교통(関越交通)버스(요금 580엔 별도)
우에노-시부카와-이카호온천 또는 하루나구치버스 종점

(평일)　쿠사츠 시마1호 10:00-11:36 버스 환승 11:42-11:59 하루나구치 /
　　　　11:50-12:20 이카호온천

　　　　쿠사츠 시마3호 12:10-13:50 버스 환승 13:55-14:12 하루나구치 /
　　　　14:10-14:40 이카호온천

(특정일)　쿠사츠 71호 9:05-10:53 버스 환승 11:42 -11:59 하루나구치 /
　　　　10:55-11:25 이카호온천

② 도쿄-다카사키-시부카와-이카호온천(또는 하루나구치) 버스
다카사키행 신칸센과 시부카와행 기차는 매시간 여러 편이 있으므로 30분 이내 에 환승이 되며, 시부카와역에서도 이카호온천행 버스는 열치 도착 시간에 연계해 5-10분 이내에 환승할 수 있다.

4 ― 가와지온천 川治温泉

기누가와 계곡 단풍과 용왕 협곡

성분 알칼리성 단순천
용출 온도 38℃

과거 이곳을 지나가는 아이즈번 서쪽가도(会津西街道) 중간 역참마을로 번성했던 곳이다. 18세기 초 큰 홍수로 오가가와(男鹿川)가 크게 범람하고 나서 우연히 온천이 발견되었다고 한다. 이후 치유 온천으로 많은 사람들에게 알려졌다. 기누가와와 오가가와가 합류하는 지점 바로 전에 오가가와를 따라 10여 곳의 료칸과 호텔이 있다.

온천 마을에는 여성의 음부 모양을 하고 있는 기묘한 돌인 오나데이시(おなで石)를 모셔 놓고 있다. 예로부터 오데나이시의 균열 부분을 어루만지며 기도하면 자식, 출산, 인연 등에 영험이 있다고 전해져 많은 사람들이 찾기도 했다. 강변에는 '이와부로(岩風呂)'라는 별명

오나데이시

야쿠시노유

이 있는 공동 온천탕(노천탕) 야쿠시노유(薬師の湯)가 있다.

류오교(龍王峽)

도치기현 북부, 닛코시의 기누가와온천과 가와지온천의 중간에 있는 기누가와 상류 쪽의 협곡으로, 닛코 국립공원 안에 있는 경승지다. 화산암이 침식되며 형성된 협곡 곳곳에 놓인 험준한 바위들은 마치 용이 날뛰던 것 같은 모양을 이루고 있다. 이 때문에 3km에 달하는 이 부분을 류오교(龍王峽, 용왕협)라고 부른다. 류오교 곳곳에 기암과 폭포가 이어져 있으며 바위들은 그 종류와 색에 따라 여러 이름으로 불린다.

가을 단풍철에는 많은 관광객들이 방문한다. 계곡에는 산책로가 있으며 특히 무사사비하시(むささび橋) 다리에서 보이는 풍경이 아름답다. 가와지온천역의 바로 전 역인 류오교역에서 도보 1분 거리로,

교통도 편리하다. 류오교 입구
의 휴게소에는 식당과 매점들이
있다. 대나무 관에 물과 함께 소
면을 흘려보내 중간에서 건져 먹
는 나가시소멘(流しそめん)의 재
미를 즐길 수 있다.

이치류가쿠 혼칸(一柳閣本館)

가성비 좋은 온천 호텔 체인인 이토엔호텔(伊東園ホテル) 그룹의
가와지온천 호텔 이치류가쿠 혼칸(一柳閣本館)은 저녁 뷔페에 생맥주
를 비롯한 각종 주류들을 90분간 무료로 제공한다. 계절 특별 메뉴
로 등장하는 대게와 대하, 스테이크 등이 무제한으로 제공되기도 한
다. 최상층의 전망 대욕장과 계곡가에 자리 잡은 노천탕에서 내려다
보이는 시원한 경치는 여행에서 쌓인 피로를 말끔히 씻어 준다. 가족
여행객을 위한 대절 암반탕도 있다.

• 홈페이지 : www.itoenhotel.com/ichiryukaku

기누가와 라인쿠다리(鬼怒川ライン下り, 기누가와 뱃놀이)

전통적인 일본 복장을 한 뱃사공이 구성진 옛노래를 부르며 노를 젓는 나룻배를 타고 약 1시간 정도 기누가와 계곡을 따라서 유람하는 뱃놀이이다. 만개한 봄 벚꽃, 여름철의 우거진 녹음, 가을의 아름다운 단풍을 만끽하며 경치를 즐기는 뱃놀이는 특별한 경험이 될 수 있다. 하선장에 도착하면 셔틀버스를 타고 출발지로 향할 수 있다.

- 홈페이지 : linekudari.com
- 운행 시간 : 09:00-15:35 / 35분 간격
- 승선 요금 : 대인 3,200엔, 소인 2,200엔

기누가와 로프웨이(鬼怒川ロープウェイ)

정상까지 향하는 약 300m 거리를 4분 정도 올라간다. 산 정상에 위치한 역인 오사루노야마(おさるの山, 원숭이산)에는 많은 원숭이를 사육하고 있어 관광객에게 간식을 달라고 조르는 원숭이들을 볼 수 있다. 전망대에서는 사계절의 흐름에 따라 다양한 색으로 변해가는 산의 모습을 오감을 통해 느끼며 계절의 변화를 실감할 수 있다.

- 홈페이지 : ropeway.kinu1.com
- 운행 시간 : 09:00-16:00
- 요금 : 대인 1,200엔, 소인 600엔

신주쿠역에서 특급 스페시아 기누기와호(スペーシア鬼怒川号)를 타고 기누가와 온천역까지 가야 한다. 이곳에서 460엔의 별도 요금을 내고 야간철도(野岩鉄道)로 환승한 뒤 가와지유모토역(川治湯元駅) 또는 가와지온천역에서 하차하면 된다. 하차후 10-15분가량 걸으면 도착한다. 가와지유모토역이 조금 더 가까운 편이다.

호텔에 따라 사전에 연락하면 셔틀 차량이 마중 나오는 경우도 있다. 아침 일찍 출발할 경우에는 기누기와온천가를 둘러보고 가와지온천 근처의 유명한 협곡인 류오교(龍王峡)를 둘러본 후 오후에 가와지온천으로 향하는 일정도 좋다.

특급 스페시아 기누가와 시간표

• 스페시아 기누가와 3호 신주쿠 10:31-12:43

특급 스페이시아 닛코 1호+시모이마이치역 토부철도 환승

신주쿠 09:34-11:23 시모이마이치 환승 11:43-12:08 기누기와온천

기누가와역온천역 출발 가와지온천 방면 야간철도 시간표

08:38(특급) 09:37(쾌속) 11:34(특급) 13:07(특급) 14:35(보통) 16:41(특급)

특급 스페시아 기누가와호

야간철도

5 — 만자코겐온천 万座高原温泉

해발 1,800m, 8색의 노천 온천

만자온천 관광협회 홈페이지 www.manzaonsen.gr.jp/index.php
성분 백색 또는 황색의 탁한 산성 온천수
용출 온도 80℃
용출량 3,750L/분

군마현에 있는 조신에쓰고원 국립공원(上信越高原 国立公園) 내 해발 1,800m 고원 지역에 있는 온천이다. 주변에서 일본 고대 야요이 시대(弥生時代)의 토기가 발견되어 오래전부터 온천이 있었던 것으로 여겨지며 인근에는 화산 폭발로 생긴 3개의 화산 호수가 있다. 유황 성분의 함유량이 일본에서 가장 높은 온천이다. 높은 고원지대의 색다른 노천탕을 즐길 수 있는 곳이기도 하다. 만자온천에는 만자코겐 호텔 외에도 쓰마고이프린스호텔(嬬恋プリンスホテル), 만자프린스호텔(万座プリンスホテル) 등이 있다.

만자코겐호텔(万座高原 Hotel)

8가지의 다른 색과 성분, 온도를 가진 노천탕은 이 온천의 백미다. 각각의 탕을 돌아가며 느껴보는 재미가 이색적이다. 남녀 혼탕으로 운영되어 욕의를 입고 들어간다. 욕의는 호텔 내 매점에서 판매하고 있다. 고원지대의 산속에 있기 때문에 조용하게 온천을 즐기고 휴식을 취하기에 좋다. 그러나 호텔을 제외하고는 주변에 편의점이나 식당 등 편의 시설이 없기 때문에 사전에 도쿄역이나 가루이자와역 상점가에서 준비하는 것을 추천한다.

• 홈페이지 : www.princehotels.co.jp/manza-kogen

구 가루이자와 긴자(旧軽井沢 銀座)

가루이자와역에서 도보로 10분 정도 올라가면 아기자기한 구 가루이자와 긴자 거리가 시작된다. 일본 최고의 별장지인 이곳은 유럽풍의 레스토랑, 메밀 100% 수타 소바집, 수제 케이크, 타르트, 맷돌 커피, 아이스크림 가게 등과 더불어 유리 공예관, 아담한 교회, 성당들이 어우러져 있다. 상점들을 돌아보며 산책하다 보면 시간 가는 줄 모르게 된다. 맛집으로 소문난 레스토랑, 카페와 케이크집들이 많아 주말에는 줄을 서야 할 정도로 붐비기도 한다. 작고 아름다운 교회나 성당 건물들은 특별한 결혼식 장소로도 인기 있다.

도쿄에서 호쿠리쿠 신칸센을 타고 가루이자와역 남출구(軽井沢駅南口)에서 하루 2회 운행하는 호텔 무료 셔틀버스를 타면 편리하게 갈 수 있다. 셔틀버스가 운휴인 경우에는 구사쓰온천 일정과 같이 우에노역에서 특급 쿠사츠.시마호를 타고 종점으로 가야 한다. 그리고 이곳에서 아가쓰마센으로 환승하여 만자·가자와구치(万座·鹿沢口)역에서(2시간 40분) 세이부 관광버스를 이용하면 된다. 소요 시간은 43분이며 요금은 편도 1,370엔이다.

① 호쿠리쿠 신칸센 + 만자프린스호텔 셔틀버스
도쿄-가루이자와-만자코겐호텔 셔틀버스
(무료셔틀 버스운행 시간은 계절별로 변경되거나 운휴하는 경우도 있어 사전에 호텔 홈페이지에서 확인 필요(평일만 운행))
• 호쿠리쿠 신칸센 아사마(あさま) 611호
  12:04-13:22 가루이자와역 남출구, 호텔 셔틀버스 환승 14:00-15:25

② 특급 구사쓰 + 아가쓰마센 + 세이부 관광버스(1,370엔 별도)
우에노-나가노하라 구사쓰구치(長野原草津口)-만자·가자와구치(万座·鹿沢口)-
만자온천 버스터미널
(평일) • 쿠사츠 시마1호 10:00-12:18 아가쓰마센 환승 12:24-12:40
       세이부 관광버스 환승 12:53-13:32 만자 비스티미널 도착
     • 쿠사츠 시마3호 12:10-14:34 아가쓰마센 환승 14:39-14:56
       세이부 관광버스 환승 15:08-15:47 만자 버스터미널 도착

6 — 에치고유자와온천 越後湯沢温泉

소설 《설국》의 무대, 스키장

에치고유자와온천 관광협회 홈페이지 www.snow-country-tourism.jp
성분 단순온천, 유황천, 염화물천
용출 온도 32-83℃

"국경의 긴 터널을 빠져나오자, 설국이었다⋯⋯." 노벨문학상을 수상한 가와바타 야스나리(川端康成)의 소설 《설국(雪国)》의 무대로 더욱 유명해진 곳이다. 900여 년 전 다카하시 한로쿠(高橋半六, 지금의 료칸 다카한의 선조)가 이곳에서 처음으로 온천을 발견한 이후 세월이 지나며 이름이 유노사와(湯の沢)에서 유자와(湯沢)로 바뀌었다. 다카하시 한로쿠가 발견한 원천 타마고노유는 수질이 매우 탁월한 온천수이다. 뜨거운 온도의 해당 온천수는 900여 년이 지난 지금도 발견 당시와 다르지 않은 모습으로 끊임없이 솟아나고 있다.

1803년 편찬된 《아이즈풍토기(会津風土記)》의 기록에도 이미 1076년에 온천이 있었다고 한다. 에도시대에는 삼국가도(三国街道, 간토 지방과 에치고 지방 사이의 길)의 중간 역참 마을로 발전했다. 이후 1931년이 되어 조에츠선(上越線) 철도가 개통되며 본격적인 온천지로 발전하기 시작했다. 1932년에는 미지근하던 기존의 유자와온천보다 훨씬 뜨거운 니시야마온천(西山温泉) 원천 발굴이 이루어졌다. 70도에 달하는 고온을 자랑하는 니시야마온천 발굴 이후 지역은 더욱 번성

해 일본에서 손꼽히는 유명 온천지로 발돋움했다. 눈이 매우 많이 오는 지역으로 유명해 온천과 함께 스키장이 곳곳에 많이 있어 겨울철에는 온천 관광객 못지않게 많은 스키어와 스노보더들로 붐빈다.

니가타산 '사케 뮤지엄 폰슈칸(ぽんしゅ館)' 에치고유자와점

에치고유자와가 속해 있는 니가타현(新潟)은 품질 좋은 양조용 쌀과 수질이 뛰어난 물로 만드는 일본 최고의 사케(酒) 생산지로 유명하다. 수많은 양조장들이 애주가들의 사랑을 받는 품질 좋고 맛있는 일본 전통 사케를 다양하게 만들고 있다.

에치고유자와 기차 역사 안에는 각종 토산품 가게와 더불어 니가타산 사케들을 맛볼 수 있는 '사케 뮤지엄 폰슈칸(ぽんしゅ館)'이 있어 관광객들의 발길이 끊이지 않는다. 잠시 쉬면서 혹은 기차를 기다리는 동안 다양한 양조장에서 생산한 여러 종류의 사케를 골라서 즐길 수 있는, 가히 주당들의 천국이라고 할 수 있다. 500엔을 내면 코인 5개와 작은 사케 잔을 받아서 시음용 자판기에서 자기 취향대로 5잔을 골라 진열되어 있는 다양한 종류의 소금을 안주 삼아 맛볼 수 있다.

사케부로(酒風呂)온천 유노사와(湯の沢)

'뮤지엄 폰슈칸' 안쪽에 있는 사케 온천탕(酒風呂)인 '유노사와(湯の沢)'는 알코올 함유 12도의 입욕용 사케를 희석해 혼합한 41도의 약알칼리성 온천이다. 피부를 매

끈하게 하는 미용 효과가 있다고 하는데 실제 이용해 본 결과 그렇게 특별하게 느껴지지는 않는 것 같다. 기차 시간을

기다리는 동안 색다른 온천욕을 즐기면서 잠시 피로를 풀 수 있는 정도다.

- 영업시간 : 9:30-19:00
- 입욕료 : 대인 950엔, 소인 400엔

유키구니칸(雪国館)

'설국관'이라는 이름 그대로, 에치고유자와가 무대가 된 카와바타 야스나리의 소설《설국》과 눈의 고장인 유자와의 생활상과 역사를 보여주는 전시관이다. 1층은 가와바타 야스나리와《설국》에 관련된 자료들을 전시하고 있으며, 2층은 유자와 지방의 주거 문화를 보여준다. 3층은 유자와 지방의 역사 민속관으로 생활 작업 도구 등을 전시하고 있다.

가와바타 야스나리의 유품과 재현한《설국》주인공의 방

유자와 지방의 여름, 겨울 생활 도구들

가와바타 야스나리 문학 자료관

다카한

900여 년 전 유자와온천을 발견한 다카하시 한로쿠(高橋半六)의 후손이 세운 료칸이다. 1934년에서 1937년까지 3년간 가와바타 야스나리가 묵으며 《설국》을 집필한 곳으로 유명하다. 당시 그가 묵었던 방인 카스미노아이다(カスミの間)는 지금도 잘 보존되어 있고 문학 자료실도 있어서 많은 관람객들이 방문한다.

• 다카한 홈페이지 : www.takahan.co.jp

다카한의 노천탕과 《설국》이 탄생한 방, 카스미노아이다

도쿄역에서 조에츠 신칸센(上越新幹線)을 이용해 에치고유자와역(越後湯沢駅)으로
가면 된다. 도쿄 와이드패스를 이용해 서북쪽으로 갈 수 있는 가장 먼 곳이다. 조에
츠 신칸센은 니이가타까지 가는 토키(とき)와 에치고유자와까지 가는 타니가와(た
にがわ)가 매시간 1-4편이 운행된다. 겨울철 스키 시즌 타니가와는 스키장이 있는
가라유자와역(ガーラ湯沢駅)까지 연장 운행한다.

도쿄역 조에츠 신칸센 출발 시간표(겨울 스키 시즌에는 추가 운행편 있음)
06:08   07:04   07:48   08:22   08:52   09:12   09:28   10:15   10:41
11:40   12:40   13:40   14:40   15:40   16:16   16:40   17:08   17:40
18:12   18:52   19:36   20:24   20:52   21:20

조에츠신칸센 토키호

7 — 아타가와온천 熱川温泉

온천 수증기와 태평양 전망 온천

아타가와온천 관광협회 홈페이지 atagawa.net/index.php/topic/home_ja
성분 염화물천
용출 온도 100℃

15세기경 오타도칸(太田道灌, 에도성을 축성한 무장)이 온천이 솟아나는 개울에서 상처를 치료하고 있는 원숭이를 보고 온천을 발견했다는 전설이 있다. 이에 뜨거운 바다인 아타미(熱海)의 지명처럼 아타가와(熱川, 뜨거운 개울)로 불린다. 원천 온도는 100도에 가까울 정도로 매우 뜨거워서 원천지 위로는 항상 수증기가 피어오른다. 연기 같은 수증기에 둘러싸인 온천 마을다운 풍경을 볼 수 있다.

아타가와온천가(熱川温泉街)

아타카와역에서 내려다보는 온천 마을에는 항상 뜨거운 온천 수증기가 곳곳에서 피어오르고 있어 특별한 온천지임을 바로 실감할 수 있다. 바닷가까지 산이 돌출한 좁은 지형에 19곳의 료칸과 호텔이 있으며, 뜨거운 온천열을 이용해서 운영하는 '아타카와 바나나 와니(악어)원'(입장료 대인 2,000엔, 소인 1,000엔 / 영업시간 09:00-17:00)이 유명하다. 바닷가를 따라 노천탕 타카이소노유(高磯の湯)가 있고, 여름철에는 함께 붙어있는 야외 수영장도 이용할 수 있었는데 안타깝게

도 코로나19로 2021년 폐관했다. 이즈아타가와역 앞에는 족탕 아타가와유노하나(熱川湯の華)파크, 바닷가를 따라 족탕 아타가와 호토(熱川ほっと) 파크가 있다. 둘 다 무료다.

이즈반도(伊豆半島) 지역에는 이곳과 같이 태평양을 조망할 수 있는 바닷가 온천들이 곳곳에 산재해 있다. 도쿄 인근의 다른 온천지들보다는 비교적 한산한 편이라 느긋하게 노천 온천과 바다 경치를 즐기며 휴식하기에 좋다. 시간적 여유가 있다면 사철인 이즈큐코(伊豆急行) 열차를 타고 조가사키 해안(城ヶ崎海岸)을 다녀오기 바란다.

이즈아타가와 시사이드호텔(伊豆熱川温泉 シーサイドホテル)

가성비 좋은 온천 호텔 체인인 오루리(おるり) 그룹에서 운영하는 곳이다. 모든 객실이 오션뷰라서 일출과 탁 트인 태평양을 조망할 수

있다. 저녁 뷔페에 약간의 추가 요금을 내면 각종 해산물을 먹을 수 있다. 생맥주 포함 주류 한 잔은 무료이고 이후 잔당 200엔에 제공된다. 계절별, 요일별로 상이할 수 있으니 별도의 확인이 필요하다.

• 홈페이지 : www.ohruri.com/atagawa_seaside

조가사키 카이간(城ヶ崎海岸)

아타가와온천역에서 아타미행 이즈큐코(伊豆急行) 보통열차로 20분이면 갈 수 있어 반나절 정도면 다녀올 수 있는 후지하코네이즈 국립공원(富士箱根 伊豆国立公園)에 속해 있다. 시즈오카현 이즈반도 중부 동쪽에 있는 해안 절벽이다. 약 4,000여 년 전 화산 분화로 용암이 바다 쪽으로 흘러내려 거의 2km 정도를 덮으면서 만들어진 거친 절벽으로 작은 곶과 만이 번갈아 있다.

이곳의 명소인 카도와키(門脇) 등대나 카도와키 현수교 부근의 경치가 아름답다. 바닷가를 따라 '조가사키 피크닉 코스'와 '조가사키 자연 연구로' 등 9km에 달하는 산책로도 있다. 특히 통나무로 만든 조가사키 역사가 아름답다. 승강장 플랫폼에는 족탕 시설이 있어 기차를 기다리는 동안 족욕을 즐길 수 있다. 역에서부터 조가사키 해안

까지 이어지는 약 20분 정도의 산책로에는 유럽풍의 별장 주택들이 늘어서 색다른 풍경을 보여준다.

이즈반도 명물 킨메다이

태평양에서 나는 고급 어종인 킨메다이 (金目鯛)는 이 지역 명물로 사랑받고 있다. 눈 색이 금빛이며 몸이 빨개 금눈돔이라 불리지만 참돔, 흑돔 등과는 다른 어종이다. 회, 초밥, 조림뿐 아니라 기차역에서 에키벤(도시락)으로도 판매되고 있다.

이즈반도(伊豆半島)지역에는 이 외에도 도쿄와이드패스로 이즈큐코센(伊豆急行線)을 타고 갈 수 있는 온천이 많이 있으므로 간단히 각 온천지 홈페이지 주소를 게재하니 참고하기를 바란다.

*이토온천(伊東温泉) 홈페이지 : https://itospa.com/spa/index.html
*이즈큐시모다온천(伊豆急下田温泉) 홈페이지 : http://hotel.shimoda100.com/

교통편

도쿄에서 특급 오도리코(特急踊り子)나 사피루 오도리코(サフィール踊り子)를 이용할 수 있는데, 이즈아타가와온천역까지 2시간 20분 정도 소요된다. 도카이도(東海道) 신칸센은 도쿄 와이드패스(JR동일본 발행)로는 이용할 수 없으니 주의가 필요하다.

특급 오도리코 도쿄 출발 이즈아타가와 온천역 도착 시간표

- 특급 오도리코 1호   도쿄   09:00-11:11
- 특급 오도리코 5호   도쿄   10:00-12:13
- 특급 오도리코 9호   도쿄   12:00-14:18
- 특급 오도리코 11호   도쿄   13:00-15:20
- 특급 사피루 오도리코 1호   도쿄   11:00-13:05

특급 오도리코호

사피루 오도리코

JR도쿄 와이드패스 모델 코스 일정표

[3박 4일]

JR패스가 3일간만 유효하므로 나리타공항-도쿄 또는 도쿄-나리타 구간을 운행하는 공항 특급 나리타 익스프레스를 하루 사용하고, 공항편 편도 한 번은 케이세이(京成) 나리타공항(成田空港) 셔틀버스를 이용하면 비교적 저렴하다.

- 운행 구간 : 나리타공항-도쿄역(70분) / 나리타공항-긴자(銀座)역(80분)
- 편도 요금 : 1,500엔
- 케이세이 공항버스 홈페이지(한국어) : tyo-nrt.com/kr

나리타공항에 도착해서 JR패스를 구입하고 도쿄 시내로 이동하는 데 2시간 가까이 걸리므로 여유 있는 일정으로 가볍게 다니려면 1일 차와 3일 차 도쿄 숙소를 같은 곳에 정하는 것이 좋다. 큰 짐(캐리어)은 호텔에 맡기고 가벼운 백팩 차림으로 앞서 소개한 온천 중 1곳을 선택해서 편리한 시간에 다녀올 수 있고 도쿄에서 쇼핑할 수 있는 시간적 여유도 있다.

인천에서 아침 9시경 항공편으로 출발해 11시 30분경 나리타에 도착하는 경우에는 매시간 출발편이 있는 에치고유자와온천을 가면 다른 곳과 함께 3박 4일 일정으로도 다녀올 수 있다. 단, 이 경우에는 무거운 캐리어를 계속 가지고 이동해야 하는 단점이 있다. 참고로 에치고유자와온천 + 이카호온천, 또는 시마온천, 만자코겐온천 일정도 다가사키역에서 같은 시간에 환승한다. 4박 5일 일정표 참조.

❶ **나리타-도쿄-에치고유자와(1박)-구사쓰온천(1박)-도쿄(1박)**

1일 나리타공항 입국 후 JR도쿄 와이드패스 구입, 도쿄역 이동
- 조에츠 신칸센 토키 323호 도쿄 13:40-14:56 에치고유자와 도착
- 조에츠 신칸센 토키 325호 도쿄 14:40-15:56 에치고유자와 도착

에치고유자와온천지 관광, 숙박

2일   조에츠 신칸센 토키 314호 에치고유자와 10:15-10:38 다카사키

환승 특급 쿠사츠 시마1호 11:19-12:18 나가노하라 구사쓰구치역

환승 JR간토버스 12:31-12:53 구사쓰온천 도착, 구사쓰온천지 관광, 숙박

3일   JR간토버스 구사쓰온천 12:00-12:25 나가노하라 구사쓰구치역

환승 특급 쿠사츠 시마2호 13:07-15:26 우에노역 도착, 도쿄 관광, 숙박

4일   나리타공항 이동 귀국

❷ 나리타-도쿄-에치고유자와(1박)-가와지온천(1박)-도쿄(1박)

1일   나리타공항 입국 후 JR도쿄 와이드패스 구입, 도쿄역 이동

 • 조에츠 신칸센 토키 323호 도쿄 13:40-14:56 에치고유자와 도착

 • 조에츠 신칸센 토키 325호 도쿄 14:40-15:56 에치고유자와 도착

에치고유자와온천지 관광, 숙박

2일   조에츠 신칸센 토키 310호 에치고유자와 09:15-10:04 오미야

환승 기누가와 3호 오미야 11:02-12:36 기누가와온천 도착

기누가와온천가 관광, 숙박

3일   기누가와 2호 기누가와온천 14:56-17:09 신주쿠 도착

도쿄 관광, 숙박

4일   나리타공항 이동 귀국

❸ 나리타-도쿄-에치고유자와(1박)-아타가와온천(1박)-도쿄(1박)

1일   나리타공항 입국 후 JR도쿄 와이드패스 구입, 도쿄역 이동

 • 조에츠 신칸센 토키 323호 도쿄 13:40-14:56 에치고유자와 도착

 • 조에츠 신칸센 토키 325호 도쿄 14:40-15:56 에치고유자와 도착

에치고유자와온천지 관광, 숙박

2일   조에츠 신칸센 토키 314호 에치고유자와 10:15-11:38 도쿄역

환승 오도리코 9호 12:00-14:18 이즈아타카와 도착

조가사키 해안 관광, 아타가와온천지 관광, 숙박

3일 오도리코 2호 이즈아타카와 10:32-12:48 도쿄 도착, 도쿄 관광, 숙박

4일 나리타공항 이동 귀국

[4박 5일]

나리타공항-도쿄-나리타공항 왕복편은 케이세이 나리타공항 셔틀버스를 이용하고 1일, 4일 차는 도쿄에 숙박하고 2일 차부터 4일 차 3일간 패스를 이용한다. 1일 차와 4일 차 도쿄 숙소를 같은 곳에 정하면 캐리어를 호텔에 맡기고 중간 2박 3일 일정 동안 간단한 필수품만 백팩에 넣고 다닐 수 있어 이동에 한결 편리하다. 기차 시간표를 잘 활용할 수 있다면 여러 가지 일정을 조합할 수 있다.

❶ 도쿄(1박)-이카호온천(1박)-구사쓰온천(1박)-도쿄(1박)

1일 나리타공항 입국 후 JR도쿄 와이드패스 구입, 도쿄 이동 숙박

2일 특급 쿠사츠 시마1호 우에노역 10:00-11:36 시부카와역 도착

환승 간에츠버스 11:42-12:59 하루나구치 도착

또는 11:50-12:20 이카호온천 도착, 온천지 관광, 숙박

3일 이카호온천 간에츠버스 10:57-11:23 시부카와역 도착

또는 하루나구치 간에츠버스 10:50-11:23 시부카와역 도착

환승 특급 쿠사츠 시마1호 11:37-12:18 나가노하라 구사쓰구치역 도착

환승 JR간토버스 12:31-12:53 구사쓰온천 도착, 온천지 관광, 숙박

4일 JR간토버스 구사쓰온천 12:00-12:22 나가노하라 구사쓰구치역 도착

환승 특급 구사쓰 2호 13:07-15:26 우에노역 도착, 도쿄 관광 숙박

5일 나리타공항 이동 귀국

❷ 도쿄(1박)-이카호온천(1박)-시마온천(1박)-도쿄(1박)

1일 나리타공항 입국 후 JR도쿄 와이드패스 구입, 도쿄 이동 숙박

2일 특급 쿠사츠 시마1호 우에노역 10:00-11:36 시부카와역 도착

　　　환승 간에츠버스 11:42-12:59 하루나구치 도착

　　　또는 숙박 장소에 따라 11:50-12:20 이카호온천 도착, 온천지 관광, 숙박

3일 이카호온천 간에츠버스 10:57-11:23 시부카와역 도착

　　　또는 하루나구치 간에츠버스 10:50-11:23 시부카와역 도착

　　　환승 특급 쿠사츠 시마1호 11:37-11:57 나카노조역 도착

　　　환승 간에츠버스 12:02-12:42 시마온천 도착, 온천지 관광, 숙박

4일 간에츠버스 시마온천 12:42-13:22 나가노조역 도착

　　　환승 특급 쿠사츠 시마2호 13:28-15:26 우에노역 도착, 도쿄 관광, 숙박

5일 나리타공항 이동 귀국

❸ 도쿄(1박)-만자코겐온천(1박)-구사쓰온천(1박)-도쿄(1박)

(만자코겐온천 호텔 셔틀버스 이용 코스)

1일 나리타공항 입국 후 JR도쿄 와이드패스 구입, 도쿄 이동 숙박

2일 신칸센 하쿠타카 557호 도쿄 09:32-10:32 가루이자와역 도착

　　　구가루이자와 긴자 지역 관광, 중식

　　　만자코겐온천 호텔 셔틀버스 14:00-15:25 호텔 도착, 숙박

3일 호텔 셔틀버스 10:20-11:45 가루이자와역 도착

　　　환승 신칸센 아사마 616호 13:00-13:15 다카사키역 도착

　　　환승 특급 쿠사츠 시마3호 13:33-14:34 나가노하라 구사쓰구치역 도착

　　　환승 JR간토버스 14:45-15:07 구사쓰온천 도착, 온천지 관광, 숙박

4일 JR간토버스 구사쓰온천 12:00-12:22 나가노하라 구사쓰구치역 도착

　　　환승 특급 쿠사츠 시마2호 13:07-15:26 우에노역 도착, 도쿄 관광, 숙박

5일 나리타공항 이동 귀국

❹ 도쿄(1박)-구사쓰온천(1박)-에치고유지와온천(1박)-도쿄(1박)

1일 나리타공항 입국 후 JR도쿄 와이드패스 구입, 도쿄 이동, 숙박

2일 특급 쿠사츠 시마1호 10:00-12:18 나가노하라 구사쓰구치역 도착
     환승 JR간토버스 12:31-12:53 구사쓰온천 도착, 온천지 관광, 숙박

3일 JR간토버스 구사쓰온천 12:00-12:22 나가노하라 구사쓰구치역 도착
     환승 특급 쿠사츠 시마2호 13:07-14:05 다카사키역 도착
     환승 조에츠 신칸센 토키 323호 14:28-14:56 에치고유자와역 도착
     에치고유자와온천지 관광, 숙박

4일 조에츠 신칸센 에치고유자와-도쿄역(1시간 20분, 매시간 1-2편 있으므로 편
     리한 일정으로 이용) 도착, 도쿄 관광, 숙박

5일 나리타공항 이동 귀국

❺ 도쿄(1박)-가와지온천(1박)-에치고유자와온천(1박)-도쿄(1박)

1일 나리타공항 입국 후 JR도쿄 와이드패스 구입, 도쿄 이동 숙박

2일 기누가와 3호 신주쿠 10:31-12:36 기누가와온천 도착
     기누가와온천가 관광, 가와지온천 숙박

3일 기누가와 2호 기누가와온천 14:56-오미야(大宮) 16:37
     환승 조에츠 신칸센 토키 331호 17:05-17:56 에치고유자와역 도착
     에치고유자와온천지 관광, 숙박

4일 조에츠 신칸센 에치고유자와-도쿄역(1시간 20분, 매시간 1-2편 있으므로 편
     리한 일정으로 이용) 도착, 도쿄 관광, 숙박

5일 나리타공항 이동 귀국

❻ 도쿄(1박)- 아타카와온천(1박)-에치고유지와온천(1박)-도쿄(1박)

1일 나리타공항 입국 후 JR도쿄 와이드패스 구입, 도쿄 이동 숙박

2일 오도리코 1호 도쿄 09:00-이즈아타카와 11:11

또는 오도리코 3호 도쿄 10:00-이즈아타카와 12:13

조가사키 해안 관광, 아타가와온천지 관광, 숙박

3일 오도리코 2호 이즈아타카와 10:32-12:48 도쿄역 도착

환승 조에츠 신칸센 토키 323호 13:40-14:56 에치고유자와역 도착

에치고유자와온천지 관광, 숙박

4일 조에츠 신칸센 에치고유자와-도쿄역(1시간 20분, 매시간 1-2편 있으므로

편리한 일정으로 이용) 도착, 도쿄 관광 숙박

5일 나리타공항 이동 귀국

JR동일본패스
도호쿠
5일권

아오니온천, 코가네자키후로후시온천,
유제온천, 타자와코온천,
하나마키 나마리온천,
나루코온천, 자오온천, 긴잔온천

앞서 소개한 JR도쿄 와이드패스 이용 구간 외에도 아오모리현(靑森県), 아키타현(秋田県), 이와테현(岩手県), 야마가타현(山形県), 미야기현(宮城県) 후쿠시마현(福島県) 등 도호쿠 지방(東北地方)을 모두 갈 수 있는 매우 광범위한 패스로 특히 겨울철에는 눈이 많이 오는 동북 지방의 설경을 제대로 즐길 수 있고, 여름에는 비교적 선선한 계곡을 찾아 여행할 수 있는 매우 유용한 패스이다.

예를 들어 도쿄-신아오모리 신칸센 요금이 19,700엔이므로 나리타공항(3,070엔)에서 신아오모리까지 한 번만 왕복해도 JR패스 가격보다 훨씬 저렴해서 5일간 다양하게 이용한다면 패스 가격의 2-3배 이상의 효과를 볼 수 있다.

• 가격 : 대인(12세 이상) 30,000엔, 소인(6-11세) 15,000엔

패스 구입

JR동일본 홈페이지에서 예약 구입하거나 나리타, 하네다, 센다이, 등 주요 공항의 JR동일본 여행센터나 주요 역의 창구에서 수령(교환, 구입)하면 된다.

패스 사용

패스 사용 개시일부터 연속 5일간 사용할 수 있다. 이용하는 날짜에 역 개찰구에서 역무원에게 패스를 제시해서 날짜 스탬프를 받는다. 지정석은 매표소 창구에 제시해서 발권받는다.

도쿄 모노레일, 이즈큐코(伊豆急行), 후지큐코(富士急行), 센다이공항철도(仙台空港鉄道), 아오이모리철도(青い森鉄道), IGR이와테긴가철도(岩手銀河鉄道) 등 사철도 이용할 수 있다. 단, 도쿄에서 출발하는 오사카 방면의 도카이도 신칸센(東海道新幹線)은 JR도카이가 운행하므로 JR동일본에서 발행한 패스로는 이용할 수 없다.

8 — 아오니온천 青荷温泉

석유램프 조명의 깊은 산속 온천 료칸

아오니온천 홈페이지 www.aoninet.com/pc-index.html
성분 탄산천
용출 온도 45-60℃
효능 신경통, 류머티즘, 피로 회복

아오니온천은 아오모리현(青森県)의 깊은 산속에 있고 여러 번 환승을 해야 하기에 방문이 까다롭다. 하지만 아오니온천의 무료 셔틀버스 시간에 기차 시간을 잘 맞추면 어렵지 않게 갈 수 있다. 도쿄에서 출발하면 시간이 꽤 걸리므로 아오모리(青森) 또는 히로사키(弘前)에서 1박 하고 가는 방법도 있으니 일정에 따라 선택하면 된다.

아오니온천(青荷温泉) 란푸노야도(ランプの宿, 석유램프의 숙소)

'램프의 료칸'으로 널리 알려진 아오니온천은 아름다운 아오니 계곡을 따라 본관과 3개 동으로 이루어져 있다. 저녁이 되면 실내외의 모든 조명을 석유램프로 밝혀 세차게 흐르는 계곡물 소리와 함께 심심산골 속 자연의 운치를 느낄 수 있다. 2001년부터 1년 내내 항상 영업을 한다. 눈 덮인 겨울밤 미인의 눈썹 같은 초승 달빛 아래서 겐로쿠노유(健六の湯), 노천탕, 본관내탕(本館内湯), 타키미노유(滝見の湯) 등 4개의 온천탕을 유유자적 돌며 온천을 즐길 수 있다. 속세를 떠난 듯 깊은 산속의 아오니 계곡가에 희미하게 밝혀진 석유램프 불빛 아

래서 번잡한 도시에서는 결코 경험할 수 없는 진정한 힐링의 시간을 가질 수 있다. 휴대전화도 통하지 않는 깊은 산속이라 구내매점 외에는 주변에 아무것도 없기 때문에 사전에 히로사키역이나 쿠로이시역에서 간식 등을 준비해 가는 것이 좋다.

약간은 침침한 램프 불빛 아래 식당에서 모여 앉아 하는 저녁 식사는 산속의 온천답게 산채와 오리, 곤들메기 화로구이 등 소박하다.

교통편

① 도쿄 출발

신칸센 하야부사(はやぶさ) 11호 도쿄 09:08-12:29 신아오모리(新青森)

환승 특급 쓰가루(特急つがる) 2호 12:47-13:13 히로사키(弘前)

환승 코난철도(弘南鉄道) 13:50-14:26 쿠로이시(黒石)

환승 코난(弘南)버스 16:15-16:50 니지노코엔(虹の公園)

셔틀 환승 17:00-17:20 아오니온천 도착

② 아오모리, 히로사키 출발

아오모리 07:34-08:19 히로사키

환승 코난철도 08:38-09:12 쿠로이시

환승 코난버스 09:15-09:55 니지노코엔

셔틀 환승 10:00-10:20 아오니온천 도착

특급 쓰가루(特急つがる) 2호 아오모리 12:47-13:18 히로사키

환승 코난철도 13:50-14:26 쿠로이시

환승 코난버스 16:15-16:50 니지노코엔

셔틀 환승 17:00-17:20 아오니온천 도착

도호쿠 신칸센 하야부사호

특급 쓰가루호

코난철도 쿠로이시센

9 — 코가네자키 후로후시온천 黃金崎不老不死温泉

일본 최고의 바다 관광열차, 절경의 해변 바위 노천탕

성분 나트륨 염화물탕으로 색깔은 처음에는 투명하지만 곧 함유된 철분이 산화되어 짙은 다
갈색으로 변하고 염분 농도가 꽤 높아 입에 머금으면 짜게 느껴진다.

용출 온도 49℃

용출량 400L/분

일본 최북단 아오모리현에 속해 있다. 열차편이 자주 없으나 금요
일과 주말에 운행하는 일본 최고의 바다 열차인 리조트 시라카미호
(リゾートしらかみ号)를 이용하면 탄성이 저절로 나오는 차창 밖 바다
풍경을 만끽하며 도착할 수 있다. 꼭 한 번 경험해보기를 추천한다.
열차 도착에 맞춰 호텔 셔틀버스(무료)가 마중 나와 있다.

아키타와 아오모리를 경유하는 방법이 있는데, 가는 길에 아키타
를 경유하고 돌아오는 길에 아오모리를 경유하면 온천에도 1시간 정
도 일찍 도착하고 리조트 시라카미가 운행하는 고노센(五能線)의 바
다 경치도 즐길 수 있다. 리조트 시라카미가 운행하지 않는 겨울철
(12-3월) 평일에는 JR신아오모리역에서 무료 셔틀버스를 운행하므로
홈페이지에서 운행 일자를 확인해서 3일 전까지 예약하면 숙박 예약
자에 한해서 이용할 수 있다.

리조트 시라카미(リゾートしらかみ)-일본 최고의 바다 전망 관광열차

1997년부터 고노센을 운행하기 시작한 리조트 관광열차로 아키

타역에서 아오모리역까지 유일하게 환승 없이 갈 수 있는 열차이다.
전 차량이 지정석으로 창문이 매우 넓어서 탁 트인 차창 밖 바다 경
치를 즐길 수 있다. 2호차에는 4명이 마주 보고 앉을 수 있는 박스석
도 있다. 바닷가를 달리는 이와다테역-오마고에역(岩館駅-大間越駅),
오토세역-키타카나가사와역(大戸瀬駅-北金ヶ沢駅) 구간에서는 열차가
서행하므로 바다 경치를 즐길 수 있다.

　또 센죠지키(千畳敷) 부근에서도 열차가 서행하고 2, 3호는 센죠

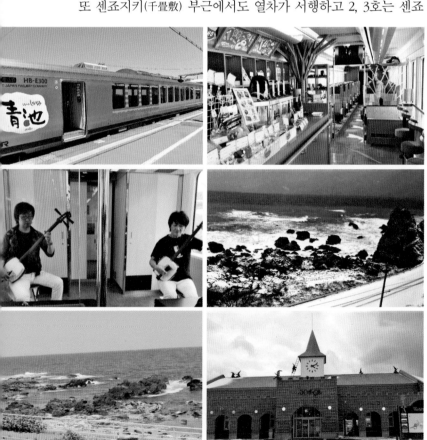

지키역에 15분간 정차하는데, 정차 중에 센죠지키 해안에서 잠깐 동안 사진을 촬영하고 산책을 할 수 있다. 1, 3호의 아지가사와역-고쇼가와라역(鰺ヶ沢駅-五所川原駅) 구간에서는 맨 앞차와 2호의 고쇼가와라-아지가사와 간의 3호차에서는 쓰가루 전통 악기인 '쓰가루 샤미센(津軽三味線)'의 연주를 들을 수 있다. 토요일과 휴일에는 3, 4호의 무쓰쓰루타역-가와베역(陸奥鶴田駅-川部駅) 간 맨 앞차에서 '쓰가루사투리 이야기꾼 체험(津軽弁語り部体験)'을 즐길 수 있다.

동해 바닷가를 운행하기 때문에 악천후나 악천후가 예상될 때는 전 구간 또는 일부 구간의 운행이 중단된다. 일부 구간만 운행 중지될 경우는 예정된 스케줄과 다른 차량이 대체 운행되기도 한다. 열차마다 승차 기념 스탬프가 비치되어 있고 차량 내 매점에서 도시락과 각종 열차 관련 기념품 등도 구매할 수 있다.

코가네자키 후로후시온천(黄金崎不老不死温泉)

원래 바닷가에서 온천이 조금씩 솟아나던 곳으로, 1970년 200m 깊이까지 시추하자 자연 용출되어 개발된 곳이다. 용출 온도는 49도이며 용출량은 분당 400L이다. 코가네자키 후로후시온천은 나트륨염화물탕으로 처음에는 투명한 빛을 띠지만 곧 온천수에 함유된 철분이 산화되어 짙은 다갈색으로 변한다. 또한 염분 농도가 꽤 높아 입에 머금으면 짠맛이 느껴지기도 한다. 당일치기로 온천을 이용하는 것도 가능하지만 기차 운행이 많지 않아 시간을 확인해야 한다.

바닷가 바위에 있는 노천탕이 일품이다. 동해를 향해 지는 석양의 사진이 잡지와 광고 등에서 소개되며 널리 알려졌다 표주박 모양의

노천탕은 혼욕탕이었으나 최근에는 여성 전용 노천탕도 생겼다. 료
칸 건물에 있는 대욕장 노천탕에서 내려다보는 바다 경치도 훌륭하
지만 바다의 거친 파도가 바로 눈앞에서 부서지는 바위 속 노천탕은
색다른 즐거움을 선사한다. 바위 속에서 파도를 바라보며 온천을 즐
길 때 가슴이 탁 트이는 듯한 희열을 맛볼 수 있다. 일본 최고의 바닷
가 노천 온천으로 추천할 만하다.

· 홈페이지 : www.furofushi.com
· 요금 : 대인 1,000엔, 소인 500엔
· 이용시간 : 09:00-14:00(신관), 16:00(해변 노천탕), 20:00(본관)

아오모리 명물 호타테(帆立 ホタテ, 가리비)

아오모리의 명물은 오마(大間)에서 잡히는 참치가 으뜸이지만 가리비 역시 크기가 크고 맛이 좋기로 유명하다. 대부분의 료칸에서는 아침 식사로 어른 손바닥보다 큰 가리비에 미소를 풀어 끓인 호타테 카이야키미소(ホタテ貝焼き味噌)가 제공된다.

아오모리역 앞 식당 오사나이(おさない)

아오모리역 정면 길가의 왼쪽에 있는 작은 식당이다. 호타테 요리를 비롯해 다양한 아오모리 향토 음식을 맛볼 수 있는 곳이다.

- 호타테 모리아와세 정식 등 가격대 1,000엔-3,000엔
- 영업시간 08:00-09:00 / 10:30-13:30 / 16:00-19:00 (월,화요일 휴무)
- 전화 : 017-722-6834

교통편

① 도쿄-아키타 경유 코스

신칸센 코마치(こまち) 11호 도쿄 09:08-13:02 아키타(秋田)

환승 쾌속 리조트 시라카미(リゾートしらかみ) 5호 14:00-16:10

웨스파 쓰바키야마(ウェスパ椿山), 호텔 셔틀버스 5분

아키타 신칸센 코마치호(秋田新幹線こまち号)-토호쿠 신칸센 하야부사와 연결해서 운행하며, 전 차량 지정석 제도이므로 창구에서 지정석을 발급받아야 한다.

② 아키타 숙박 후 출발

쾌속 리조트 시라카미(リゾートしらかみ)

1호 08:19-10:37 웨스파 쓰바키야마,

호텔 셔틀버스 5분

③ 도쿄-신아오모리 경유 코스

신칸센 하야부사(はやぶさ) 17호 도쿄 10:18-13:29 신아오모리(新青森)

환승 쾌속 리조트 시라카미 5호 13:58-16:54 웨스파 쓰바키야마, 호텔 셔틀버스 5분

④ 아오모리 숙박 후 출발

쾌속 리조트 시라카미 2호 08:09-11:13 웨스파 쓰바키야마, 호텔 셔틀버스 5분

⑤ 신아오모리역 호텔 무료 셔틀버스(12-3월 평일 한정)

하야부사 11호 도쿄 09:08-신아오모리 12:29 도착, 셔틀버스 환승

신아오모리역 매표소 앞 12:55 집합 신아오모리 13:00 출발 15:30 온천 호텔 도착

전화 : 0173-74-3500

10 ― 유제온천 湯瀬温泉
단풍과 설경의 작은 산속 온천

성분 알칼리 단순온천
용출 온도 58℃

아키타현 카즈노시(秋田県鹿角市)에 있는 요네시로가와(米代川)의 험준하고 가파른 언덕의 아래에서 용출하는 작은 온천이다. 유제온천(湯瀬温泉)이라는 이름은 카와세(川瀬)에서 온천수(湯)가 솟아난다고 해서 유래되었다. 함유 성분이 다양해 피부 미용에 좋은 효능이 있는 것으로 알려져 있다. 용출량은 분당 30L 정도로 매우 작은 온천이다. 온천만의 독특한 유황 냄새는 없다.

유제온천가(湯瀬温泉街)

한적하고 깊은 산골 마을 속의 작은 온천 마을로 조용하게 온천을 하며 쉬고 싶은 분들에게 추천한다. 새빨갛게 물든 가을 단풍과 더불어 흰 눈으로 뒤덮인 겨울 설경이 매우 아름답다. 이곳도 식당이나 편의점이 없어서 석식과 조식을 포함한 옵션으로 사전에 예약하는 것이 좋으며 모리오카역에서 간단한 간식 등을 미리 준비하는 것이 좋다.

시키사이리 아키타즈쿠리 유제호텔(四季彩り秋田づくし湯瀬ホテル)

유제온천가에는 1909년 이후 개업한 5개의 료칸이 있다. 그중 계곡가 양편에 자리하며 복도식 다리로 연결되어 있는 시키사이리 아키타즈쿠리 유제호텔(四季彩り秋田づくし湯瀬ホテル)은 계곡가에 붙어 있는 노천탕이 정취를 더해준다.

- 홈페이지 : www.yuzehotel.jp/spa.html
- 전화 : 0186-33-2311

도쿄에서 도호쿠 신칸센으로 이와테현(岩手県)의 중심 도시 모리오카(盛岡)에서(2시간 10분) 2칸짜리 하나와센 보통열차(花輪線普通列車)로 환승한다. 이후 이와테현의 경계를 지나 아키타현 동쪽 끝 지역 산속을 달리는 느린 로컬 열차의 정취를 느끼며 1시간 45분 정도 가면 된다. 철로 연변의 겨울 설경이 아름답다. 유제온천역에 도착하기 전 혹은 후에 호텔에 연락하면 픽업 서비스를 이용할 수 있다.

도쿄 도호쿠 신칸센(東北新幹線)- 모리오카(盛岡) 하나와센(花輪線) 환승

- 하야부사 13호 도쿄 09:36-모리오카 11:46 환승12:35-유제온천14:18
- 하야부사 27호 도쿄 14:20-모리오카 16:33 환승16:39-유제온천 18:22
- 하야부사 31호 도쿄 15:20-모리오카 17:32 환승18:06-유제온천 19:49

눈 속을 달리는 하나와센 보통열차

11 — 타자와코고원온천 田沢湖高原温泉

드라마 〈아이리스〉 촬영지

성분 타자와코고원온천 : 유황천 / 뉴토온천 : 단순천, 산성천, 유황천
용출 온도 44-71℃

아키타현의 최고봉이라 할 수 있는 아키타 코마가타케(秋田駒ヶ岳, 1,637m) 중턱의 해발 약 700m 높이에 위치해 있다. 일본에서 수심이 가장 깊은 호수인 타자와코(423.4m) 호수와 더불어 초카이산(鳥海山)이 보이는 아름다운 온천 마을이다.

산골의 운치를 자랑하는 뉴토온천(乳頭温泉)은 5km 정도 더 올라가 도와다하치만타이(十和田 八幡平) 국립공원 뉴토산(乳頭山, 1,477m) 기슭에서 찾을 수 있다. 10여 년 전 방영된 드라마 〈아이리스〉 촬영지로도 유명해 한동안 한국인의 방문이 급증하기도 했다.

타자와코고원온천 마을(田沢湖温泉郷)

뉴토온천으로 향하는 길의 중간쯤에 위치한 곳으로, 온천 호텔 5곳이 모여 있는 마을이다. 대개 패키지로 오는 단체 여행객들이 많이 묵는 곳이기도 하다. 대부분의 호텔들은 타자와코역까지 무료 셔틀버스를 운행한다.

• 타자와코고원온천 홈페이지 : tazawakokougen.jp

고마가다케(駒ヶ岳) 그랜드호텔하이란도호텔 산소우(山荘)

프라자호텔 산로쿠소(プラザホテル山麓荘)

뉴토온천 마을에서 끌어오는 천연 온천수를 항상 넘치도록 흘려
보내고 있다. 야스라기관(やすらぎ館)에 있는 히노키 효소 온천탕은
도호쿠 지방에서 가장 넓은 온천탕이다. 뛰어난 피부 개선 및 디톡스
효과로 여성들에게 특히 인기가 좋다.

• 전화 : 0187-46-2131

뉴토온천 마을(乳頭温泉郷)

뉴토산 기슭에 흩어져 있는 7개의 온천탕(七湯)을 뉴토온천 마을
이라고 한다. 큐카무라뉴토온천(休暇村乳頭温泉), 쿠로유(黒湯), 가니
바(蟹場), 오가마(大釜), 묘노유(妙乃湯), 마고로쿠(孫六), 쓰루노유(鶴の
湯) 등 7개의 온천탕은 수질이 다른 각각의 원천을 가지고 있고, 원

천의 종류도 10가지 이상으로 다양하다. 온천 순례를 하며 너도밤나무 원시림에서 뿜어져 나오는 피톤치드와 신선한 산소를 가슴 깊이 들이마시며 뜨거운 온천에 몸을 담그면 몸과 마음이 저절로 치유되는 듯한 느낌을 받을 수 있다.

• 뉴토온천 료칸조합 홈페이지 : www.nyuto-onsenkyo.com

유메구리쵸(湯めぐり帖, 온천 순례첩)

온천조합에 가입된 7곳(쓰루노유, 묘노유, 가니바, 오가마, 마고로쿠, 쿠로유, 큐카무라)에서 온천욕을 즐길 수 있는 일종의 패스이다. 나나유메구리(七湯めぐり) 온천욕은 만병통치라고 알려져 있다. 각 료칸 프런트에서 숙박 고객에게만 한정 판매한다. (대인 2,500엔, 소인 1,000엔)

타자와코(田沢湖)

아키타현 중동부 센보쿠시(仙北市)에 있으며 약 423m의 최대 수심을 자랑하는, 일본에서 가장 깊은 담수호이다. 세계에서는 17번째로 깊은 호수이다. 직경이 약 6km에 달해 크기는 일본에서 19번째로 크며 한겨울에도 얼어붙는 일이 없다. 세계에서 가장 깊은 호수인 바이칼호에 빗대 '일본의 바이칼호'라고 불리기도 한다. 호숫가에는 전설의 여인인 타츠코히메(辰子姫)상이 있다.

타자와코 일주 버스(羽後交通)는 타자와코역 앞에서 매일 4-6회 운행되고 있다. 일주 시간은 약 1시간이며 요금은 1,230엔이다.

유메구리쵸

쓰루노유

묘노유

쿠로유

가니바

마고로쿠

오가마

큐카무라뉴토온천

교통편

도쿄에서 타자와코역까지는 아키타 신칸센 코마치호(秋田新幹線こまち号, 약 2시간 50분)가 도호쿠 신칸센 하야부사 앞쪽에 함께 연결돼 거의 매시간 운행된다. 모리오카역(盛岡駅)역에서 분리되어 타자와코에 도착하면 우고고츠(羽後交通)버스로 환승해서 뉴토센(乳頭線) 뉴토가니바온천(乳頭蟹場温泉)행 버스로 종점까지 갈 수 있다. 소요 시간은 55분이며 요금은 편도 840엔이다. 각 호텔의 셔틀버스를 이용하는 방법도 있다.

타자와코 일주 버스(소요 시간 1시간 31분) 타자와코역 출발 시간표

10:45   13:25   15:25

뉴토온천행 우고버스(소요 시간 48분) 타자와코역 출발 시간표

06:55   07:45   08:45   09:40   10:40   12:25   13:20   14:20
15:35   16:35   17:20

타자와코역행 우고버스 뉴토온천 출발 시간표

08:00   09:00   09:55   10:45   11:55   13:35   14:30   15:30
16:35   17:30   18:15

12 — 하나마키 나마리온천 花巻鉛温泉

겨울 설경 속 온천

하마나키 관광협회 홈페이지(한국어) www.kanko-hanamaki.ne.jp/kr
성분 알칼리성 단순온천
용출 온도 58도

하나마키온천(花巻温泉)은 이와테현(岩手県) 하나마키시(花巻市) 서부에 흩어져 있는 온천들을 모두 일컫는다. 토요사와강(豊沢川)을 따라 마쓰쿠라온천(松倉温泉)에서 신나마리온천(新鉛温泉)까지 8곳의 온천은 별도로 '하나마키 미나미 온센쿄(花巻南温泉峡)'라 불리기도 한다. 산의 북쪽으로는 하나마키온천(花巻温泉), 다이온천(台温泉) 등이 위치해 있다.

하나마키 온센쿄(花巻温泉郷)

하나마키 온센쿄에는 하나마키온천(花巻温泉), 다이온천(台温泉), 신유모토온천(新湯本温泉), 카나야온천(金矢温泉) 등이 있다.

하나마키 미나미 온센쿄(花巻南温泉峡)

마쓰쿠라온천(松倉温泉), 시도다이라온천(志戸平温泉), 와타리온천(渡り温泉), 오사와온천(大沢温泉), 야마노가미온천(山の神温泉), 다카쿠라야마온천(高倉山温泉), 나마리온천(鉛温泉), 신나마리온천(新鉛温泉)

등 8곳의 온천을 가리킨다.

많은 온천 중에서 나마리온천(鉛温泉)의 후지산료칸(藤三旅館)을 소개하고자 한다.

나마리온천(鉛温泉)

이와테현의 하나마키온천 마을에 있는 온천 중 하나이다. 600년 전 계수나무 아래에서 솟아나는 온천 안에 흰원숭이가 온천욕을 하고 있는 것을 발견했다 하여 '시로자루노유(白猿の湯, 흰원숭이탕)'와 '카즈라노유(桂の湯, 계수나무탕)'라는 이름이 지금도 남아 있다. 수량이 풍부한 5곳의 원천이 있으며 모두 흘려보낸다.

후지산료칸(藤三旅館)

1841년 개업해 180년에 달하는 역사를 가지고 있다. 많은 문인들이 머물렀던 장소로 유명하다. 치료나 요양을 위해 오래 머무르는 장기 투숙객 혹은 저렴한 숙박객을 위해 제공되는 소박한 시설인 토지부(湯治部, 시설이 비교적 오래되었다)와 고급 숙박객을 위한 료칸부(旅館部)로 나누어져 있다. 토지부 숙박객은 본관과 별관에 있는 료칸부

건물에서 온천 이외의 시설은 이용할 수 없다. 여기서는 우리에겐 조금 낯선 토지부 시설을 소개한다.

후지산료칸의 시로자루노유(白猿の湯), 노천탕 카쓰라노유(桂の湯)

토지부(湯治部)

토지부 객실은 가격이 매우 저렴해서 겨울철 난방도 되지 않는다.

대신 석유난로로 난방을 하며(난방비 별도) 방 한가운데 자리한 상 밑에 화로를 놓고 그 위를 이불로 덮은 뒤 발을 집어넣어 몸을 따뜻하게 하는 일본 전통 난방 기구 고타츠(炬燵)가 설치되어 있다. 식사로는 매우 소박한 아침과 저녁 식사가 제공된다. 다소 불편하더라도 한 번쯤 소박한 일본 온천 료칸의 토지부도 경험해볼 만하다.

교통편

도쿄에서 신하나마키(新花巻)역까지 도호쿠 신칸센 야마비코호(東北新幹線やまび
こ号, 약 3시간 5분) 신하나마키역에서 하나마키온천 마을 호텔, 료칸의 셔틀버스를
이용(55분)하여 가면 된다.

도쿄 도호쿠 신칸센(東北新幹線)-신하나마키(新花巻) 셔틀버스 환승

• 야마비코 59호 도쿄 11:36-신하나마키 14:41 셔틀버스 환승15:10-16:05 도착
• 야마비코 61호 도쿄 12:36-신하나마키 15:41 셔틀버스 환승16:10-17:05 도착
• 야마비코 63호 도쿄 13:36-신하나마키 16:42 셔틀버스 환승17:10-18:05 도착

하나마키 미나미온센쿄 무료 셔틀버스 시간표

도호쿠 신칸센 야마비코호

13 ― 나루코온천 鳴子温泉

동일본 최고의 치유 온천

나루코온천 관광협회 홈페이지(한국어) kr.naruko.gr.jp
성분 유황천, 망초천, 석고천, 중조천, 식염천, 산성천, 함철천, 이산화탄소천, 단순온천 등
용출 온도 30-100℃

미야기현 오사키시(宮城県大崎市)에 있는 역사가 깊은 온천 마을이다. 826년에 일어난 토야가모리야마(鳥屋ヶ森山)의 화산 분화로 인해 지금의 온천신사(温泉神社)에서 온천이 솟아나며 시작되었다고 한다. 800여 년 전 어느 무장(武将) 부부가 아이를 출산할 때 이곳의 온천수를 사용하면서 '나기코(啼き子, 우는 아이)'라고 불렸다가 '나루코(なる子)'로 바뀌었다는 이야기도 전해진다.

센다이 사투리로 '나루고(なるご)'라고 탁음으로 부르는 사람도 많으나 1997년 이름을 바꾸는 과정에서 나루코(なるこ)온센이라는 발음으로 바뀌게 되었다. 후쿠시마현(福島県)의 이자카온천(飯坂温泉)과 미야기현(宮城県)의 아키호온천(秋保温泉)과 함께 오슈 지방 3명탕(奥州三名湯)으로 꼽혔다. 동일본 지역의 온천 중 요코즈나(横綱, 일본 스모의 최고등급)로 선정되기도 했다.

나루코온천가(鳴子温泉街)

　일본의 전통 목각인형인 나루코코케시(鳴子こけし)의 산지로서도 유명하다. 온천가 곳곳에 가게와 공방이 있으며 인형 제작 기술을 응용해 목공예 세공품을 취급하는 가게도 많이 보인다. 나루코코케시 뿐만 아니라 '게다(下駄)도 나루코'라는 캐치프레이즈를 내걸고 일본의 전통 나막신인 게다(下駄)를 빌려주기도 한다. 각 료칸과 나루코 온천역 관광안내소에 비치된 나막신을 대여해 온천가를 걸어다닐 수 있다.

　또한 인근에 나루코온센쿄(鳴子温泉峽) 협곡이 있어 단풍과 설경을 비롯한 사계절의 아름다운 경치를 느끼며 산책할 수 있다. 공동 온천탕으로 다키노유(滝の湯) 와세다 사지키유(早稲田桟敷湯)가 유명하다.

타키노유(滝の湯)

나루코온천에서 가장 오래된 역사를 가지고 있다. 온천의 발상지인 온천신사의 온천수를 사용하는 산성 온천으로 마을의 '타키노유 보존회'에서 관리하고 있다. 산성 온천인 타키노유 바로 옆에 있는 유사야료칸(ゆさや旅館)에는 강한 알칼리성 온천이 용출되는 우나기탕(うなぎ湯)이 있어 신기하게도 산성과 알칼리성이 강한 원천이 서로 가까운 곳에서 각각 솟아나고 있다.

- 성분 : 유황, 나트륨, 알루미늄, 칼슘, 철, 황산염, 저장성산성고온천(低張性酸性高温泉)
- 영업시간 : 07:30-21:00
- 요금 : 대인 300엔, 소인 100엔

와세다 사지키유(早稲田桟敷湯)

1948년 와세다대 토목공학과의 학생 7명이 온천 시추 실습을 하다가 원천을 찾아내 만든 공동 온천탕이다. 1996년 와세다대 건축학

과의 이시야마 슈무(石山修武) 교수의 디자인으로 개축하면서 공동
온천탕으로는 다소 전위적인 모습으로 지어졌다.

- 성분 : 나트륨, 황산염, 염화물천, 저장성중성 고온천
- 영업시간 : 09:00-21:30
- 요금 : 대인 550엔, 소인 330엔

산채소바(山菜そば)

동북 산간 지방이라 버섯, 죽순, 산마, 산나물 등 각종 산채를 고명
으로 얹은 소바가 유명하다. 다양한 산채 고명 때문에 일반적인 자루
소바나 가케소바 등과는 전혀 다른 일본 시골 소바의 맛을 느껴볼 수
있다.

교통편

도쿄에서 후루카와(古川)역까지 도호쿠 신칸센 야마비코호(やまびこ号)를 이용해 (약 2시간 10분) 후루카와역에서 로컬선 리쿠우히가시센(陸羽東線)으로 환승한다. 이후 나루코온천(鳴子温泉)역(약 45분)으로 가면 된다.

도쿄 도호쿠 신칸센(東北新幹線)-후루카와(古川) 리쿠우히가시센 환승-나루코온천(鳴子温泉)

- 야마비코 53호 도쿄 08:45-후루카와 11:03 리쿠우히가시센 환승 11:15-12:01
- 야마비코 55호 도쿄 09:40-후루카와 11:49 리쿠우히가시센 환승 12:15-13:01
- 야마비코 59호 도쿄 11:36-후루카와 13:52 리쿠우히가시센 환승 14:18-15:02
- 야마비코 61호 도쿄 12:36-후루카와 14:52 리쿠우히가시센 환승 15:15-15:58
- 야마비코 63호 도쿄 13:36-후루카와 15:53 리쿠우히가시센 환승 16:08-16:56
- 야마비코 65호 도쿄 14:36-후루카와 16:52 리쿠우히가시센 환승 17:23-18:08
- 야마비코 67호 도쿄 15:36-후루카와 17:53 리쿠우히가시센 환승 18:34-19:19

이후에도 약 1시간 간격으로 5편이 더 있으나 온천 도착 시간이 너무 늦다.

리쿠우히가시센 보통열차

14 — 자오온천 蔵王温泉

스키장과 스노 몬스터

자오온천 관광협회 홈페이지(한국어) www.zao-spa.or.jp
성분 산성, 유황황·알루미늄·황산염, 염화물천(황화수소 강산성 명반천)
용출 온도 45-66℃

　야마가타현 야마가타시(山形県 山形市) 남동부, 자오연봉(蔵王連峰)
의 서쪽 해발 880m 산중턱에 있는 온천이다. 전해오는 바에 따르면
약 1,900여 년 전 기비타카유(吉備多賀由)라는 사람이 발견해 타카유
(多賀由)라 불리다가 발음이 같은 고온의 온천을 의미하는 타카유(高
湯)로 바뀌어 불려왔다고 한다. 이후 1950년 마을 이름을 자오무라
(蔵王村)로 변경하면서 온천 이름도 다카유(高湯)에서 자오온천(蔵王温
泉)으로 변경되었다.

　일본에서 손꼽히는 규모를 자랑하는 자오온천 스키장이 함께 있
어 겨울철에는 스키어와 보더들로 붐빈다. 온천 마을 안에서 흐르는
스카와(酢川)강의 상류에는 온천신을 모신 스카와 온천신사(酢川温泉
神社)가 있다.

　강한 산성을 가지고 있으면서도 각각 온도가 다른 다양한 원천이
있다. 예로부터 피부병에 효과가 있다고 전해졌다. 특히 피부 미백
효과가 있어 여성들을 유혹하는 듯한 이름의 '히메노유(姫の湯, 공주의
탕)'로 불리며 높은 인기를 자랑한다.

자오온천가(蔵王温泉街)

120여 곳이 넘는 료칸과 호텔, 공동 온천탕과 당일치기 온천 시설 등이 있다. 시모유(下湯), 우에유(上湯), 가와하라유(川原湯) 등 공동 온천탕이 있고, 시모유 앞에는 족탕(足湯)이 있다. 미도리야(緑屋) 2호 원천 옆에도 새로운 족탕이 들어섰다. 자오온천의 명소로 사랑받는 강변의 자오온천 대노천탕(蔵王温泉 大露天風呂)은 동절기를 제외한 봄부터 가을까지 누구나 즐길 수 있다.

자오온천은 도호쿠(東北) 지방을 대표하는 산악 리조트로 야마가타 신칸센 개통으로 접근성이 좋아졌다. 최근에는 센다이공항(仙台空港) 국제선을 이용한 해외 관광객이 급증해 야마가타를 찾은 해외 관광객의 약 3분의 2가 자오온천을 방문하고 있다고 한다. 한국 스키어들이 가장 많이 찾는 일본 스키장으로도 꼽힌다.

자오 로프웨이

주효코겐역(樹氷高原駅)에서 갈아타고 지조산초(地蔵山頂)까지 약 17분간 올라가며 자오스키장과 자오온천 마을의 경치를 즐길 수 있다. 한겨울 산 정상에는 엄청난 눈이 덮인 채 얼어붙은 나무들이 환상적인 모습을 연출한다. 또한 줄지어 서 있는 주효(樹氷, 스노 몬스터)

의 모습이 탄성을 자아낸다.

- 홈페이지 : zaoropeway.co.jp
- 영업시간 : 08:45-16:45
- 요금 : 왕복 3,800엔, 야마코 버스 왕복권이 포함된 세트 티켓 사전 구매 3,200엔

자오온천 공동 온천탕

- 영업시간 : 06:00-22:00
- 입욕료 : 대인 200엔, 소인 100엔

우에유, 시모유, 가와하라유

자오센터 플라자(蔵王センタープラザ)

자오온천 마을 한가운데 있는 온천 호텔이다. 비교적 저렴하고 소박한 객실도 포함하고 있다. 1층에는 노천 온천과 수타 소바를 비롯해 다양한 식사를 할 수 있는 식당이 있다.

• 홈페이지 : www.center-plaza.jp

자오온천호텔 오크힐(蔵王温泉ホテルヒル)

온천 마을 중앙에서 약간 떨어져 있지만 가성비가 괜찮은 호텔이다. 로비에 벽난로가 있는 서구풍 인테리어를 갖추고 있다. 버스터미널에서 도보로 10분 거리이며 터미널 도착 후 호텔에 연락하면 픽업 차량을 보내주기도 한다.

• 홈페이지 : www.hoteloakhill.com/index.html

교통편

도쿄에서 야마가타 신칸센(山形新幹線) 쓰바사호(つばさ号)로 야마가타(山形)역(2시간 45분) ①번 승차장에서 자오온천행 야마코(山交)버스(요금 1,000엔)로 환승한다.

① 야마가타 신칸센 쓰바사-야마가타 도착 山交버스 환승-자오온천

- 쓰바사 127호 도쿄 08:07-야마가타 11:04 山交버스 환승 11:20-11:57
- 쓰바사 129호 도쿄 08:56-야마가타 11:38 山交버스 환승 12:20-12:57
- 쓰바사 133호 도쿄 10:00-야마가타 12:44 山交버스 환승 13:20-13:57
- 쓰바사 135호 도쿄 11:00-야마가타 13:44 山交버스 환승 14:20-14:57
- 쓰바사 137호 도쿄 12:00-야마가타 14:42 山交버스 환승 15:20-15:57
- 쓰바사 139호 도쿄 13:00-야마가타 15:50 山交버스 환승 16:20-16:57
- 쓰바사 141호 도쿄 14:00-야마가타 16:49 山交버스 환승 17:40-18:17
- 쓰바사 143호 도쿄 15:00-야마가타 17:46 山交버스 환승 18:55-19:32

센다이에서 숙박 후 센잔센(仙山線)으로 야마가타에 가서 야마코버스 환승 센다이로 입국할 경우는 동일본 패스를 구입하지 않는 것이 더 저렴하다.

② 센다이역 출발 센잔센-야마가타 도착 山交버스 환승-자오온천

- 센잔센 쾌속 센다이 08:18-야마가타 09:45 山交버스 환승 10:20-10:57
- 센잔센 쾌속 센다이 09:12-야마가타 10:35 山交버스 환승 11:20-11:57
- 센잔센 보통 센다이 10:16-야마가타 11:42 山交버스 환승 12:20-12:57
- 센잔센 쾌속 센다이 11:07-야마가타 12:26 山交버스 환승 13:20-13:57
- 센잔센 보통 센다이 11:53-야마가타 13:31 山交버스 환승 14:20-14:57
- 센잔센 쾌속 센다이 12:52-야마가타 14:13 山交버스 환승 15:20-15:57
- 센잔센 보통 센다이 13:45-야마가타 15:16 山交버스 환승 16:20-16:57

야마가타 신칸센 쓰바사호(山形新幹線つばさ号)

센잔센 쾌속열차(仙山線快速列車)

- 센잔센 보통 센다이 14:41-야마가타 16:17 山交버스 환승 17:40-19:17 도착
- 센잔센 보통 센다이 15:45-야마가타 17:14 山交버스 환승 17:40-19:17 도착
- 센잔센 보통 센다이 16:40-야마가타 18:10 山交버스 환승 18:55-19:32 도착

15 — 긴잔온천 銀山温泉

고풍스런 4층 목조 료칸 마을

긴잔온천 홈페이지 www.ginzanonsen.jp
성분 식염유황천, 식염천, 유황나트륨 염화물천, 식염유화수소천
용출 온도 44-65℃

이름에서 알 수 있듯 은광산이 번성하던 15-17세기 초까지는 30만 명에 가까운 사람이 살 정도로 번창했다. 17세기 중엽부터는 채광이 쇠퇴하며 한 광부가 발견했던 온천이 활성화되기 시작했다. 1689년 은광산이 폐광되자 온천장이 들어서고 본격적으로 탕치 온천지로 번창하였다. 그러나 1913년 온천 마을을 덮친 대홍수로 온마을이 초토화되어버렸다. 이후 마을 유지들이 힘을 모아 재건하여 지금의 아름다운 온천 마을 모습으로 만들었고, 이것이 100여 년을 이어오고 있다.

오슈가도(奧州街道)에서 10km가 넘게 떨어진 산속에 있어, 1968년 국민 보양 온천지로 지정되었음에도 오랫동안 대중에게 잘 알려지지 않은 온천이었다. 1983년 드라마 〈오싱(おしん)〉에 이곳이 등장하고 작품이 히트를 치면서 전국적으로 알려지게 되었다. 이후 애니메이션 거장인 미야자키 하야오(宮崎駿) 감독의 영화 〈센과 치히로의 행방불명〉의 배경 모티브로 알려지며 더욱 유명해졌다.

긴잔온천가(銀山溫泉街)

긴잔가와(銀山川) 양쪽으로 1920-1930년대에 건축한 목조 료칸들이 나란히 서 있다. 대부분 3층과 4층에 목조 발코니가 있어 당시 건축물로는 매우 현대적인 감각을 가진 독특한 건물로 평가받는다. 바깥쪽 벽에 고데에(鏝絵, 인두화)로 장식한 료칸도 있다.

개울에는 다리가 여러 개 놓여 있고, 돌로 깐 보도 위에는 가스등이 줄지어 있다. 5월부터 10월까지 주말마다 하나가사오도리(花笠踊りが)가 다리 위에서 펼쳐진다. 긴잔가와 하류에서 바라보는 다이쇼(大正)시대의 온천 마을 모습은 긴잔온천의 상징적인 풍경이다. 특히 저녁 무렵 서서히 어둠이 깔리는 고풍스러운 목조 건물 거리에 다리 위의 가스등이 은은하게 켜지기 시작하는 모습은 가히 환상적이다. 온천가에는 오오유(大湯)와 최근에 생긴 시로가네유(しろがね湯) 2곳의 공동 온천탕이 있다. 개울가 산책로에 잠시 앉아서 발을 담글 수 있는 족탕도 있다.

긴잔온천가에 위치한 대부분의 료칸들은 2인 1박 2식 숙박비가 4만 엔 이상으로 비교적 비싼 편이다. 온천 숙박이 부담스러운 경우에

는 야마가타역 근처에 숙박하며 당일치기로 온천 마을만 2-3시간 정도 돌아보고 야마가타로 돌아오는 것을 추천한다.

교통편

도쿄에서 야마가타 신칸센 쓰바사호로 오이시다(大石田)역에 내려서 오바나자와시(尾花沢市) 하나가사(はながさ)버스(1,000엔)로 환승해서 갈 수 있다. 숙박을 원할 경우에는 미리 료칸에 연락해 픽업 서비스를 이용하면 된다.

① 야마가타 숙박 당일치기 긴잔온천 관광 후 야마가타 귀환

야마가타 신칸센 야마가타-오이시다 하나가사버스 환승-긴잔온천
- 쓰바사 121호 야마가타 09:00-09:40 오이시다버스 환승 09:50-10:26 도착
- 쓰바사 131호 야마가타 11:48-12:17 오이시다버스 환승 12:35-13:11 도착
- 쓰바사 133호 야마가타 12:46-13:16 오이시다버스 환승 14:10-14:53 도착

야마가타 귀환 시간표

- 긴잔온천 13:25-14:01 오이시다 보통열차 환승 14:39-15:32 야마가타
- 긴잔온천 14:55-15:31 오이시다 쓰바사 150호 환승 15:35-16:04 야마가타
  (쓰바사 158호 환승 실패 시) 보통열차 환승 16:34-17:23 야마가타
- 긴잔온천 16:35-17:11 오이시다 쓰바사 156호 환승 17:27-18:02 야마가타
- 긴잔온천 18:21-18:55 오이시다 쓰바사 158호 환승 18:58-19:29 야마가타
  (쓰바사 158호 환승 실패 시) 보통열차 환승 19:36-20:27 야마가타

② 긴잔온천 료칸 숙박

- 쓰바사 131호 도쿄 09:24-(야마가타 11:48)-오이시다 12:17 셔틀버스 환승
- 쓰바사 133호 도쿄 10:00-(야마가타 12:44)-오이시다 13:16 셔틀버스 환승
- 쓰바사 137호 도쿄 12:00-(야마가타 14:42)-오이시다 15:15 셔틀버스 환승
- 쓰바사 145호 도쿄 16:00-(야마가타 18:43)-오이시다 19:15 셔틀버스 환승

긴잔온천행 하나가사 버스 오이시다역 출발시간표

09:50   12:35   14:10   15:55   17:45

오이시다역행 하나가사 버스 긴잔온천 출발 시간표

07:05   08:25   10:35   13:25   14:55   16:35   18:21

JR동일본 패스 도호쿠 모델 코스 일정표

5일 동안 모든 동일본 JR열차를 자유롭게 이용할 수 있고, 갈 수 있는 지역이 광범위해서 다양한 일정의 조합을 만들 수 있다. 4박 5일이면 2곳, 아침 일찍 도착하는 항공편으로는 3곳 정도 여유 있게 돌아볼 수 있는 몇 가지 모델 코스 일정을 소개한다. 1일 차, 4일 차 도쿄 시내(센다이 입국의 경우 센다이 시내)의 숙소를 같은 곳에 정하면 무거운 캐리어는 호텔에 맡기고 중간 2박 3일 동안 간단한 필수품만 백팩에 넣고 다닐 수 있어 한결 이동에 편리하다.

❶ 도쿄-타자와코온천(1박)-코가네자키후로후시온천(1박)-아오니온천(1박)-도쿄(1박)

1일 아침 항공편으로 나리타공항 도착(11시경) JR패스 교환

　　　나리타 익스프레스 18호 11:44-12:44 도쿄역

　　　아키타 신칸센 코마치 25호 도쿄 13:20-16:07 타자와코(16:45 버스 환승)

　　　타자와코온천 호텔 숙박

2일 아키타 신칸센 코마치 1호 타자와코 09:22-09:35(10:26-10:39) 카쿠노다테

　　　카쿠노다테 시가 관광

　　　아키타 신칸센 코마치 25호 카쿠노다테 12:18-13:02 아키타역 환승

　　　리조트 시라카미 5호 아키타 14:00-16:10 웨스파 쓰바키야마

　　　호텔 셔틀버스 이동, 고카네자키 후로후시온천 숙박

　　　※ 리조트 시라카미 운행 여부 사전 확인 필수

3일 리조트 시라카미 1호 웨스파 쓰바키야마 10:38-12:48 히로사키역 환승

　　　코난철도 히로사키역 14:50-15:26 쿠로이시역

　　　코난버스 환승 16:15-16:55 니지노코엔

　　　셔틀버스 환승 17:00-17:20 아오니온천 숙박

4일 아오니온천 셔틀버스 08:30-08:50 니지노코엔

셔틀버스 환승 09:00-09:32 쿠로이시역, 코난철도 09:40-10:14 히로사키역

쓰가루 32호 환승 10:41-11:10 신아오모리역

도호쿠 신칸센 하야부사 20호 환승 11:22-14:32 도쿄, 숙박

5일 나리타공항 이동 귀국

❷ 도쿄(1박)-코가네자키후로후시온천(1박)-아오니온천(1박)-도쿄(1박)

1일 나리타공항 도착 후 JR패스 교환, 도쿄 관광, 숙박

2일 아키타 신칸센 코마치 11호 타자와코 09:08-13:02 아키타역 환승

리조트 시라카미 5호 아키타 14:00-16:10 웨스파 쓰바키야마

호텔 셔틀버스 이동, 고카네자키 후로후시온천 숙박

3일 리조트 시라카미 1호 웨스파 쓰바키야마 10:38-12:48 히로사키역 환승

코난철도 히로사키역 14:50-15:26 쿠로이시역

코난버스 환승 16:15-16:55 니지노코엔

셔틀버스 환승 17:00-17:20, 아오니온천 숙박

4일 아오니온천 셔틀버스 08:30-08:50 니지노코엔

코난버스 환승 09:00-09:32 쿠로이시역, 코난철도 09:40-10:14 히로사키역

쓰가루 32호 환승 10:41-11:10 신아오모리역

도호쿠 신칸센 하야부사 20호 환승 11:22-14:32 도쿄, 숙박

5일 나리타공항 이동 귀국

❸ 도쿄(1박)-아오니온천(1박)-유제온천(1박)-도쿄(1박)

1일 나리타공항 도착 후 JR패스 교환 도쿄 관광, 숙박

2일 하야부사 13호 도쿄 09:36-12:34 신아오모리 도착 환승

특급 쓰가루 2호 신아오모리 12:47-13:13 히로사키 환승

코난철도 히로사키역 14:50-15:26 쿠로이시역

코난버스 환승 16:15-16:50 니지노코엔

셔틀버스 환승 17:00-17:15 아오니온천, 숙박

3일 아오니온천 셔틀버스 08:30-08:55 니지노코엔

셔틀버스 환승 09:00-09:32 쿠로이시역

코난철도 09:40-10:14 히로사키역 환승

오우혼센 히로사키 11:35-12:17 오다테역 중식, 환승

하나와센 오다테 13:36-14:45 유제온천역(셔틀버스), 유제온천 숙박

4일 유제온천 12:00-13:58 모리오카역 환승

하야부사 26호 모리오카 14:10-16:32 도쿄, 관광 후 숙박

5일 나리타공항 이동 귀국

❹ 도쿄(1박)-자오온천(1박)-긴잔온천 또는 야마가타(1박)-도쿄(1박)

1일 나리타공항 도착 후 JR패스 교환, 도쿄 관광, 숙박

2일 야마가타 신칸센 쓰바사 129호 도쿄 08:56-11:37 야마가타

山交버스 환승 12:20-12:57 자오온천

자오산 로프웨이, 자오온천 관광 후 숙박

3일 山交버스 자오온천 10:20-11:05 야마가타역 환승

쓰바사 131호 야마가타 11:48-12:17 오이시다역

하나가사버스 환승 12:35-13:11 긴잔온천, 긴잔온천 숙박

또는 긴잔온천가 관광 후 하나가사버스 긴잔온천 16:35-17:11

오이시다역 환승, 쓰바사 156호 17:27-18:02 야마가타 숙박

4일 긴잔온천 숙박의 경우 셔틀버스로 오오이시다 환승

또는 하나가사버스 10:35-11:11 오이시다역 환승

쓰바사 140호 오이시다 11:27-14:48 도쿄, 관광 후 숙박

(야마가타 숙박의 경우 쓰바사 138호 야마가타 10:57-13:48 도쿄 관광 후 숙박)

5일 나리타공항 이동 귀국

❺ 센다이(1박)-자오온천(1박)-긴잔온천 또는 야마가타(1박)-센다이(1박)

센다이 입국의 경우는 동일본 패스보다 각 구간별 티켓을 사는 것이 더 저렴하다.

1일 센다이공항 도착 후 JR패스 교환, 센다이 관광, 숙박

2일 센잔센 쾌속 센다이 09:12-10:35 야마가타

　　　山交버스 환승 11:20-11:57 자오온천

　　　센잔센 보통 센다이 10:16-11:42 야마가타

　　　山交버스 환승 12:20-12:57 자오온천

　　　자오산 로프웨이, 자오온천 관광 후 숙박

3일 山交버스 자오온천 10:20-11:05 야마가타역 환승

　　　쓰바사 131호 야마가타 11:48-12:17 오이시다

　　　하나가사버스 환승 12:35-13:11 긴잔온천, 긴잔온천가 관광 후 숙박

　　　또는 하나가사버스 긴잔온천 16:35-17:11 오이시다역 환승

　　　오우혼센 보통 17:42-18:35 야마가타 숙박

4일 긴잔온천 숙박의 경우 : 호텔 셔틀버스 09:00-09:20 오이시다 환승

　　　쓰바사 136호 오이시다 09:31-10:00 야마가타 환승

　　　센잔센 쾌속 야마가타 10:12-11:35 센다이 관광 후 숙박

　　　또는 하나가사버스 10:35-11:11 오이시다 환승

　　　쓰바사 140호 오이시다 11:27-12:03 야마가타 환승

　　　센잔센 보통 야마가타 12:56-14:17 센다이, 마쓰시마 관광, 센다이 숙박

　　　※ 센다이-마쓰시마카이칸역(松島海岸駅) 열차 매시간 2회 운행(40분 소요)

　　　야마가타역 부근 숙박의 경우 : 센잔센 쾌속 야마가타 10:12-11:35 센다이

　　　센잔센 보통 야마가타 11:01-12:27 센다이, 마쓰시마 관광, 센다이 숙박

5일 센다이공항 이동 귀국

❻ 도쿄(1박)-유제온천(1박)-하나마키 나마리온천(1박)-도쿄(1박)

1일 나리타공항 도착 후 JR패스 교환, 도쿄 관광, 숙박

2일 하야부사 13호 도쿄 09:36-11:46 모리오카 하나와센 환승

　　　모리오카 12:35-14:18 유제온천(셔틀 서비스), 유제온천 숙박

3일 유제온천 12:00-13:58 모리오카 환승 야마비코 60호

　　　모리오카 14:08-14:19 신하나마키역 도착

　　　셔틀버스 환승 15:10-16:05 도착 나마리온천 숙박

4일 셔틀버스 09:47-10:45 신하나마키 환승

　　　야마비코 54호 신하나마키 11:20-14:24 도쿄, 관광 후 숙박

5일 나리타공항 이동 귀국

❼ 도쿄(1박)-나루코온천(1박)-자오온천(1박)-도쿄(1박)

1일 나리타공항 도착 후 JR패스 교환, 도쿄 관광 후 숙박

2일 야마비코 55호 도쿄 09:40-11:49 후루카와, 리쿠우히가시센 환승

　　　후루카와 12:15-13:01 나루코온천, 나루코온천가 관광 후 숙박

3일 나루코온천 10:08-10:54 후루카와 환승

　　　야마비코 56호 후루카와 11:10-11:23 센다이 환승

　　　센잔센 보통 센다이 11:53-13:31 야마가타

　　　山交버스 환승 14:20-14:57 도착, 자오산 로프웨이, 자오온천 관광 후 숙박

4일 山交버스 자오온천 10:20-11:05 야마가타 환승

　　　쓰바사 140호 야마가타 12:05-14:48 도쿄, 관광 후 숙박

5일 나리타공항 이동 귀국

JR동일본패스
나가노·니가타
5일권

앞서 소개한 JR도쿄 와이드패스 이용 구간 외에도 니가타현과 나가노현을 갈 수 있는 패스다. 특히 겨울철에는 눈이 많이 오며 품질좋은 쌀과 술맛이 뛰어난 니혼슈(日本酒, 사케) 생산지로 유명한 니가타와 동계 올림픽이 열렸던 나가노 지방의 설경을 즐길 수 있다. 하지만 JR동일본패스(도호쿠 지역 5일권)보다는 여행할 수 있는 지역이넓지 않아 효용성은 다소 떨어지지만 도쿄 인근과 니가타, 나가노지역을 5일간 여행할 수 있어 나름대로 유용하게 이용할 수 있다.

니가타항은 과거 조총련계 재일동포들을 북한으로 보냈던 북송선 '만경봉호'의 출항지로 가슴 아픈 역사가 서려 있는 곳이기도 하다. 나가노현의 마쓰모토에서는 국보로 지정된 아름다운 마쓰모토성(松本城) 등 많은 명소들을 돌아볼 수 있다.

• 가격 : 대인(12세 이상) 27,000엔, 소인(6-11세) 13,500엔

패스 구입
JR동일본 홈페이지 예약 구입 또는 나리타, 하네다 등 주요 공항

의 JR동일본 여행센터나 주요 역의 창구에서 수령(교환, 구입)한다.

패스 사용

개시일부터 연속 5일간 사용할 수 있다. 이용하는 날짜에 역 개찰구에서 역무원에게 패스를 제시해서 날짜 스탬프를 받는다. 지정석은 매표소 창구에 제시해서 발권받는다.

도쿄 모노레일, 이즈큐코(伊豆急行), 호쿠에츠큐코(北越急行) 등의 사철을 이용할 수 있다. 단, 도쿄에서 출발하는 오사카 방면의 도카이도 신칸센(東海道新幹線)은 JR도카이(JR東海)가 운행하므로 JR동일본에서 발행한 패스로는 이용할 수 없다.

16 — 토가리 노자와온천 野沢温泉

폭설 지대 스키장

노자와온천 관광협회 홈페이지 nozawakanko.jp
성분 유황천
용출 온도 42-90℃

약 100만 년 전쯤 분화한 것으로 추정되는 해발 1,640m의 케나시산(毛無山) 기슭에서 8세기 초 나라시대(奈良時代)에 발견된 온천이다. 에도시대(江戸時代)에는 이야마 번주(飯山藩主)의 탕치장(湯治場, 온천요양소)이 있었다고 한다. 섭씨 100도에 가까운 온도의 뜨거운 온천수가 솟아나며 동쪽 지역의 언덕에는 일본에서도 손꼽히는 규모를 자랑하는 노자와온천 스키장이 펼쳐져 있다.

노자와온천가(野沢温泉街)

공동 온천탕 오유(大湯) 주변에는 크고 작은 료칸이나 토산품 가게가 밀집해 있다. 온천 산책로는 지형상 비탈길이 많으며 비교적 좁고 구불구불한 형태로 구성되어 있다. 료칸 지역의 남쪽에는 스키어들을 위한 비교적 저렴한 민박집들이 많이 있다. 온천에서 스키장까지는 에스컬레이터로 연결되어 있어 편리하게 이용할 수 있다.

공동 온천탕 순례(外湯めぐり, 소토유 메구리)

온천 마을에는 13개나 되는 공동 온천탕들이 있어 '유나카마(湯仲間)'라는 온천 마을 조직이 관리하고 있다. 관광객도 작은 성의 표시로 돈을 약간 지불하면 이용할 수 있다. 오가마(麻釜) 근처와 오유(大湯) 앞 혹은 몇몇 료칸의 옆에도 족탕이 있다. 오가마는 100도에 가까운 뜨거운 온천수가 솟아나는 원천이다. 옛날에는 이 뜨거운 물을 이용해 삼베를 삶아 껍질을 벗겨 마 섬유를 만들기도 했으나 지금은 채소나 달걀을 삶는 등 음식 조리 용도로 사용되고 있다고 한다. 화상을 비롯한 위험을 방지하기 위해 오가마 주변에는 관광객들의 출입을 금지하고 있다.

　족탕의 경우 이전까지는 24시간 이용이 가능했으나 일부 몰지각한 이용자들의 행태로 최근에는 심야 입장이 금지되었다. 공동 온천탕의 탕 안에는 '정로환'으로 잘 알려진 타이코 약품(大幸薬品)의 광고를 위해 회사 낙인(나팔 마크)이 찍힌 나무통들이 놓여 있어 이색적인 장면을 연출한다.

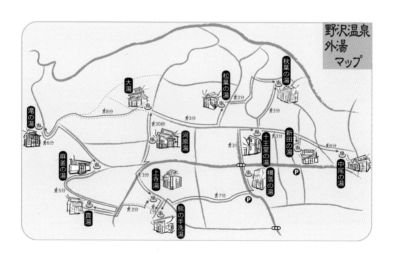

교통편

호쿠리쿠 신칸센 하쿠다카호(はくたか号)로 이야마(飯山)역에서 노자와온천 교통(のざわ交通)버스 노자와온천 라이너(野沢温泉ライナー)로 환승(25분, 요금 600엔)

- 하쿠타카 555호 도쿄 08:41-10:28 이야마역 버스 환승 10:45-11:10
- 하쿠타카 559호 도쿄 10:33-12:17 이야마역 버스 환승 12:30-10:55
- 하쿠타카 561호 도쿄 11:24-13:02 이야마역 버스 환승 13:40-14:05
- 하쿠타카 565호 도쿄 13:24-15:02 이야마역 버스 환승 15:15-15:40
- 하쿠타카 569호 도쿄 15:24-17:03 이야마역 버스 환승 17:30-17:55
- 하쿠타카 571호 도쿄 16:32-18:20 이야마역 버스 환승 18:55-19:20
- 하쿠타카 573호 도쿄 18:04-20:01 이야마역 버스 환승 20:15-20:40
- 하쿠타카 575호 도쿄 19:04-21:00 이야마역 버스 환승 21:20-21:45

노자와역 앞의 노자와온천 라이너

17 — 벳쇼온천 別所温泉

역사가 깊은 작은 온천 마을

벳쇼온천 관광협회 홈페이지 www.bessho-spa.jp
성분 단순 유황천
용출 온도 51℃
효능 만성 피부병, 만성 부인병, 베인 상처, 당뇨병 등

해발 약 570m 고지의 나가노현 우에다시(長野県上田市)에 있는 온천이다. 발견 시기는 정확히 알 수 없으나 아주 예전부터 온천이 있었던 것으로 전해진다. 1세기경에 발견되어 신슈(信州)에서는 가장 오래된 온천이다. 일본 무손(武尊)이 7곳에 온천을 열어 '시치코리노유(七苦利の湯)'라 이름을 붙였다는 전설에 따라 '시치쿠리노유(七久里の湯)'라고도 불린다. 온천 마을 근처에는 안라쿠지(安樂寺), 조라쿠지(常樂寺), 기타무키칸논(北向観音) 등이 있어 도쿄 인근에 있는 가마쿠라에 빗대어 '신슈의 가마쿠라(信州の鎌倉)'라고도 부른다.

벳쇼온천가(別所温泉街)

오유(大湯), 다이시토(大師湯), 이시유(石湯) 등 3곳의 공동 온천탕이 있는 오유 지구와 기타무키칸논(北向観音) 주변의 원내 지구(院内地区)의 두 지역으로 나뉘어져 있다. 오유 지구는 벳쇼온천역에서 도보로 7-8분 정도 거리이며 원내 지구는 역에서 도보 15분 정도의 거리이다. 이외에도 족탕인 오유야쿠시노유(大湯薬師の湯)와 나나쿠리

(ななくり)를 찾을 수 있다.

과거 온천수로 빨래를 했던 벳쇼온천 마을 주민들의 옛 빨래터 13
곳이 있다. 우에다는 예로부터 양잠을 주업으로 삼는 지방이었다.
양잠이 한창 번창하던 메이지시대에는 한때 30여 개가 넘는 온천 료
칸이 있었다고 한다. 그러나 이들은 양잠업의 쇠퇴와 함께 줄어들어,
현재 벳쇼온천 료칸조합의 온천 료칸은 오유 지구에 7곳, 원내 지구
6곳 등 13곳만 남아 있으며 민박(게스트하우스)이 4곳 있다.

에도시대에 창업한 전통적인 료칸들을 여전히 이용할 수 있으며
온천가 및 주변 주택가에서는 소바집도 찾을 수 있다. 인근 산속에서
나오는 각종 산채나 송이 등 자연적인 식재료를 채취하여 운영하는
신슈조 쇼삼림조합(信州上小森林組合) 직영 식당(벳쇼온천 삼림 공원 내)
이 있다. 드물게 요정도 남아 있다. 가을에는 계절 한정으로 '마츠다
케코야(松茸小屋, 송이버섯오두막)'라고 불리는 송이요리를 제공하는 식
당이 숲속에 문을 연다.

덜컹거리는 로컬 열차를 타고 벳쇼역에서 내려 천천히 걸어 올라
가면서 보이는 마을의 모습은 번잡하고 관광객이 넘치는 유명 온천
도시와는 다르다. 쇠락하여 녹슨 안내 간판에서 쓸쓸함이 느껴지는

동시에 시골 마을의 정취를 풍기는 한적한 온천 마을이다.

벳쇼온천 료칸 쓰루노유(つる屋)

에도시대 무렵인 약 300여 년 전에 창업한 역사가 깊은 료칸이다. 화려하게 꾸미지 않아 조용하고 차분하게 지낼 수 있는 아담한 규모의 전통 숙소라 할 수 있다. 최근에는 각 계절별 제철 재료를 이용한 요리로 미식가들의 료칸으로 관심을 받고 있다. 다른 물을 전혀 첨가하지 않은 100% 천연 원천수를 항상 넘치게 흘려보내고 있다. 예전에는 겐자이유(玄斎湯)라고 불렸던 벳쇼온천의 외탕 온천 중 하나이기도하다.

• 홈페이지 : www.ryokan-tsuruya.com

호쿠리쿠 신칸센 하쿠다카호(はくたか号)나 아사마호(あさま号)로 우에다(上田)역
에서 사철(私鉄) 우에다전철(上田電鉄)로 환승한 후 벳쇼온천역(37분, 590엔)에서
내리면 도보로 5분 거리. 우에다행 호쿠리쿠 신칸센은 매시간 2-3편이 있다. 우에
다전철도 매시간 1-2편이 있어 30분 내에 환승이 된다.

벳쇼온천만 갈 경우에는 보다 저렴한 '도쿄 와이드패스'로 우에다역 하차 시 구간 외
인 사쿠다이라(佐久平)-우에다 구간 신칸센 요금(자유석 1,300엔)을 추가로 지불하
고 갈 수 있다. 또는 사쿠다이라역에서 고모로(小諸)행 로컬선으로 환승 후 고모로역
에서 사철인 시나노철도(しなの鉄道)로 환승해서 우에다역(요금 410엔)으로 갈 수
도 있다. 소요 시간은 약 40분이다.

우에다전철

JR동일본패스 나가노·니가타 모델 코스 일정표

도쿄(1박)-노자와온천(1박)-벳쇼온천(1박)-도쿄(1박)

1일 나리타공항 도착 후 JR패스 교환, 도쿄 관광, 숙박

2일 하쿠타카 555호 도쿄 08:41-10:28 이야마버스 환승 10:45-11:10

　　하쿠타카 559호 도쿄 10:33-12:17 이야마버스 환승 12:30-10:55

　　하쿠타카 561호 도쿄 11:24-13:02 이야마버스 환승 13:40-14:05

　　노자와온천가 관광, 숙박

3일 노자와온천 라이너버스 09:40-10:05 이야마 환승

　　하쿠타카 558호 이야마 10:33-10:57 우에다

　　우에다전철 환승 벳쇼센 우에다 11:20-11:47 벳쇼온천

　　노자와온천 라이너버스 11:20-11:45 이야마 환승

　　하쿠타카 560호 이야마 12:13-12:24 나가노 환승 12:40- 13:15 우에다역

　　우에다전철 환승 벳쇼센 우에다 14:00-14:27 벳쇼온천(이후 1시간에 1-2회

　　운행) 벳쇼온천가 관광, 숙박

4일 우에다전철 벳쇼온천 09:24-09:53 우에다 환승

　　하쿠타카 556호 우에다 10:00-11:20 도쿄, 관광 후 숙박

　　우에다전철 벳쇼온천 10:27-10:55 우에다 환승

　　하쿠타카 614호 우에다 11:40-13:12 도쿄, 관광 후 숙박

　　우에다전철 벳쇼온천 11:05-11:34 우에다 환승

　　아사마 616호 우에다 12:40-14:12 도쿄. 관광 후 숙박

　　우에다전철 벳쇼온천 12:04-12:33 우에다 환승

　　아사마 618호 우에다 13:36-15:12 도쿄, 관광 후 숙박

5일 나리타공항 이동 귀국

2장

나고야-JR도카이

나고야

JR히다지
프리깃푸
연속 3일권

게로온천,
신호타카온천

    JR도카이는 JR노선 중 가장 수익성이 좋은 도쿄-오사카 간의 도카이도 신칸센(東海道新幹線)을 중심으로 운영하기 때문에 외국인을 위한 저렴하고 유용한 JR패스가 많지 않다. 여기서는 내외국인 모두 이용이 가능하며 저렴하게 일본 중부지방의 일본 3대 온천 명탕인 게로온천(下呂温泉)과 '작은 교토'라 일컫는 다카야마(高山), 유네스코 세계유산으로 등록된 일본 전통 양식의 갓쇼즈쿠리마을(合掌造り村) 시라카와코(白川郷), 오쿠히다온천 마을(奥飛騨温泉郷) 등을 갈 수 있는 히다지 프리깃푸(飛騨路フリーぎっぷ, 연속 3일권)를 소개한다.

    JR나고야역(名古屋駅) 매표소(미도리노 마도구치, みどりの窓口)에서 살 수 있다. 히다(飛騨) 지역까지 왕복 1회씩 특급열차의 보통차 지정석을 이용할 수 있으며, JR노선 프리 구간인 히다카나야마(飛騨金山)-히다후루카와(飛騨古川)에서는 특급열차 또는 쾌속·보통열차의 보통차 자유석 이용이 자유롭다.

    노히버스(濃飛バス)의 시라카와고센(白川郷線)버스 왕복 승차권(예약제 버스 제외) 또는 다카야마 & 신호타카 프리 승차권(高山&新穂高フリー乗車券, 히라유·신호타카센의 승하차 자유)의 2가지 중 1개와 교환되

는 노히버스 교환권이 세트가 된 '레일&버스.
- 홈페이지 : railway.jr-central.co.jp/tickets/hida
- 히다지 프리킷푸요금 : 나고야 지역 출발 12,370엔

교환 장소 및 교환 방법

다카야마 노히버스센터 JR다카야마역 노리쿠라구치(JR高山駅乗鞍口, 동쪽출구) 밖 왼쪽에서 '히다지 프리 티켓(돌아오는 기차표)'을 제시하고, 첨부된 '노히버스 인환권(濃飛バス引換券)'을 '노히버스 승차권(濃飛バス乗車券)'으로 교환한다.
- 다카야마 노히 버스센터 0577-32-1688

교환되는 버스 승차권

아래의 ①, ② 중 하나로만 교환할 수 있다.

① 시라카와고센(白川郷線) 버스 왕복 승차권

다카야마부터 시라카와고까지의 왕복 승차권으로, 도중 승하차는 안 된다. 호쿠리쿠철도를 포함한 다른 버스 회사의 예약제 버스는 이용할 수 없으니 주의해야 한다.

② 다카야카 & 신호타카 프리 승차권

히라유·신호타카센(다카야마-신호타카 로프웨이)을 유효기간 내에 승하차할 수 있다. 단, 날씨 상황·점검·정비 등에 의해 일시적으로 또는 종일 운휴되는 경우가 있다.

버스 승차권 이용 시 주의 사항

사용하지 않아도 환불되지 않으며, 유효기간은 구입 시 '히다지 프리깃푸'에 기재된 기간이며, 유효기간이 지난 경우에는 사용할 수 없다. 단, 유효기간 내라도 일본 연휴 기간인 4월 27일~5월 6일, 8월 10일~19일, 12월 28일~1월 6일은 이용할 수 없다.

히다지 프리킷푸 한정 할인

다카야마 노히 버스센터에서 나고야로 돌아오는 기차표를 제시하면 아래와 같이 할인된다.

- 신호타카 로프웨이 왕복 승차권 할인(대인 300엔, 어린이 150엔 할인)
- 시라카와고센 버스 왕복 승차권 혹은 다카야마 & 신호 타카 프리 승차권 중 노히버스 승차권으로 교환하지 않은 코스의 승차권을 10% 할인 구입할 수 있다. 시라카와고선 버스 왕복 승차권은 노히버스 운행편에 한한다. 예약제 버스는 예약이 필요하다.

18 — 게로온천 下呂温泉

일본 3대 명탕

게로온천 여관협동조합 홈페이지(한국어) www.gero-spa.or.jp/lg_ko
성분 알칼리성 단순온천
용출 온도 84℃

약 1,000여 년 전 동쪽에 있는 유가미네산(湯ヶ峰 1,067m) 정상 근처에서 온천이 솟아나며 알려졌다고 한다. 1265년경 산 정상의 온천은 용출이 멈추었다. 그러나 얼마 뒤 약사여래(薬師如来)가 백로로 변신하여 히다강변에 날아와 지금의 온천 용출지를 알려줘서 다시금 원천이 발견되었다는 전설이 전해진다. 무로마치(室町)막부 시대와 에도막부시대를 거치는 동안 앞서 소개한 구사쓰온천, 효고현(兵庫県)의 아리마온천과 함께 일본 3대 명탕으로 꼽히고 있다. 일본 3대 명탕이라는 이름에 걸맞게 온천 수질이 매우 좋아 탕에 들어가 만져보면 피부가 금방 매끄러워지는 것을 느낄 수 있다.

이곳은 매년 홍수로 히다강이 범람할 때마다 큰 피해를 입었다고 한다. 그때마다 복구하곤 했지만, 1858년의 대홍수로 수맥이 끊어지고 대부분의 용출구가 사라져 온천의 명맥이 끊어지다시피 했다. 그러나 1900년대 초 다시 원천 시추를 시도, 원천을 재발굴하여 1931년에 유노시마관(湯之島館) 등이 개업하는 결과를 이루어냈다. 유노시마관 여관 건물은 현재 국가등록 유형문화재로 등재되어 있다.

1930년 다카야마혼센철도 게로역(高山本線 下呂駅) 개통은 게로온천을 일본 최고의 온천지 중 하나로 부활시켜 다시금 번창하도록 하는데 기여했다.

게로온천가(下呂温泉街)

게로역에서 히다가와(飛騨川) 강가를 중심으로 많은 료칸, 특급 호텔부터 비즈니스 호텔까지 다양한 숙박 시설들이 늘어서 있다. 강가양쪽의 언덕 위에도 여러 숙박 시설들이 있으며, 대부분 게로역에서 무료 셔틀버스 서비스를 제공한다. 게로온천 마을은 강 서쪽이 코다(幸田, 게로역 포함), 강 동쪽이 게로오하시(下呂大橋) 앞의 도로(阿多野通り), 북쪽이 유노시마(湯之島)이고, 남쪽으로는 숲이 있다.

유메구리 테가타(湯めぐり手形, 유메구리 어음)

게로온천 여관협동조합에서는 테가타(手形) 가맹 여관 중 3곳을 골라서 입욕할 수 있는 '유메구리 테가타(湯めぐり手形, 유메

구리 어음)'를 판매하고 있다.

- 요금 : 1,500엔

노천탕과 족탕

게로온천가 히다강변에는 세 군데 공동욕장 노천탕이 있다. 그중 가와라 노천탕(河原露天風呂)은 무료다. 남녀 혼욕 온천이나 남녀 모두 수영복을 착용해야 한다. 쿠어가든 노천탕과 사라사기노유는 유료로 운영된다.

가와라 노천탕(温泉噴泉地, 온천분천지)

게로온천가 히다강변에는 가와라 노천탕(河原露天風呂)으로 불리는 무료 노천탕이 있다. 남녀 혼욕 온천이나 2010년 2월 1일부터 남녀 모두 수영복 착용이 의무화되었다.

쿠어가든 노천탕(クアガーデン露天風呂)

- 영업시간 : 08:00-21:00(목요일 휴관)
- 요금 : 대인 700엔, 소인 400엔, 유아 200엔

가와라 노천탕, 쿠어가든 노천탕, 시라사기노유

시라사기노유(白鷺の湯)

- 영업시간 : 10:00-21:00(수요일 휴관)
- 요금 : 대인 430엔, 소인 160엔, 유아 80엔

아시유(足湯)

게로온천가에는 최초의 족탕인 '사기노아시유(鷺の足湯)' 등을 비롯해 여러 곳의 족탕이 있다.

마을 곳곳에 보이는 족탕

게로온천 갓쇼무라(合掌村)

시라카와고 마을 등에서 옮겨온 10동의 합장(合掌, 두 손을 모은 모습) 양식의 민가가 모여 있는 곳이다. 국가 중요 유형민속문화재인 '오오도가(大戶家) 주택'이 대표적이다. 옛 마을을 재현한 야외 박물관으로 문화재인 이와사키가(岩崎家, 민속자료관), 도야마가(遠山家, 板倉 이타쿠라) 가옥의 내부를 공개하고 있다. 도예 체험이나 일본 전통 화지(和紙)의 종이뜨기 등 체험 공방과 히다 지방의 향토 요리를 맛볼수 있는 식당도 있다.

그리고 벚꽃과 단풍나무로 유명한 '사이지키의 숲'도 볼 만하다.

다만 별도의 일정으로 시라카와고 마을을 방문할 예정이라면 굳이
가볼 필요는 없다.

- 영업시간 : 08:30~17:00
- 입장료 : 대인 800엔, 소인 400엔

호텔 쿠사카베 아르메리아(ホテルくさかべアルメリア)

온천가 반대편 언덕 위에 있어 객실과 노천탕에서도 게로온천 마
을을 조망할 수 있다. 밤에는 노천탕에서 온천을 하며 게로온천 마
을의 야경을 즐길 수 있다. 예약 상품에 따라 저녁 식사를 뷔페나 전

통 카이세키 요리 중 하나로 선택할 수 있다. 저녁 뷔페는 대도시 특급 호텔 못지않게 음식이 호화롭고 다양하다. 저녁 식사 후에는 독특하고 재미있는 태국풍의 어메이징 쇼를 관람할 수도 있다. 호텔 내의 푸니쿨라처럼 경사진 엘리베이터도 이색적이다. 게로온천 마을과는 다소 떨어져 있지만 수시로 게로온천역까지 향하는 셔틀버스를 운행하기 때문에 게로온천가 관광도 편하게 다녀올 수 있다.

• 홈페이지 : www.armeria.co.jp

특급 열차 와이드뷰 히다(特急ワイドビューひだ)는 달리는 동안 그 이름처럼 넓은
차창을 통해 일본의 비경 협곡 중 하나인 히스이쿄(飛水峡) 협곡을 감상할 수 있다.
특히 나고야로 돌아오는 열차의 맨 앞 칸(자유석) 앞자리는 탁 트인 운전석 통창을
통해 기관사가 운전하는 모습과 열차 진행 방향 앞의 경치를 볼 수 있다.

- 특급 히다 3호　　　　나고야 08:43-게로온천 10:14
- 특급 히다 5호　　　　나고야 09:39-게로온천 11:31
- 특급 히다 7호　　　　나고야 10:48-게로온천 12:26
- 특급 히다 9호　　　　나고야 11:43-게로온천 13:25
- 특급 히다 11호　　　나고야 12:48-게로온천 14:25
- 특급 히다 13호　　　나고야 14:48-게로온천 16:28
- 특급 히다 15호　　　나고야 16:03-게로온천 17:58
- 특급 히다 17호　　　나고야 18:12-게로온천 20:04
- 특급 히다 19호　　　나고야 20:17-게로온천 22:02

특급 히다호

다카야마 시가(高山市街)

게로온천 다카야마는 일본열도의 가운데 위치한 기후현의 북쪽 지방에 있는, 역사가 매우 오래된 도시이다. 약 1만 년 전에 사용된 것으로 추정되는 토기와 고대 죠몬(繩文)시대의 유적들이 다카야마 시내에서 많이 발견되어 상당히 오래전부터 사람이 살았음을 알 수 있다.

나라시대에는 전염병이 돌거나 기근이 심해지면 부처(불교)의 자비를 빌고자 각지에 고쿠분지(国分寺)를 세웠다. 1692년 에도막부(幕府)의 직할령으로 바뀌면서 177년간은 에도로부터 온 다이칸(代官)이 다카야마 진야(高山陣屋)에서 통치를 했다. 1875년 주변 마을들을 합병해 당시 기후현에서는 가장 큰 마을인 다카야마쵸(高山町)가 되었으며, 1936년 다시 확장하여 오늘의 다카야마시(高山市)가 되었다.

일명 '히다의 쇼교토(飛驒の小京都, 작은 교토)'라 불리며 옛 관청인 다카야마 진야(高山陣屋)를 비롯해 전통 가옥이 늘어선 거리 곳곳에는 니혼슈(日本酒, 사케) 양조장도 10여 곳 있어 양조장 순례를 하며

시음하는 재미를 맛볼 수도 있다. 시음은 유료이다.

이외에도 히다 지방 특산품인 히다규(飛騨牛) 초밥을 낱개로 파는 곳, 일본 전통 떡꼬치 등을 파는 가게들이 즐비하게 있어서 산책하는 재미가 있다. 전통적인 모습들이 많이 남아 있어 미국인을 비롯한 서양 관광객들이 많이 찾는 곳이다.

• 홈페이지 : www.hidatakayama.or.jp
• 교통편 : 나고야-게로온천 도착 시간표 + 약 44분 추가소요

시라카와고(白川鄉)-유네스코 세계문화유산 마을

기후현의 쇼가와(庄川) 강가에 있는 마을이다. 시라카와고의 오기마치 지구(荻町地区)는 갓쇼즈쿠리(合掌造り)를 잘 보존하고 있는 마을로 유명하다. 갓쇼즈쿠리란 눈이 많은 지역의 전통 주택으로, 손을 합장한 모양의 지붕을 뜻한다. 눈이 지붕에 많이 쌓이지 않도록 가파른 각도로 지붕을 유지하며 3-4층 정도 높이로 쌓아 올린 독특한 모습과 구조의 목조 주택들로 이루어져 있다. 시라카와고는 1976년 '중

갓쇼즈쿠리 모습. 마을 사람들과 봉사자들이 지붕 위에 올라가 지붕을 갈고 있다.

요 전통적 건조물군 보존 지구'로 선정되었다. 이후 1995년에는 이웃해 있는 고카야마(五箇山)와 함께 '시라카와고·고카야마의 갓쇼즈쿠리 마을(白川郷·五箇山 合掌造り村)'로 유네스코 세계문화유산으로 등록되었다.

시라카와고의 오기마치 지구는 다른 지역의 갓쇼즈쿠리 민가 마을과는 달리 지금도 실제로 집으로 사용되고 있어서 높은 보존 가치를 인정받고 있다. 주로 1층은 주거 공간으로 2층부터는 양잠과 농기구 등을 보관하는 창고로 활용된다. 매년 1월과 2월경 주말에는 야간 조명(Light Up)이 실시되고 있다. 라이트업은 완전 예약제로 운영되고 있어 사전 예약이 필요하다. 강 위에 설치된 출렁다리를 건너면 대형 주차장과 식당, 기념품 가게, 100% 메밀 수타 소바집 등을 발견할 수 있다.

• 홈페이지 : shirakawa-go.gr.jp

교통편

히다지 프리깃푸를 이용할 경우 다카야마역 출구 왼쪽의 버스터미널에서 시라카와고행 노히버스(濃飛バス)를 이용해서 당일치기로 다녀올 수 있다. 도착 후 점심 식사 시간을 포함해 4시간 정도 후에 돌아오는 버스 시간을 맞추면 된다. 소요 시간은 약 1시간이며 8시 50분부터 30분-1시간 간격으로 있다.

노히버스 이외의 버스는 히다지 프리깃푸로 탑승할 수 없다. 만일 신호타카편 버스에 먼저 사용했을 경우 히다지 프리깃푸를 제시하면 버스 요금의 10%를 할인받을 수 있다. 요금은 편도 2,600엔, 왕복 4,600엔이다.

19 — 신호타카온천 新穂高温泉

2층 로프웨이, 스노 몬스터

오쿠히다온천 마을 관광협회 홈페이지 www.okuhida.or.jp/world/korean
신호타카 온천 관광협회 홈페이지 shinhotaka.com
성분 호타카 지구 : 단순온천, 탄산수소염천, 염화물천 / 카마타 지구 : 단순온천, 탄산수소염천 /
나카오 지구 : 단순온천, 유황천, 탄산수소염천

오쿠히다온천 마을(奧飛騨温泉郷)

기후현에 위치한 일본 북알프스 산기슭에 있는 5곳의 온천 마을
로 히라유(平湯)온천, 후쿠치(福地)온천, 신히라유(新平湯)온천, 도치
오(栃尾)온천, 신호타카(新穂高)온천으로 이루어져 있다. 1964년에 히
라유온천, 1968년에 나머지 온천 4곳이 국민 보양 온천지로 지정되
었다. 다카야마시로 합병될 때, 죠호무라(上宝村) 마을을 둘로 나누어

북서부는 죠호쵸(上宝町), 남동부는 오쿠히다 온센고(奥飛騨温泉郷)라고 불렀다. 온천의 용출량은 모두 합쳐 분당 44,000리터가 넘을 정도로 풍부하다. 각 온천마다 무료로 혹은 촌지로 입욕할 수 있는 공동 온천탕과 노천 온천들이 많다. 히다·미노 단풍 33선(飛騨·美濃 紅葉33選)에도 뽑힐 만큼 단풍이 아름다운 곳이다.

신호타카 로프웨이(新穂高ロープウェイ)

1970년 개통한 일본 유일의 2층 곤돌라(케이블카)에서 일본 알프스의 사계를 즐길 수 있다. 높이 차이로 인해 9월 하순부터 약 한 달에 걸쳐 서서히 단풍이 물드는 모습을 볼 수 있다. 이 광경을 보기 위해 연간 수십만 명의 관광객이 방문한다.

2개의 코스로 나뉘어져 있다. 제1 로프웨이는 신호타카 온천역-나베히라고원(鍋平高原)역 구간이다. 나베히라고원역에서 내리면 바로 앞에 있는 시라카바타이라(しらかば平)역-니시호타카구치(西穂高

口)역까지의 구간을 제2 로프웨이가 운행한다. 2층 곤돌라를 탈 수 있는 것은 제2 로프웨이이다. 종점 '니시호타카구치역'에 있는 전망대에서 바라본 경치는 세계적으로 유명한 여행 가이드북에도 별 2개의 평점으로 실렸을 정도이다. 대자연의 파노라마를 볼 수 있는 곳이라 할 수 있다. 시라카와고편에 미리 사용했을 경우, 히다지 프리깃푸를 제시하면 버스 요금의 10%를 할인받을 수 있다. 날씨 상황, 점검 및 정비 등에 의해 신호타카 로프웨이가 멈추는 경우가 있다. 당일치기로 다녀 오는 경우에는 이러한 일정을 사전에 확인해야 한다.

- 홈페이지 : shinhotaka-ropeway.jp
- 요금 : 편도 2,400엔, 왕복 3,800엔 (소인 반액)

히라유온천(平湯温泉)
온천 마을 입구에 모리노토다이(森の灯台, 숲의 등대)라고 하는 등대

모양의 건축물이 있다. 2005년에 설치된 해당 건축물 아래에는 족탕이 있다. 히라유온천의 최초 발상지인 노천탕 카미노유(神の湯)는 온천 마을 한가운데에서 조금 떨어진 곳에 있다.

마을에는 4곳의 공동 온천탕이 있다. 이외에도 히라유 신사(平湯神社), 히라유노모리(ひらゆの森), 히라유 민속관, 아시유코엔(足湯公園), 히라유오타키코(平湯大滝公園), 히다·키타 알프스 자연문화센터 히라유온천 스키장 등이 있다. 히라유온천 마을에는 최고 98도까지 이르는 약 40개의 원천이 있다. 각종 질병에 효과가 있어 치료 온천으로도 이용되기도 한다.

- 히라유온천 홈페이지 : hirayuonsen.or.jp
- 성분 : 단순천, 염화물천, 유황천, 탄산수소염천 등
- 용출 온도 : 27-98℃
- 용출량 : 8,600L/분
- 효능 : 위장병이나 류머티즘 질환을 비롯해 신경증, 피부병 등

신히라유온천(新平湯温泉)

히라유온천 북쪽, 도치오온천 바로 앞에 있으며 호텔과 료칸 38곳, 민박 10곳 등으로 오쿠히다온천 마을 내에는 히라유온천에 버금가는 규모를 자랑하며 식품 슈퍼 2곳과 은행, 우체국 등이 있고 근처에는 오쿠히다쿠마 목장도 있다. 1954년 오쿠히다온천마을의 일부로 국민보양 온천지로 지정되었다.

- 신히라유온천 홈페이지 : shinhirayuonsen.com
- 성분 : 단순천, 중조식염천
- 효능 : 관절통, 피부병

후쿠치온천(福地温泉)

해발 약 1,000미터의 산속에 자리한 조용한 비경 온천이다. 일본의 100대 명탕으로 꼽힌다. 온천가에는 아침 시장이 열린다. 근처에는 오쿠히다쿠마 목장도 있다. 당일 입욕 및 숙박객 전용 외탕인 야도리유(舎湯)가 있으나 공동 온천탕은 없다.

- 후쿠치온천 홈페이지 : www.fukujionsen.com
- 성분 : 단순천, 탄산수소염천

도치오온천(栃尾温泉)

200엔의 촌지로 입욕할 수 있는 노천탕 코진노유(荒神の湯)와 족탕 호타루노유(蛍の湯, 반딧불이탕)가 카마타가와(蒲田川) 강가의 공원(たから流路工河川公園)에 있다. 낮에만 입욕이 가능하다. 남탕과 여탕은 따로 있으나 지붕이 없는 노천탕뿐이다. 노천탕 입구에는 탈의실 기능을 하는 오두막이 설치돼 있다. 7월 초순경에는 족탕 근처에 있는 반딧불이 수로에서 반딧불이를 볼 수 있다. 이곳 농가에서는 온천열을 이용해 야채나 과일을 재배하고 있다.

- 도치오온천 홈페이지 : www.kankou-gifu.jp/spot/1217

신호타카온천(新穂高温泉)

안쪽에 있는 '신호타카 지구(新穂高地区)', 도치오온천 부근의 '카마타 지구(蒲田地区)', 고지대에 위치한 '나카오 지구(中尾地区)' 등의 세 지구로 나누어질 정도로 온천 마을이 매우 넓으며 용출되는 각각의 원천도 다르다. 나카오 지구의 족탕 아시아라이노유(足洗いの湯, 발씻기탕)에서 보는 전망이 좋다. 호타카연봉과 야리가다케(槍ヶ岳), 카사가다케(笠ヶ岳), 샤쿠조다케(錫杖岳) 등 일본 알프스 지역의 산들을 한눈에 바라볼 수 있다.

온천수량이 풍부해 각 료칸마다 넓은 노천탕을 설치한 곳이 많다. 노천탕 '신호타카노유'는 촌지로 입욕할 수 있다. 로프웨이역 앞에 위치한 버스터미널에는 온천수 시음장이 있다. 신호타카 지구에는 앞서 소개한 신호타카 로프웨이역이 있어 북알프스 호타카연봉(穗高連峰)를 찾는 산악인들의 등산 전초기지 역할도 하고 있다.

교통편

다카야마역 앞 버스터미널에서 히다지 프리깃푸를 제시하고 신호타카온천편을 선택하면 노히버스를 무료로 탈 수 있다. 7시 40분부터 1시간 간격으로 있으나 일부 시간에는 운휴편도 있으니 확인이 필요하다. 소요 시간은 1시간 45분이다.
참고로 시라카와고를 갈 때 무료 승차권을 사용했을 경우에는 히다지 프리깃푸를 제시하면 버스 요금의 10% 할인받는다. 단, 날씨 상황·점검·정비 등에 따라 신호타카 로프웨이가 일시적 또는 종일 운휴가되는 경우가 있으므로 당일치기로 갔다 오는 경우에는 사전 확인해야 한다.

요금 : 히라유온천 1,600엔, 신히라유온천 1,850엔, 신호타카 로프웨이 2,200엔

나고야 명물 히츠마부시

히다지 프리패스 출발지가 나고야이므로 기회가 된다면 나고야 명물 히츠마부시를 맛보기 바란다.

나고야에도 미소카츠(味噌ヵツ, 된장소스 돈가스)와 테바사키(手羽先, 닭날개 튀김)를 비롯해 맛있는 대표 음식들이 많다. 3,000엔에서 4,000엔가량 하는 장어덮밥 히츠마부시(ひつまぶし)가 가장 대표적이다. 타 지역에 비해 가격은 조금 비싼 편이다.

나무로 된 찬합에 담겨 나오는 장어덮밥을 주걱으로 4등분해서 순서대로 먹는 것이 정석이다. 첫 번째는 그냥 먹고, 두 번째는 차조기잎과 김가루, 와사비 등 양념을 넣어 먹는다. 이후 세 번째는 녹차를 부어서 먹는다. 마지막에는 위 세 방법 중 자신이 좋아하는 방법을 택해 먹으면 된다. 나고야 시내에는 역사가 오랜 히츠마부시 가게들이 많다. 나고야역 안에도 맛집들이 있으나 식사 시간에는 많이 붐비는 편이기에 기다림을 감수해야 한다.

마루야 본점 JR 나고야역 본점(まるや本店 JR名古屋駅本店)

JR나고야역 구내 신칸센 출구 '우마이몬 토리(うまいもん通り)'에 있는 히츠마부시 전문점이다. 숙련된 장어 장인이 가장 기름진 장어를 엄선해 구워냈다. 최고의 별미 중 하나라 할 수 있다. 매장은 여럿이 앉을 수 있는 테이블석과 홀로 식사할 수 있는 카운터석으로 구성되어 있다. 테이크아웃을 위한 히츠마부시 도시락과 선물용 포장도 선택할 수 있다.

- 홈페이지 : www.maruya-honten.com
- 영업시간 : 11:00-22:00
- 히츠마부시 : 미니 3,150엔, 기본 4,150엔, 상 4,950엔, 특상 7,250엔

JR히다지 프리깃푸 모델 코스 일정표

이 코스는 나고야공항으로 입·출국하는 것이 가장 편리하고 경제적이다. 나고야공항(츄부공항)에서 시내를 가려면 사철 메이테츠 공항철도를 이용해야 한다. 요금은 보통 890엔(37분 소요), 특급 뮤스카이 1,250엔(28분 소요)이다.

[3박 4일]

아침 항공편을 이용하면 많은 곳을 방문할 수 있으나 무거운 캐리어를 계속 가지고 이동해야 하는 어려움이 있다.

❶ 나고야-게로온천(1박)-시라카와고, 다카야마온천(1박)-나고야(1박)

1일   츄부공항 도착 나고야역 이동(사철 메이테츠 공항철도 이용)

　　　JR 매표소에서 '히다지 프리깃푸' 구매

　　　• 다카야마혼센 특급(와이드뷰) 히다 11호 12:48-14:25 게로온천

　　　• 다카야마혼센 특급(와이드뷰) 히다 13호 14:48-16:28 게로온천

　　　게로온천가 관광 후 게로온천 숙박

2일   와이드뷰 히다 1호 게로온천 09:27-10:16 다카야마 환승

　　　(와이드뷰 히다 1호 게로온천 10:15-10:58 다카야마 환승)

　　　노히버스 다카야마 10:50-11:40 시라카와고 관광

　　　(노히버스 다카야마 11:50-12:57 시라카와고 관광)

　　　시라카와고 15:15-16:05 다카야마 시내 관광

　　　(시라카와고 16:15-17:20) 다카야마-소교토 거리 일찍 폐점)

　　　다카야마온천호텔 숙박

3일 (다카야마 시내 관광)

- 와이드뷰 히다 6호 다카야마 09:38-12:04 나고야, 관광, 숙박
- 와이드뷰 히다 8호 다카야마 11:33-14:04 나고야, 관광, 숙박
- 와이드뷰 히다 10호 다카야마 12:34-15:05 나고야, 관광, 숙박
- 와이드뷰 히다 12호 다카야마 13:34-16:09 나고야, 관광, 숙박

※ 이후 막차 18:47까지 약 1시간 간격으로 있다.

4일 츄부공항 이동 귀국

❷ 나고야-게로온천(1박)-신호타카온천(1박)-나고야(1박)

1일 츄부공항 도착 나고야역 이동(사철 메이테츠 공항철도 이용)

JR 매표소에서 '히다지 프리깃푸' 구매

다카야마혼센 특급(와이드뷰)히다 11호 12:48-14:25 게로온천

다카야마혼센 특급(와이드뷰) 히다13호 14:48-16:28 게로온천

게로온천가 관광 후 게로온천 숙박

2일 노히버스 다카야마 10:40-12:25 신호타카 로프웨이 관광

(노히버스 다카야마 11:40-13:16 신호타카 로프웨이 관광)

신호타카온천호텔 숙박

3일
- 신호타카 로프웨이 버스터미널 09:55-11:31 다카야마
- 신호타카 로프웨이 버스터미널 10:55-12:31 다카야마
- 신호타카 로프웨이 버스터미널 11:55-13:31 다카야마
- 신호타카 로프웨이 버스터미널 12:55-14:31 다카야마 / 환승
- 와이드뷰 히다 10호 다카야마 12:34-15:05 나고야, 관광, 숙박
- 와이드뷰 히다 12호 다카야마 13:34-16:09 나고야, 관광, 숙박
- 와이드뷰 히다 14호 다카야마 14:42-17:04 나고야, 관광, 숙박

※ 이후 막차 18:47까지 약 1시간 간격으로 있다.

4일 츄부공항 이동 귀국

❸ 나고야-다카야마온천(1박)-신호타카온천(1박)-나고야(1박)

1일   츄부공항 도착 나고야역 이동(사철 메이테츠 공항철도 이용)

      JR 매표소에서 '히다지 프리킷푸' 구매

      • 다카야마혼센 특급(와이드뷰) 히다 11호 12:48-15:10 다카야마

      • 다카야마혼센 특급(와이드뷰) 히다 13호 14:48-17:13 다카야마

      다카야마 시내 관광 후 다카야마온천호텔 숙박

2일   노히버스 다카야마 10:40-12:25 신호타카 로프웨이 관광

      노히버스 다카야마 11:40-13:16 신호타카 로프웨이 관광

      신호타카온천호텔 숙박

3일   • 신호타카 로프웨이 버스터미널 09:55-11:31 다카야마

      • 신호타카 로프웨이 버스터미널 12:55-14:31 다카야마

      • 신호타카 로프웨이 버스터미널 11:55-13:31 다카야마

      • 신호타카 로프웨이 버스터미널 12:55-14:31 다카야마 / 환승

      • 와이드뷰 히다 10호 다카야마 12:34-15:05 나고야 관광, 숙박

      • 와이드뷰 히다 12호 다카야마 13:34-16:09 나고야 관광, 숙박

      • 와이드뷰 히다 14호 다카야마 14:42-17:04 나고야 관광, 숙박

      ※ 이후 막차 18:47까지 약 1시간 간격으로 있다.

4일   츄부공항 이동 귀국

[4박 5일]

1일 차, 4일 차에 나고야에서 1박 하고 2일 차부터 나고야역 출발 시간만 앞당기면 여유 있는 일정으로 같은 코스를 진행할 수 있다. 이 일정은 1일 차, 4일 차 나고야의 호텔을 같은 곳에 정하면 무거운 짐은 호텔에 맡기고 중간 2박 3일 일정 동안 간단한 필수품만 백팩에 넣고 다닐 수 있어 한결 이동에 편리하다.

특급 와이드뷰 히다 나고야역 오전 출발 시간

- 와이드뷰 히다 3호 나고야 08:43-10:14 게로-10:58 다카야마
- 와이드뷰 히다 5호 나고야 09:39-11:31 게로-12:24 다카야마
- 와이드뷰 히다 7호 나고야 10:48-12:26 게로-13:11 다카야마
- 와이드뷰 히다 9호 나고야 11:43-13:25 게로-14:12 다카야마

나고야 부근 가볼 만한 곳

1. 나고야(名古屋) 시내 관광

나고야성, 나고야 최대 상점가인 오스칸논(大須観音) 상점가 관광

2. 이누야마(犬山)성 관광과 기소가와 우가이(木曾川鵜飼)

나고야역 옆에 있는 사철인 메이테츠 나고야역(名鉄名古屋)에서 메이테츠(名鉄) 쾌속열차로 25분 정도로 갈 수 있는 많은 유적이 남아 있는 작은 도시이다. 특히 기소가와(木曾川) 강가 작은 언덕 위에 우뚝 서 있는 이누야마성 천수각은 원형이 잘 보존되어 있어 국보로 지정된 5개의 성 중 하나이다.

이누야마성을 구경하고 한적한 기소가와 강가를 따라서 산책하는 것도 좋다. 특히 6월 초부터 10월 중순까지 기소가와 강에서 가마우지새를 이용하여 물고기를 잡는 기소가와 우가이(훈련된 가마우지 목에 줄을 묶고 가마우지가 잡은 물고기를 토해내게 하여 잡는 고기잡이)가 많은 관광객의 인기를 끈다. 야간에는 손에 횃불을 들고 가마우지를 몰면서 고기를 잡는 모습이 장관이다.

3장

삿포로-JR 홋카이도

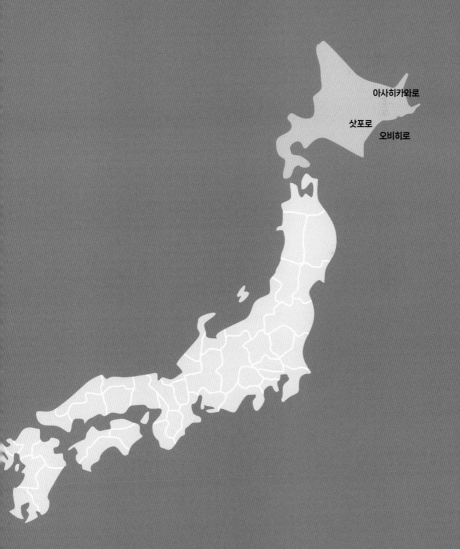

아사히카와로

삿포로

오비히로

JR홋카이도
레일패스

하코다테 유노카와온천,
노보리베쓰온천, 시로카네온천,
소운쿄온천, 토카치가와온천

홋카이도는 특히 인기가 높은 여행지로, 예전에는 홋카이도 전역을 여행할 수 있는 홋카이도 레일패스만 있었으나 최근에는 삿포로를 중심으로 인근 지역만 여행할 수 있는 지역 패스도 생겨났다. 삿포로를 중심으로 3박 4일 정도 여행할 경우에는 ① ②가 유용하고, 일반적으로 많이 가는 삿포로, 오타루, 노보리베쓰, 하코다테 지역 위주나 동일본 지역도 함께 가고자 할 때는 ④ ⑤를 이용하면 유용하다. 홋카이도 전 지역을 일주할 때는 ③을 이용하면 된다.

- 한국어 홈페이지 : www.jrhokkaido.co.jp/global/korean/index.htm

① JR삿포로, 노보리베쓰 에리어패스(4일권)

신치토세공항부터 삿포로, 오타루, 노보리베쓰 등을 갈 수 있다. 2021년 4월 새롭게 생겨난 패스다. 지정석, 자유석 모두 이용할 수 있다.

- 해외 사전 구입 : 대인 9,000엔(12세 이상), 소인(6-11세) 4,500엔
- 일본 현지 구입 : 대인 10,000엔(12세 이상), 소인(6-11세) 5,000엔

② JR삿포로, 후라노 에리어패스(4일권)

신치토세공항부터 삿포로, 오타루, 아사히카와, 비에이, 후라노

등을 갈 수 있다. 2021년 4월 새롭게 생겨난 패스다. 지정석, 자유석 모두 이용할 수 있다.

- 해외 사전 구입 : 어른 10,000엔(12세 이상), 소인(6-11세) 5,000엔
- 일본 현지 구입 : 어른 1,100엔(12세 이상), 소인(6-11세) 5,500엔

③ JR홋카이도 레일패스(5일권, 7일권)

홋카이도 전 지역을 연속 5일 또는 7일간 이용할 수 있다. 단, 홋카이도 신칸센은 JR동일본에서 운행하므로 이용할 수 없다.

[5일권] · 해외 사전 구매 : 대인(12세 이상) 20,000엔, 소인(6-11세) 10,000엔
· 일본 현지 구매 : 대인(12세 이상) 21,000엔, 소인(6-11세) 10,500엔
[7일권] · 해외 사전 구매 : 대인(12세 이상) 26,000엔, 소인(6-11세) 13,000엔
· 일본 현지 구매 : 대인(12세 이상) 27,000엔, 소인(6-11세) 13,500엔
[10일권] · 해외 사전 구매 : 대인(12세이상) 32,000엔, 소인(6-11세) 16,000엔
· 일본 현지 구매 : 대인(12세이상) 33,000엔, 소인 (6-11세) 16,500엔

④ JR동일본·미나미홋카이도 레일패스(6일권)

도쿄부터 동일본(도호쿠 지역) + 하코다테, 홋카이도 남부(삿포로, 오타루) 지역을 사용 개시일부터 연속 6일간 이용할 수 있다.

- 가격 : 대인(12세 이상) 35,000엔, 소인(6-11세) 17,500엔

⑤ JR도호쿠·미나미홋카이도 레일패스(6일권)

센다이부터 도호쿠 지역 + 하코다테, 홋카이도 남부(삿포로, 오타루) 지역을 사용 개시일부터 연속 6일간 이용할 수 있다. 센다이로 입국할 경우에는 야마가타 지방의 자오온천, 긴잔온천 등을 돌아보고 홋카이도 남부를 거쳐 삿포로까지 갈 수 있다.

- 가격 : 대인(12세 이상) 30,000엔, 소인(6-11세) 15,000엔

20 — 하코다테 유노카와온천 函館 湯の川温泉
홋카이도 3대 온천

홈페이지 hakodate-yunokawa.jp
성분 나트륨 칼슘 염화물천
용출 온도 65℃

    1453년, 이곳에서 솟아나는 온천을 처음 발견한 나무꾼이 온천수로 부상을 입은 팔의 통증을 치료했다고 전해진다. 삿포로의 조잔케이온천(定山渓温泉)과 노보리베쓰온천(登別温泉)과 함께 홋카이도 3대 온천 중 하나로 꼽히는 명탕이다. 홋카이도 원주민 아이누어의 '유(湯) + 페츠(川)'에서 '유노가와'라 이름을 붙였다고 한다. 주로 요양과 치료를 목적으로 온천을 이용했다. 1869년 구막부군(旧幕府軍)이 본토에서 쫓겨나 마지막으로 항전했던 하코다테전쟁 당시 이곳에서 부상병을 치료하기도 했다.

    1885년부터 본격적인 온천 시추에 성공해 많은 온천 료칸들이 들어섰고, 1898년 하코다테 마차철도 유노카와선이 운행을 시작하면서 휴양지로 발전했다. 1913년에는 마차철도 대신 노면전차가 운행하며 하코다테 중심부와 유노카와온천이 30분 거리로 연결되었다. 이후 1918년, 하코다테에서 유노카와를 연결하는 일본 최초의 자동차 전용 도로가 개통되고 버스가 운행되기도 하였다. 이에 온천가는 더욱 번창해 '유노카와 팔경'이라는 명소로 유명세를 떨치기도 했다.

또한 당시의 하코다테항을 중심으로 북양어업이 활발해지자 유흥가로도 발전해 '하코다테의 안방'이라는 이름도 붙었다.

시추 당시에는 온천수가 자연적으로 용출되었으나 시간이 지나며 점차 용출량이 줄어들었다. 1976년이 되자 하코다테 유노카와온천은 홋카이도의 '온천 보호 지역'으로 지정되었다. 이에 신규 온천 시추가 제한되고 용출량이 조절·관리되고 있다. 현재는 동력을 이용해 온천을 끌어올리고 있다.

유노카와온천가(湯の川温泉街)

홋카이도에 있는 유명 온천 중 유일하게 바닷가를 따라 자리 잡고 있다. 시 외곽 지역의 주택가도 함께 어우러져 있는 온천 지역이다.

온천 마을 북쪽에는 노면전차인 하코다테시덴(函館市電)의 종점인 유노카와온천 정류장(湯の川温泉電停)이 있다. 정류장 앞에는 족탕인 유메구리부타이(湯巡り舞台)가 있다.

하코다테시덴

1889년부터 900여 그루의 해송으로 조성한 홋카이도 최초의 방풍·방사림인 유노카와 흑송림(湯の川黒松林) 근처에 하코다테 열대식물원도 있다. 열대식물원 입구에는 원숭이들의 온천장도 있어 원숭이들이 사람들처럼 장난을 치면서 온천욕을 하는 재미있는 모습도 볼 수 있다. 유쿠라 신사(湯倉神社) 경내 아래에는 '유노카와온천 발상지비'가 있다. 매년 오봉(お盆, 8월 15일) 다음 날 유노카와온천 불꽃놀이(湯の川温泉花火大会)가 열린다.

유노카와 프린스호텔 나기사테이(湯の川プリンスホテル渚亭)

유노카와온천가에는 다양한 호텔과 료칸들이 있다. 개중에는 바닷가에 접해 전용 해변을 가진 곳도 있다. 노천탕이 딸린 객실이 많기로 유명한 고급 온천 호텔이다. 바다와 마주한 노천탕이나 객실 창가 노천탕에서 바라보는 앞바다의 밤 풍경은 바다 위의 불야성 같다. 하코다테의 명물인 오징어잡이 배들의 집어등 불빛이 화려하게 바다를 수놓기 때문이다. 저녁 식사로는 하코다테와 홋카이도의 신선한 해산물 뷔페 혹은 카이세키 요리를 주문할 수 있다. 예약 과정에서 선택하면 된다. 또한 일본의 3대 야경을 보기 위한 하코다테 야경 코스 관광버스도 안내하고 예약해 준다.

- 홈페이지 : nagisatei.info/lp/index.html
- 하코다테 야경 관광 : 2시간 15분 소요(야경 관광 30분), 2,800엔(로프웨이 왕복 요금 포함)

고료각쿠

하코다테는 1859년 요코하마, 나가사키와 함께 일본 최초의 무역
항으로 개항한 곳이다. 서구의 문물을 받아들이며 홋카이도 개척의
관문 역할을 수행했다. 또한 하코다테 고료각쿠(五稜郭)는 왕정복고
에 반대하는 구막부군의 반란으로 일어난 보신전쟁(戊辰戰爭, 1868-
1869년)에서 구막부군이 최후를 맞이한 곳이기도 하다. 이러한 역사
덕에 하코다테에는 많은 역사 문화유산이 남아 있다. 하코다테역 관
광안내소에서 한국어 안내서와 지도를 받아 하코다테시덴을 이용하
면 편하게 여행을 즐길 수 있다.

- 하코다테시덴 요금 : 1일권 600엔, 24시간권 900엔
- 버스·전차 공용 요금 : 1일권 1,000엔, 2일권 1,700엔

하코다테 실내 포차 거리-다이몬요코쵸(大門橫丁)

하코다테역의 정면에서 2블록 떨어진 곳에는 다양한 음식을 파는
일본식 실내 포장마차 거리가 있다. 저녁 시간이 되면 이 거리에서

모토마치(元町) 언덕 가톨릭 성당, 하리스토 정교회, 프로테스탄트 교회, 아카렌카(붉은 벽돌 창고군)

포차 거리

하코다테 향토 음식과 술을 맛볼 수 있다.

하코다테 야경

하코다테 야경은 나가사키, 고베와 더불어 일본 3대 야경으로 꼽힌다. 해질 무렵 모토마치 거리를 산책하며 오르면 볼 수 있는 야경

은 아름다운 추억이 된다. 서서히 불빛으로 물들어 가는 야경을 꼭
보기 바란다.

하코다테 아사이치(函館朝市)

하코다테역에서 나와 보이는 오른쪽 길 건너편에 하코다테 아침
시장이 있다. 갖가지 신선한 하코다테 해산물과 건어물 등을 파는 장
소이다. 또한 이곳에서 카이센돈(海鮮丼, 해산물덮밥)을 먹을 수 있어
아침부터 많은 관광객들이 찾는다. 카이센돈은 가격이 비싼 편이다.
만약 주머니 사정이 여의치 않다면 2층에 있는 식당 니반칸(二番館)
을 방문하는 것을 추천한다. 니반칸에서는 500엔짜리 카이센돈을 이
용할 수 있다.

니반칸의 500엔짜리 카이센돈

① 삿포로(札幌)에서 특급 슈퍼호쿠토(特急スパー北斗)

삿포로역 출발 시간(3시간 30-50분 소요)

| 06:00 | 06:52 | 08:43 | 09:44 | 10:56 | 12:09 |
| 13:26 | 14:45 | 15:45 | 16:51 | 18:47 | |

특급 슈퍼호쿠토

② 센다이(仙台)역에서 홋카이도 신칸센 하야부사(北海道新幹線はやぶさ)

신하코다테호쿠토(新函館北斗)역에서 하코다테라이너(函館ライナー)로 환승한다.

센다이역 출발 시간(2시간 30-50분 + 하코다테라이너 20분 소요)

| 06:40 | 08:05 | 09:50 | 11:07 | 12:17 | 13:53 |
| 14:53 | 15:53 | 16:53 | 18:54 | 20:54 | |

③ 도쿄역에서 홋카이도 신칸센 하야부사(北海道新幹線はやぶさ)

하야부사호는 전 차량 지정석이라 반드시 지정석을 발권해야 한다. 하코다테역 앞에서 유노카와온천행 버스나 하코다테 노면전차로 약 20분 걸린다. 신하코다테호쿠토(新函館北斗)역에서 하코다테라이너(函館ライナー)로 환승한다.

도쿄역 출발 시간(4시간-4시간 20분 + 하코다테라이너 20분 소요)

| 06:32 | 08:18 | 09:36 | 10:45 | 12:20 |
| 13:20 | 14:20 | 15:20 | 17:20 | 19:20 |

21 — 노보리베쓰온천 登別温泉

지옥 계곡

홈페이지 noboribetsu-spa.jp
성분 9가지나 되어서 '온천의 백화점'이라 불린다.
   유황천, 식염천, 명반천, 망초천, 녹반천, 철천, 산성 철천, 중조천, 라듐천
용출량 3,000L/분, 1일 1만 톤

노보리베쓰역에서 약 6km 정도 떨어져 있는 온천이다. 에도시대부터 온천이 알려지고, 메이지시대에 온천 료칸이 생기면서 휴양지 및 관광지가 되었다. 일본의 100대 온천 중 항상 손가락에 꼽히는 곳이라 할 수 있다. 우리에게도 잘 알려진 일본의 대표적인 온천이다. 지고쿠다니(地獄谷)는 노보리베쓰온천의 최대 원천 지역이다.

아이누어의 '누플페츠(ヌプル·ペツ-水色の濃い川, 물빛이 짙은 강)'에서 노보리베쓰라는 이름이 유래했다. 아이누족은 해당 온천을 치료용 약탕(薬湯)으로 사용했다고 한다. 노보리베쓰는 무려 9가지나 되는 성분을 포함하고 있어 '온천의 백화점'이라는 별명을 가지고 있다. 에도시대는 노보리베쓰를 다음과 같이 기록하고 있다. "노보리베쓰에는 작은 개울 위로 온천이 솟아나와 흘러내리는 백색 분말과 감청색을 일구는 듯하여 하루도 물 밑을 볼 수 없다."

노보리베쓰온천가(登別温泉街)
센겐코엔(泉源公園)과 쿠스리산베츠가와 계곡(クスリサンベツ川の

谷)에 있는 온천 거리(極楽通り, 극락 거리)에는 식당과 기념품점 외에
도 관공서와 병원 등이 있다. 버스터미널 부근에는 공중 온천탕인
'유메모토사기리유(夢元さぎり湯)'가 있다. 도보 5분 거리에 유황 연기
가 피어 오르는 지고쿠다니(地獄谷)가 있다.

온천가에서 시호레이-쿠마산(四方嶺-クマ山)으로 올라갈 때 로프
웨이를 탈 수 있다. 산위에는 노보리베쓰 곰 목장(のぼりべつクマ牧場)
이 있다. 1949년에 시코쓰도야 국립공원(支笏洞爺国立公園)으로 지정
되었으며 앞서 소개한 군마현의 구사쓰온천(草津温泉)과 자매 온천을
맺기도 했다. 2011년에는 아키히토 천황이 방문해 더욱 유명해졌다.

노보리베쓰 지고쿠다니(登別地獄谷)

온천 마을에서 도깨비상을 지나 5분가량 올라가면 관광안내소가

나온다. 커다란 간판 뒤쪽으로 유황 냄새와 연기, 증기가 올라오는 것을 오감으로 느낄 수 있다. 이는 히요리야마(日和山) 폭발로 생긴 폭렬화구터(爆裂火口跡)로 노보리베쓰의 상징이기도 하다. 땅 위 곳곳에 작은 분화구와 분기 구멍, 용출구가 있으며 이곳에서 가스와 매우 뜨거운 온천수가 솟아나오고 있다. 관광용 산책로도 잘 마련되어 있어 신기하고 무시무시한 풍경을 15-30분 정도 즐길 수 있다. 현재 오유누마(大湯沼)까지 향하는 산책길도 정비하고 있다.

삿포로 근교의 명소 탐방

삿포로에서 기차로 1시간 정도면 운하로 유명한 오타루(小樽)와 일본 최초의 정통 영국 스카치위스키 증류소가 있는 요이치(余市)에 방문할 수 있다.

오타루 운하

설명이 필요 없는 유명 관광지이다. 눈 덮인 운하의 겨울 야경이 압권이다. 오타루역에서 도보 10분 거리에 있으며 근처에서 유리 공방과 오르골 전시장 등을 구경할 수 있다.

요이치 증류소(余市蒸留所)

　요이치 증류소는 홋카이도 요이치에 있는 닛카위스키 공장(증류소)으로 정식 명칭은 '닛카위스키 홋카이도 공장 요이치 증류소'이다. 요이치역 앞 도보 5분 거리에 있다. 일본 위스키의 개척자이자 닛카위스키의 창업자 다케쓰루 마사타카(竹鶴政孝)는 스코틀랜드와 비슷한 기후와 풍토를 지녀 위스키 제조에 적절했던 요이치에 증류소를 만들었다. 이 증류소에서는 지금도 '석탄 직화 증류' 방식을 통해 최

위스키가 숙성 기간이 15년이 되면 양이 거의 절반으로 줄어든다.

고의 품질을 유지하고 있다. 과거의 방식을 그대로 유지하는 것은 세계적으로도 드문 일이다. 2002년에는 일본 최초로 '스카치 몰트위스키 소사이어티(SMWS)' 인증 몰트위스키 증류소가 되었다. 요이치 증류소는 '홋카이도 유산'으로 선정되었으며 관광지로도 큰 인기가 있어 트립 어드바이저로부터 '엑설런스 인증'을 받기도 했다.

접수 및 안내를 진행하는 곳에서 한국어 팸플릿을 받은 뒤 대합실에서 무료 시음권을 가져갈 것을 추천한다. 견학 후 후문 쪽에 위치한 위스키 시음장에서 무료로 위스키를 맛볼 수 있다. 고급 위스키는 견학 코스 도중 바에서 유료로 시음할 수 있다.

- 홈페이지 : www.nikka.com/distilleries/yoichi
- 개관 시간 : 09:00-15:50
- 입장료 : 무료(반드시 사전에 홈페이지에서 예약을 해야 입장할 수가 있다)

홋카이도 명물 징기스칸(ジンギスカン)

징기스칸은 양고기를 옛 몽골 병사의 투구 모양을 한 팬에 양배추 및 각종 채소와 함께 구워 먹는 홋카이도 특산 명물 요리이다. 곳곳에 전문점이 많이 있다. '다루마'라는 식당은 한국인 관광객들이 주

징기스칸 식당 아지노히츠지가오카

로 방문하는 곳이다. 현지인들이 주로 찾는 가성비 좋은 식당으로 스스키노역 도보 2분 거리에 있는 아지노히츠지가오카(味の羊ヶ丘)를 추천한다. 카운터형 테이블에 나란히 앉아 개인 화로에 고기를 구워 먹을 수 있다.

- 홈페이지 : www.ajino-hitsujigaoka.com
- 영업시간 : 1층 12:00-01:00 / 2층 12:00-22:00
- 전화 : 1층 011-512-0238 / 2층 011-511-2328

수프 카레 식당 도미니카(ドミニカ)

수프 카레는 징기스칸과 더불어 홋카이도의 독특한 음식으로 유명하다. 걸쭉한 일반 카레와 달리 국물이 많고 야채, 해산물, 고기, 햄버그 등 각종 토핑을 듬뿍 넣은, 수프에 가까운 요리이다. 밥을 말아 먹지 않고 밥을 뜬 스푼을 수프에 담갔다가 떠서 먹는 방식이 정석이다. 도미니카는 현지인들도 많이 찾는 수프 카레 전문 체인점이다. 수프 베이스, 토핑, 맵기, 밥의 양 등을 주문 과정에서 선택하면 곧바로 조리된 음식을 먹을 수 있다. 건물 4층 복도 끝에 있어 잘 찾아 가야 한다.

- 영업 시간 : (월, 화) 12:00-21:00 / (수-토) 12:00-03:00 / (일) 12:00-23:00
- 전화 : 011-205-0038

교통편

삿포로에서 하코다테행 특급 슈퍼호쿠토를 타거나 반대로 하코다테에서 삿포로행을 타고 올 수 있다.

① 삿포로역에서 특급 슈퍼호쿠토(特急スパー北斗), 1시간 10분 소요

06:52	08:43	09:44	10:56	12:09
13:26	14:45	15:45	16:51	18:47

② 하코다테역에서 특급 슈퍼호쿠토(特急スパー北斗), 2시간 30분 소요

06:02	07:37	08:48	10:05	10:45	12:15
13:31	15:01	16:40	17:55	18:43	

③ 노보리베쓰역 앞 버스정류장에서 노보리베쓰온천 도난버스(道南バス)

14-20분 소요, 요금 350엔(편도), 1시간에 1-2편(대부분 특급열차 도착 시간에 맞추어져 있다.)

④ 삿포로 근교 요이치 증류소 교통편, 오타루역에서 25분 소요

오타루역(하코다테혼센, 函館本線)-요이치행 열차 시간표(입장 가능 열차 시간)

08:06	09:36	10:57	12:24	13:49

※ 15:09, 15:50, 16:46은 폐관 시간에 가까워 이용할 수 없다.

요이치역-오타루행 열차 시간표

10:23	12:37	13:43	15:04	16:03	16:58	17:40	18:37

삿포로에서 홋카이도 구청사 등을 간단히 돌아보고 11시 30분쯤 출발해서 요이치 증류소를 2시간 정도 견학하고 오타루 시내를 관광하고 운하 야경을 볼 수 있다.

22 ─ 시로카네온천 白金温泉

절경의 흰수염폭포

홈페이지 www.biei-hokkaido.jp/ja/shirogane
성분 망초천
용출 온도 46-55℃

1900년대 초에는 지금의 시로카네온천 부근에 위치한 '하타야마온천(畠山温泉)'과 도카치다케(十勝岳) 산중턱에 있었던 '마루야온천(丸谷温泉)'이라는 두 온천이 있었다. 그러나 해당 온천들은 1926년의 도카치다케 대폭발로 모두 진흙탕에 휩쓸려 사라졌다. 다행히 1950년에 온천이 다시 솟아났으며, 온천 개발에 성공한 촌장이 "진흙 속에서 귀중한 백금(白金)을 찾아낸 기분이 든다"라고 말한 것에서 유래해, 새로운 온천은 '시로카네온천'이라는 이름을 갖게 되었다.

시로카네온천은 신경통에 효험이 좋아 '지팡이를 잊어버리는 탕'이라고도 불린다. 철분을 포함하고 있어 용출 직후에는 무색 투명하지만 공기에 노출되면 서서히 산화되어 갈색으로 변하며 탁해진다.

시로카네온천가(白金温泉街)

도카치다케 산기슭에는 7곳의 료칸과 호텔이 있다. 온천가에는 마을에서 운영하는 공동 온천탕인 '국민보양센터'가 있으며, 시로카네온천 버스정류장 건너편에는 유모토시로카네온천(湯元白金温泉)호

텔이 있다. 시로카네온천가 인근에는 '다이세쓰야마 시로카네(大雪山 白金) 관광호텔', '시로카네 시키노모리호텔 파크힐즈(白金四季の森ホ テルパークヒルズ)' 등이 있으며 야영장과 골프장도 찾아볼 수 있다.

유모토 시로카네온천(湯元白金温泉)호텔

흰수염폭포 바로 위 절벽에 있으며 노천탕이 이색적이다. 시로카 네온천의 원탕이 있는 호텔이며 겨울철 경치가 인상적인 장소이기

(상) 유모토 시로카네온천호텔 / (하) 다이세쓰야마 시로카네관광호텔

도 하다. 창밖으로 보이는 흰수염폭포와 맞은편에 위치한 산의 경치가 아름답다.

• 홈페이지 : www.shiroganeonsen.com

다이세쓰야마 시로카네(大雪山白金)관광호텔

시로카네온천 버스 종점 앞에 있는 호텔이다. 호텔에서 2분가량만 걸으면 흰수염폭포에 도착할 수 있다.

• 홈페이지 : www.shirogane-kankou.com

시라히게 타키(白ひげ滝, 흰수염폭포)

일본의 여행 TV 프로그램에서도 여러 번 소개되어 많이 알려진 명소이다. 유모토시로카네온천(湯元白金温泉)호텔 뒤 절벽에 자리해 있다. 맞은편의 다리 위에서 내려다볼 수 있는 경치와 폭포의 푸른 물빛은 가히 몽환적이기까지 하다. 여름보다는 눈이 덮인 겨울철이 더 아름답다. 밤의 풍경과 낮에 보이는 경치가 달라서 겨울에 숙박할 때는 도착해서 밤에 야경을 한 번 본 뒤 다음날 아침, 떠나기 전에 밝은 폭포의 모습을 다시 한번 보기를 권한다.

아오이이케(青い池, 푸른 연못)

비에이초 동남부에 있다. 시로카네온천으로부터 약 2.9km 떨어져 있으며 도보로 40분 정도 소요된다. 1988년 분화한 도카치다케의 화산 진흙류 퇴적물로 인한 재해를 막기 위해 1989년에 제방이 만들어졌는데, 비에이가와 본류를 따라 건설된 여러 개의 제방 중 하나가 본류에서 떨어진 숲 안쪽까지 이어져 둑이 생겨났다. 둑 안쪽에 물이 고이면서, 농업용수 저장을 위한 저수지와 달리 전혀 예상하지 못한 인공(?) 연못이 되었다.

아오이이케는 아름다운 청색의 빛을 가지고 있는데, 연못 인근의 지하수에 함유된 수산화알루미늄(Al(OH)$_3$) 등 백색계 미립자가 비에이가와 본류의 물과 섞이며 분산되어 일종의 콜로이드를 생성한 데서 비롯된다. 물속에 들어온 태양광이 콜로이드 입자와 충돌하고 물의 흡수에 의한 청색 투과광이 더해져 지금의 색을 갖게 되었다. 1998년 다카하시 마스미(高橋真澄)의 사진집 〈blueriver〉에 푸른 물과 황폐한 나무들이 조화를 이루는 아오이이케의 환상적인 풍경이 수록되며 널리 알려졌다. 겨울철에는 아오이이케가 얼어붙고 눈에 덮여 신비로운 호수의 푸른 모습을 볼 수 없어 아쉽다.

교통편

삿포로에서 약 30분 간격으로 특급 라일락(ライラック)이나 특급 카무이(カムイ)를 이용해 아사히카와에서 후라노센(富良野線)으로 환승해서 비에이역에서 시로카네 온천행 도호쿠버스(道北バス)를 이용하면 된다. 30분 소요되며 요금은 900엔이다. 시로카네온천행 버스 비에이역 정류장은 역 광장 버스정류장이 아닌 광장 건너쪽 대로변에 있어 주의해야 한다. 관광호텔 무료 셔틀버스가 아사히카와(旭川)역을 출발해 비에이역을 경유하므로 사전 예약하여 셔틀버스 시간에 맞추면 편리하다. 운휴할 수 있으니 사전 확인이 필요하다.

삿포로-아사히카와 후라노센 환승-비에이 도호쿠버스 환승-시로카네온천

- 특급 라일락 11호 10:00-11:25 아사히카와 11:33-12:07 비에이 13:45-14:17
- 특급 라일락 15호 12:00-13:25 아사히카와 13:45-14:18 비에이 14:45-15:17
- 특급 라일락 23호 15:00-16:25 아사히카와 16:30-17:02 비에이 17:35-18:07

시로카네온천행 버스(소요 시간 34분) 비에이역 출발 시간표

06:55　08:14　09:00　10:34　11:05　11:54　13:45　14:45　15:49　17:35

비에이역행 버스 시로카네온천 출발 시간표

07:35　09:14　10:00　11:44　12:00　13:14　14:40　15:44　16:49

특급 라일락

후라노센 보통열차

23 — 소운쿄온천 層雲峽温泉

다이세쓰산(大雪山)국립공원, 이국적인 서구 분위기

소운쿄온천 관광협회 홈페이지 sounkyo.net
수질 단순온천, 유황천

    홋카이도 중심부 카미카와쵸(海道上川町) 다이세츠잔 국립공원(大雪山国定公園) 소운쿄 지구(層雲峽地区)에 있는, 홋카이도에서도 손꼽히는 온천이다. 이시카리강(石狩川)의 침식으로 생성된, 남북으로 약 24km에 걸쳐 있는 소운쿄 계곡 한가운데 있다. 계곡 입구에는 '소운펫(so-un-pet, 폭포가 있는 강)'이라 불리는 소오운베츠카와(双雲別川)가 있다. 1900년 시오타니 미즈지로(塩谷水次郎)가 온천을 발견해 시오타니온천(塩谷温泉)으로 불렸으며, 1913년 구니자와 기우에몬(国沢喜右衛門)이 또 다른 온천을 발견해 구니자와온천(国沢温泉)으로 불렸다. 1950년대에 현대적인 온천지로 발전하면서 소운쿄온천(層雲峽温泉)으로 변경되었다. 스키 리조트로도 유명하다.

근처에 다이세츠잔 쿠로다케 스키장(大雪山黑岳スキー場), 다이세쓰산 소운쿄 구로다케 로프웨이(케이블카), 야영장 등이 있어 다이세츠잔 등산의 전초기지가 되기도 한다.

소운쿄온천가(層雲峽温泉街)

15개의 료칸, 호텔, 민박, 펜션, 유스호스텔이 있다. 공동 온천탕도 한 곳 있다. 캐나다의 산악 리조트를 본뜬 '캐니언 몰'이 있는 온천거리는 전통적인 온천가의 모습과는 달리 이국적인 서구 분위기를 자아낸다. 1999년 국토교통대신표창 수제향토상(手づくり郷土賞)을 수상하기도 했다. 온천가에는 환경성 소운쿄 비지터센터가 있다. 다이세쓰코겐규(大雪高原牛)와 무지개 송어, 산나물 등 지역 특산물을 이용한 요리를 내는 식당들도 있다. 매해 겨울 '소운쿄빙폭포 축제'가 개최돼 해외 관광객을 비롯한 많은 이들이 방문한다. 온천가에는 홋카이도 토종 편의점인 세이코마트 2곳이 전광 간판을 달지 않고 영업하고 있다. 갈색 톤 편의점 간판은 주위 경치와 조화를 이루고 있다.

구로다케노유(黑岳の湯)

소운쿄온천가에는 '쿠로다케노유'라는 당일치기 온천이 있다. 숙

박하지 않고도 이용할 수 있으니 한번 들러보기 바란다.

• 영업시간 : 10:00-21:30 / 요금 : 대인 600엔, 소인 300엔

다이세쓰잔 소운쿄 쿠로다케 로프웨이

아름답고 웅장한 쿠로다케 다이세쓰산을 감상할 수 있다.

• 영업시간 : 06:00-18:00 / 요금(왕복) : 대인 2,600엔, 소인 1,300엔

오바코(大函)

소운쿄에서 6km 떨어진 곳에 있다. 주상절리의 거대한 암벽이 병풍처럼 늘어선 웅장한 경치가 펼쳐져 소운쿄에서 가장 아름다운 협곡으로 알려져 있다.

긴가노타키(銀河の滝)와 류세노타키(流星の滝)

가느다란 흰 실처럼 아름다운 모습으로 흘러내리는 은하폭포, 굵은 물줄기가 힘차게 흘러내리는 유성폭포는 일본 폭포 100선에 들었다. 주차장에서 가까이 볼 수 있다.

교통편

샷포로에서 카미가와(上川)까지 가는 직행열차는 06:52, 17:30 아바시리(網走)행 특급이 2편뿐이다. 그러므로 샷포로에서 약 30분 간격으로 특급 라일락(ライラック)이나 특급 카무이(カムイ)를 이용해 아사히카와에서 세키호쿠혼센(石北本線)으로 환승, 카미카와역에서 소운쿄온천행 도호쿠버스(道北バス)를 이용하는 것이 좋다. 30분 소요되며, 요금은 890엔이다.

샷포로-아사히카와-카미카와(도호쿠버스 환승)-소운쿄

특급 오호츠크는 카미카와 직통, 특급 라일락·카무이는 아사히카와 도착 환승

- 특급 오호츠크 1호 06:52(08:28)-09:12 / 09:30-10:00
- 특급 오호츠크 3호 17:30(19:08)-19:48 / 19:54-20:24
- 특급 라일락 11호 10:00-11:25 / 보통열차 11:55-12:55 / 14:00-14:30
- 특급 라일락 15호 12:00-13:25 / 보통열차 13:48-14:46 / 14:54-15:24
- 특급 카무이 17호 13:00-14:25 / 특별쾌속 키타미 14:40-15:35 / 15:54-16:24
- 특급 라일락 23호 15:00-16:25 / 보통열차 16:31-17:32 / 18:04-18:34
- 특급 라일락 25호 15:30-16:55 / 특급 다이세츠 3호 17:07-17:46 / 18:04-18:34

24 — 토카치가와온천 +勝川温泉

전 세계 단 2개뿐인 모르 온천

홈페이지 www.tokachigawa.net
성분 나트륨 염화물천, 탄산수소 염천(약알칼리성 저장성 고온천)
용출 온도 55-60℃

전 세계에 독일의 바덴바덴과 토카치가와 2곳밖에 없다는 모르
(MOOR) 온천이다. 모르(モール)는 영어, 독일어로 '습원(湿原-泥炭地)'
을 뜻한다. 몰 온천이라는 이름은 피부에 식물성 유기물을 함유한 이
탄 흙을 직접 몸에 바르는 미용법인 유럽의 '모르욕(モール浴)'과 유사
한 효과를 기대할 수 있다는 데서 유래했다. 참고로 아탄(亜炭)은 수
백만 년 전 토카치 평야 주변의 습지에 이탄(泥炭)이 쌓여 변화한 것
을 의미한다. 즉 모르 온천은 깊은 땅속에 이탄을 포함한 지층에서
솟아나고 있는 온천으로, 일반적인 온천과 달리 식물성 유기물을 많
이 포함하고 있다.

1874년경 작은 갈대 늪에서는 항상 미지근한 물이 솟아났으며 주
변은 한겨울에도 얼지 않아 새와 야생 짐승들의 휴식처가 되었다. 이
에 아이누인들이 이 늪을 약탕이라고 부른 것이 온천의 시초이자 유
래이다. 현대적인 형태의 온천은 1900년, 자연 용출된 미지근한 물
을 통에 넣고 가열해서 이용한 데서 출발했다. 이후 1913년 시추를
통해 30-36℃의 온천이 용출되자, 료칸을 개업하는 등 본격적인 온천

개발을 시작했다고 한다. 1928년에는 새로운 기계식 공법으로 온천 수량도 풍부한 42℃의 온천 시추에 성공했다. 시모시호로천(下士幌温泉), 아메미야(雨宮温泉)온천 등으로 불리다 1933년 토카치가와온천으로 바뀌게 되었다. 2004년에 '모르 온천'으로 '홋카이도 유산'으로 선정되었다.

토카치가와온천가(十勝川温泉街)

온천가 가운데에는 '미치노에키 가든스파 토카치가와온천(道の駅ガーデンスパ十一勝川温泉)'이 자리하고 있다. 관광안내소인 토카치가와온천 관광 가이드센터 아래에는 족탕도 있다. '토카치네이처센터'에서는 계절별로 여러 가지 다양한 야외 활동을 체험할 수 있다. 가이드센터를 기점으로 근처의 토카치가와 강변(토카치가와온천 아쿠아파크)이나 토카치가와 에코로지 파크, 토카치가오카 공원 등을 도보나 자전거로 산책할 수 있도록 토카치가와온천 풋패스가 설치되어 있다.

매년 12월 상순부터 3월 중순경까지는 월동을 위해 토카치 강변에 고니가 날아온다. 흰 눈으로 덮인 들판 위에서 아름다운 자태를 뽐내는 모습은 자연이 그리는 거대한 한 폭의 동양화를 보는 듯하다.

토카치가와온천 다이이치호텔(十勝川温泉第一ホテル)

최초로 발견된 원천을 이용해 1934년에 문을 연 고급 호텔이다. 당일치기 온천도 할 수 있다. 노천탕에서는 탁 트인 토카치가와를 바라볼 수 있다.

- 홈페이지 : daiichihotel.com
- 영업시간 : 13:00-21:00
- 입욕료 : 대인 2,000엔, 소인(6세 이하) 500엔

스시집 에도킨(寿司屋 江戸金)

다이이치 호텔 근처에 있는 음식점으로 40년의 이상의 역사를 가진 현지 노포이다. 가성비 좋은 스시와 소바, 덴푸라 등 각종 요리를 맛볼 수 있다. 주관적인 평이긴 하지만 시골에서도 맛있는 스시와 소바를 부담 없는 가격으로 먹어볼 수 있다는 것이 신기할 정도로 만족스러웠던 식당이다. 대개 스시와 소바가 맛있는 식당은 덴푸라도 어김없이 훌륭하다.

- 홈페이지 : edokin.web.fc2.com
- 영업시간 : 11:00-14:00 / 17:00-21:00
- 가격대 : 런치(스시) 세트 1,000엔, 저녁 1,000-3,000엔

교통편

삿포로에서 네무로혼센(根室本線) 특급 오조라(特急おおぞら)나 특급 토카치(特急と
かち)를 이용한 다음 오비히로(帯広)에서 토카치가와버스로 환승(요금 500엔)한다.

삿포로-오비히로 토카치가와버스 환승-토카치가와온천-에코로지파크

- 특급 토카치 1호 07:58-10:43 오비히로버스 환승 11:20-11:48-11:58
- 특급 토카치 3호 10:45-13:27 오비히로버스 환승 14:33-15:01-15:11(토일X)
- 특급 오조라 5호 11:45-14:16 오비히로버스 환승 14:33-15:01-15:11(토일X)
- 특급 오조라 7호 13:55-16:41 오비히로버스 환승 16:51-17:19-17:29

특급 토카치 　　　　　　　　특급 오조라

토카치가와온천행 버스(소요 시간 38분) 오비히로역 출발 시간표

08:50 　11:20 　13:26 　14:33(토, 일 공휴일 운휴) 　15:26 　16:51 　18:11

오비히로역행 버스 토카치가와온천 출발 시간표

07:52 　09:31 　12:01 　14:07 　15:14(토, 일, 공휴일 운휴) 　16:07 　17:32
18:52

JR홋카이도 레일패스 모델 코스 일정표

홋카이도 여행은 구매하는 패스에 따라 4일에서 7일까지 다양하게 일정을 만들어 여행을 할 수 있다.

[3박 4일]

❶ 신치토세공항-노보리베쓰온천(1박)-시로카네온천(1박)-삿포로(1박)

아침 항공편으로 도착해서 공항에서 바로 노보리베쓰온천으로 간다.

1일   신치토세공항-미나미치토세 환승-노보리베쓰역 버스 환승-노보리베쓰온천

　　　13:50-13:53 호쿠토 14호 13:58-14:41 노보리베쓰버스 14:49-15:07

　　　15:09-15:12 호쿠토 16호 15:17-15:59 노보리베쓰버스 16:10-16:23

　　　15:59-16:02 호쿠토 18호 16:16-16:58 노보리베쓰버스 17:05-17:27

　　　17:06-17:09 호쿠토 20호 17:26-18:07 노보리베쓰버스 18:19-18:42

　　　노보리베쓰 지옥 계곡, 온천가 관광, 온천 숙박

2일   노보리베쓰온천-노보리베쓰 환승-삿포로 환승-아사히카와 환승-

　　　비에이버스 환승-시로카네온천

　　　09:00-09:32 스즈란 5호 노보리베쓰 09:46-11:00 카무이 17호 삿포로

　　　13:00-14:25 아사히카와 14:35-15:08 비에이버스 15:46-16:20

　　　시로카네온천, 흰수염폭포 관광 시로카네온천 숙박

3일   시로카네온천-비에이 환승-아사히카와 환승 삿포로

　　　10:22-10:53 비에이 환승 11:48-12:20 라일락 24호 13:00-14:25 삿포로

　　　오도리 공원, 스스키노 거리, 삿포로 비루엔 등 삿포로 시내 관광, 숙박

4일   신치토세공항 이동 귀국

❷ 신치토세공항-노보리베쓰온천(1박)-유노카와온천(1박)-삿포로(1박)

아침 항공편으로 도착 JR패스 구입 후 공항에서 바로 노보리베쓰온천으로 간다. 전체적인 이동 거리가 긴 편이다.

1일 신치토세공항-미나미치토세 환승-노보리베쓰역 버스 환승-노보리베쓰온천

　　　①항 시간표 참조, 또는 신치토세공항-온천 호텔 셔틀버스 이용

　　　노보리베쓰 지옥 계곡, 온천가 관광, 온천 숙박

2일 노보리베쓰온천-노보리베쓰 환승-하코다테-유노카와온천

　　　09:00-09:32 호쿠토 6호 노보리베쓰 09:57-12:34 하코다테 셔틀버스 이동

　　　10:00-10:30 호쿠토 8호 노보리베쓰 11:00-13:35 하코다테 셔틀버스 이동

　　　고료가쿠, 모토마치, 야경 등 하코다테 관광, 유노카와온천 숙박

3일 유노카와온천-하코다테-삿포로

　　　셔틀버스 이동 호쿠토 5호 하코다테 08:48-12:41 삿포로

　　　셔틀버스 이동 호쿠토 7호 하코다테 10:05-14:01 삿포로

　　　셔틀버스 이동 호쿠토 9호 하코다테 10:45-14:41 삿포로

　　　오도리 공원, 스스키노 거리, 삿포로 비루엔 등 삿포로 시내 관광, 숙박

　　　오타루를 다녀오는 일정도 가능하다(기차 15-30분 간격, 40분 소요).

4일 신치토세공항 이동 귀국

❸ 신치토세공항-노보리베쓰온천(1박)-토카치가와온천(1박)-삿포로(1박)

아침 항공편으로 도착 JR패스 구입 후 공항에서 바로 노보리베쓰온천으로 간다. 전체적인 이동 거리가 긴 편이다.

1일 신치토세공항-미나미치토세 환승-노보리베쓰역 버스 환승-노보리베쓰온천

　　　①항 시간표 참조, 신치토세공항-온천 호텔 셔틀버스 이용

　　　노보리베쓰 지옥 계곡, 온천가 관광, 온천 숙박

2일 노보리베쓰온천-노보리베쓰 환승-미나미치토세 환승-오비히로버스 환승-토카치가와온천

09:20-09:32 스즈란 5호 노보리베쓰 09:46-10:29 미나미치토세-토카치 3호

11:17-13:27 오비히로버스 14:33-15:01-15:11(토일X) 토카치가와온천 또는

10:12-10:30 호쿠토 5호 노보리베쓰 11:29-12:10 미나미치토세-오조라 5호

12:17-14:16 오비히로버스 14:33-15:01 토카치가와온천(토·일·공휴일 운휴)

토카치가와온천가 관광, 숙박

3일 토카치가와온천-오비히로-삿포로

09:31-10:09 토카치 6호 오비히로 11:12-14:10 삿포로

12:01-12:39 오조라 6호 오비히로 12:58-15:33 삿포로

오도리 공원, 스스키노 거리, 삿포로 비루엔 등 삿포로 시내 관광, 숙박

오타루를 다녀오는 일정도 가능하다(기차 15-30분 간격, 40분 소요).

4일 신치토세공항 이동 귀국

❹ 신치토세공항-노보리베쓰온천(1박)-소운쿄온천(1박)-삿포로(1박)

사전에 노보리베쓰 홈페이지에서 무료 셔틀버스가 있는 호텔을 예약하면 JR패스를

사용하지 않고 JR왕복 할인 티켓으로 편리하고 저렴하게 이동할 수 있다.

1일 신치토세공항--노보리베쓰온천 셔틀버스

신치토세공항-온천 호텔 셔틀버스 숙박 예약 시 사전 예약 이용

노보리베쓰 지옥 계곡, 온천가 관광, 온천 숙박

2일 노보리베쓰온천-삿포로역-소운쿄온천

일반적으로 09:30-10:00 노보리베쓰온천 출발-12:00 삿포로 도착

카무이 17호 13:00-14:25 아사히카와

특별쾌속 키타미 14:40-15:33 카미카와, 도호쿠버스 환승 15:54-16:24 소운쿄

3일 소운쿄온천-카미카와-아사히카와-삿포로

버스 11:39-12:00 / 카미카와 특별쾌속 키타미 13:00-13:49 아사히카와

특급 라일락 26호 14:00-15:25 삿포로 오도리 공원, 스스키노 거리, 삿포로

비루엔 등 삿포로 시내 관광, 숙박

4일   신치토세공항 이동 귀국

[4박 5일]
3박 4일 일정에서 1일 차에 삿포로 1박을 추가하면 좋다. 일정도 여유롭고 1일 차, 4일 차에 삿포로의 호텔을 같은 곳에 정하면 무거운 짐은 호텔에 맡기고 중간 2박 3일 일정 동안 간단한 필수품만 백팩에 넣고 다닐 수 있어 한결 이동에 편리하다.

삿포로-노보리베쓰 특급열차 오전 출발 시간표
· 호쿠토 6호 08:43-09:57 노보리베쓰버스 10:25-10:47 노보리베쓰온천
· 호쿠토 8호 09:44-10:59 노보리베쓰버스 11:18-11:34 노보리베쓰온천
· 스즈란 4호 11:24-12:40 노보리베쓰버스 13:15-13:37 노보리베쓰온천
· 호쿠토 14호 13:26-14:41 노보리베쓰버스 14:49-15:07 노보리베쓰온천

❺ 신치토세공항-노보리베쓰온천(1박)-유노카와온천(1박)-도야코온천(1박)- 삿포로(1박)
아침 항공편으로 도착 JR패스 구입 후 공항에서 바로 노보리베쓰온천으로 간다. 도야코온천은 본문에서 소개를 생략했으나 삿포로로 가는 길에 있으므로 1박 하고 가는 것도 좋다. 전체적인 이동 거리가 긴 편이다.

1일   신치토세공항-미나미치토세 환승-노보리베쓰역 버스 환승-노보리베쓰온천
      3박 4일 ①항 시간표 참조 또는 신치토세공항-온천 호텔 셔틀버스 이용
      노보리베쓰 지옥 계곡, 온천가 관광, 온천 숙박

2일   노보리베쓰온천-노보리베쓰 환승-하코다테-유노카와온천
      9시경 버스출발 호쿠토 6호 노보리베쓰 09:57-12:34 하코다테 셔틀버스 이동
      10시경 버스출발 호쿠토 8호 노보리베쓰 11:00-13:35 하코다테 셔틀버스
      이동 고료가쿠, 모토마치, 야경 등 하코다테 관광, 유노카와온천 숙박

3일 유노카와온천-하코다테-도야-도야코온천

　　　　셔틀버스 이동 호쿠토 7호 10:05-11:58 도야, 버스 12:12-12:32 도야코온천

　　　　셔틀버스 이동 호쿠토 9호 10:45-12:39 도야, 버스 12:55-13:13 도야코온천

　　　　셔틀버스 이동 호쿠토 11호 12:15-14:09 도야, 버스 14:20-14:40 도야코온천

　　　　셔틀버스 이동 호쿠토 13호 13:31-15:30 도야, 버스 15:58-16:22 도야코온천

　　　　도야코온천가 관광, 숙박

4일 도야코온천-도야-삿포로

　　　　버스 08:30경 호쿠토 3호 도야 09:34-11:29 삿포로

　　　　버스 10:00경 호쿠토5호 도야 10:48-12:41 삿포로

　　　　버스 11:00경 호쿠토7호 도야 12:01-14:01 삿포로

　　　　버스 12:00경 호쿠토9호 도야 12:39-14:41 삿포로

　　　　오도리 공원, 스스키노 거리, 삿포로 비루엔 등 삿포로 시내 관광, 숙박

5일 신치토세공항 이동 귀국

그 외에 조금 더 일정을 추가한 모델 코스도 소개한다.

❻ 신치토세공항-노보리베쓰온천(1박)-유노카와온천(1박)-토카치온천(1박)-
   삿포로(1박)

아침 항공편으로 도착 JR패스 구입 후 공항에서 바로 노보리베쓰온천으로 간다. 전
체적인 이동 거리가 긴 편이다.

1일 신치토세공항-미나미치토세 환승-노보리베쓰역 버스 환승-노보리베쓰온천

　　　　3박 4일 ①항 시간표 참조, 또는 신치토세공항-온천 호텔 셔틀버스 이용

　　　　노보리베쓰 지옥 계곡, 온천가 관광, 온천 숙박

2일 노보리베쓰온천-노보리베쓰 환승-하코다테-유노카와온천

　　　　9시경 호쿠토 6호 노보리베쓰 09:57-12:34 하코다테 셔틀버스 이동

　　　　10시경 호쿠토 8호 노보리베쓰 11:00-13:35 하코다테 셔틀버스 이동

　　　　고료가쿠, 모토마치, 야경 등 하코다테 관광, 유노카와온천 숙박

3일 유노카와온천-하코다테 -미나미치토세-오비히로-도카치온천

　　셔틀버스 이동 호쿠토 5호 하코다테 08:48-12:10 미나미치토세 환승

　　오조라 5호 미나미치토세 12:17-14:16 오비히로버스 환승

　　오비히로역 앞 14:33-15:01 토카치가와온천(토·일·공휴일 운휴)

　　토카치가와온천가 관광, 숙박

4일 토카치가와온천-오비히로-삿포로

　　09:34-10:14 토카치 6호 오비히로 11:12-14:10 삿포로

　　12:04-12:44 오조라 6호 오비히로 12:58-15:33 삿포로

　　오도리 공원, 스스키노 거리, 삿포로 비루엔 등 삿포로 시내 관광, 숙박

　　오타루를 다녀오는 일정도 가능하다(기차 15-30분 간격, 40분 소요).

5일 신치토세공항 이동 귀국

❼ 센다이-유노카와온천(1박)-노보리베쓰온천(1박)-토카치카와온천(1박)-삿포로(1박)

센다이로 입국해서 JR도호쿠·미나미홋카이도 레일패스를 구입해서 삿포로까지 가
서 신치토세공항에서 출국하는 일정이다.

1일 센다이공항-센다이-신하코다테호쿠토-하코다테-유노카와온천

　　센다이공항 입국 후 JR패스 교환, 센다이 공항철도로 센다이역 이동

　　도호쿠 신칸센 하야부사 23호 센다이 13:53-16:30 신하코다테 호쿠토 환승

　　하코다테 라이너 16:40-17:00 하코다테 셔틀버스 이동, 유노카와온천

　　하코다테 야경 관광, 유노카와온천 숙박

2일 오전 하코다테 시내 관광-하코다테-노보리베쓰-노보리베쓰온천

　　호쿠토 11호 12:15-14:48 노보리베쓰 도착 버스 15:28-15:54 노보리베쓰온천

　　호쿠토 13호 13:31-16:09 노보리베쓰 도착 버스 16:15-16:28 노보리베쓰온천

　　노보리베쓰온천가 관광, 숙박

3일 노보리베쓰온천-노보리베쓰 환승-미나미치토세 환승-오비히로버스 환승-

　　토카치가와온천

9시경 버스출발 스즈란 5호 노보리베쓰 09:46-10:29 미나미치토세-토카치 3호

11:17-13:27 오비히로버스 14:33-15:01 토카치가와온천(토·일·공휴일 운휴)

10시경 버스출발 호쿠토 5호 노보리베쓰 11:29-12:10 미나미치토세-오조라5호

12:17-14:16 오비히로버스 14:33-15:01 토카치가와온천(토·일·공휴일 운휴)

토카치가와온천가 관광, 숙박

4일 토카치가와온천-오비히로-삿포로

09:34-10:14 토카치 6호 오비히로 11:12-14:10 삿포로

12:04-12:44 오조라 6호 오비히로 12:58-15:33 삿포로

오도리 공원, 스스키노 거리, 삿포로 비루엔 등 삿포로 시내 관광, 숙박

오타루를 다녀오는 일정도 가능하다(기차 15-30분 간격, 40분 소요).

5일 신치토세공항 이동 귀국

홋카이도 레일패스를 이용해 갈 수 있는 명소

1. 소야미사키(宗谷岬) : 왓카나이(稚内)에 있는 일본 최북단 곳. 사할린이 멀리 보이
   며 1983년 소련에 격추된 KAL기 희생자 위령탑이 있다.
2. 아바시리(網走)의 오호츠크해 유빙(流氷) : 2-3월에 러시아 아무르강에서 오호츠
   크해로 흘러내려오는 유빙을 쇄빙 유람선을 타고 관광한다.
3. 후라노 비에이 라벤더 관광 : 7월에 라벤더 축제와 함께 드넓은 언덕에 펼쳐진 아
   름다운 꽃밭을 볼 수 있다.
4. 노삿푸미사키(納沙布岬) : 네무로(根室)에 있는 일본 최동단의 곳. 쿠시로(釧路)
   에서 1량짜리 로컬 열차 하나사키센(花咲線)을 타고 오호츠크해 바닷가와 넓은
   평원을 달리며 보는 사계절의 색다른 풍광이 매우 이채롭다.

서부 지역

서일본, 시코쿠, 큐수

4장

오사카-JR서일본

히로시마 오카야마

교토
오사카

JR간사이
와이드패스
5일권

시라하마온천, 가다(아와시마)온천,
아리마온천, 아마노하시다테온천,
오쿠이네온천, 기노사키온천

 JR간사이 와이드패스(関西ワイドパス) 5일권은 오사카 지역을 중심으로 간사이공항(関西空港)부터 교토부(京都府), 효고현(兵庫県)은 물론 신오사카(新大阪)-오카야마(岡山) 구간의 신칸센도 이용할 수 있다. 또한 사구(砂丘)로 유명한 돗토리(鳥取), 일본 최장의 현수교인 세토대교(瀬戸大橋)를 건너 시코쿠(四国)섬의 다카마쓰(高松)까지도 갈 수 있어 매우 유용한 패스이다.

• 가격 : 대인(만12세 이상) 12,000엔, 소인(만6-11세) 6,000엔

 2022년 3월부터 JR서일본의 많은 특급열차의 자유석이 폐지되어 지정석을 발급받아야 하는 열차들이 대부분이다. 오사카-교토 구간의 도카이도 신칸센은 JR도카이가 운행하므로 이용할 수 없다.

25 시라하마온천 白浜温泉

1,400년 역사의 일본 3대 고탕(古湯)

시라하마온천 관광협회 홈페이지 www.nanki-shirahama.com/onsen
성분 식염천, 탄산천, 중조천
용출 온도 32-85℃
효능 위장병, 신경통, 류머티즘 등

간사이공항과 인접한 와카야마현(和歌山県) 남부 태평양 연안에 있는 온천이다. 난키시라하마온천(南紀白浜温泉) 혹은 시라하마온천이라 불린다. 예전에는 효고현의 아타미온천과 큐슈의 벳푸온천과 함께 일본 3대 온천으로 불리기도 했다.

역사가 매우 오래되어 일본 삼고탕(三古湯)의 하나로 꼽는다. 《일본서기》에 658년, 690년, 701년 당시 역대 천황이 방문했다는 기록이 있다. 고대 시가집 《만엽집》에 등장하는 온천이기도 하다. 에도 시대에는 귀족부터 서민까지 많은 사람들이 시라하마온천을 즐겼다고 한다. 이후 1922년 시라하마 부근에서도 원천 시추가 성공하며 지금과 같은 대규모 온천가가 형성되었다. 이를 기점으로 온천은 '시라하마'라는 이름으로 불리게 되었다.

1929년 쇼와 천황의 시라하마 행차가 매스컴을 통해 전국에 알려지면서 유명세를 타게 되었고, 이에 '난키시라하마(南紀白浜)'라는 호칭이 붙기도 하였다. '난키(南紀)'란 키이노쿠니(紀伊国, 와카야마현 전역과 미에현의 일부)를 가리키는 지역의 이름이다.

시라하마온천은 일본열도에 걸쳐 있는 화산 지대 어디에도 속하지 않는데도 온천이 솟아났다. 최근 발표된 일본 원자력 연구개발기구의 연구·조사결과에 따르면 시라하마(白浜), 아리마(有馬) 등의 뜨거운 온천은 화산성 온천이 아니라 필리핀해에서 침투한 플레이트에서 스며나온 뜨거운 지하수가 모여 생성된 것이다. 태평양 연안에 있어 대하를 비롯한 각종 해산물이 풍부하며 쿠츠에비(くつエビ)가 특히 유명하다. 2006년 쿠에(クエ)라는 고급 어종 양식에 성공한 후 이곳의 특산품이 되었다. 시라하마 해변의 흰 모래는 품질이 뛰어난 석영사 성분으로 이루어져 유리 원료로 사용되기도 했다.

시라하마온천가

시라하마온천은 7곳의 온천지로 이루어져 있다. 시라하마를 중심으로 해변을 따라 온천 시설과 숙박 시설이 자리하고 있으며 곳곳에 다양한 명소가 있는 관광 휴양지이다. 시라하마가의 남부에는 대형 호텔들이 있으며 온천가에는 료칸, 민박 등이 밀집해 있다. 곱고 하얀 모래로 덮여 있는 해변은 여름철 많은 피서객들이 방문하는 장소이다. 인근에 센죠지키(千畳敷), 엔게츠도(円月島), 산단베키(三段壁) 등의 경승지와 판다가 있다. '난키시라하마 어드벤처월드', '시라하마 에너지랜드', '시라하마 해중전망탑' 등의 관광 레저 시설 또한 손님들을 끌고 있다.

대부분의 숙박 시설들은 온천수를 끌어들이고 있다. 오토캠핑장 등에도 온천을 설치한 곳이 있다. 큰 호텔이나 료칸에서는 유료로 당일치기 온천을 이용할 수도 있다. 온천 거리에 있는 온천 신사에서는

6월에 켄토사이(献湯祭, 헌탕마쓰리)가 열린다. 이때 일부 공동 온천탕에서는 무료로 온천욕을 즐길 수 있다. 공동 온천탕으로는 사키노유(崎の湯), 마쓰노유(松の湯), 시라유(白良湯), 시라스나(白砂) 무로노유(牟婁の湯) 등이 있다.

특히 사키노유는 탁 트인 태평양 바닷가에 자리 잡은 바위 속 노천탕으로 유명하다. 658년, 천황과 황태자가 입탕했다는 유서 깊은 곳이다. 에도막부 8대 쇼군인 도쿠가와 요시무네(德川吉宗)도 이용했다고 한다. 눈앞에서 넘실대는 파도를 느끼며 온천을 즐길 수 있는 곳이지만 기상 악화로 파도가 높아지면 입욕이 금지된다. 중앙에 칸막이를 설치해 남탕과 여탕을 구분해 놓았다. 동일본편에서 소개한 아오모리(青森)의 코가네자키 후로후시온천(黄金崎不老不死温泉)과 비슷한 느낌의 온천이다.

(상) 사키노유, 무로노유 / (하) 시라유, 시라스나, 마쓰노유

산단베키(三段壁)

태평양 바닷가에 우뚝 솟은 주상절리이다. 길이 2km, 높이 50-60m에 달해 절벽의 명승지로 유명하다. 절벽 위 전망대에서 웅대한 난키의 태평양을 볼 수 있다. 지하 36m에는 해식동굴이 있어 절벽 위에서 엘리베이터를 탑승한 뒤 아래로 내려가 관람할 수 있다.

센죠지키(千畳敷)

사암으로 이루어진 넓적한 모양의 암반이다. 매우 부드러운 특성을 지닌 사암이 파도의 침식을 받아 복잡한 형태의 지형을 만들었다. 센죠지키라는 이름은 그 넓이가 1,000장의 다다미(畳)를 깔 수 있을

센죠지키   엔게츠도

정도로 넓다고 해서 붙여졌다. 산단베키, 엔게츠도와 함께 시라하마 온천의 손꼽히는 명승지로 불린다. 센죠지키에서는 드넓은 태평양으로 서서히 해가 지는 낙조의 아름다움을 경험할 수 있다. '일본의 석양 100선'에도 선정된 바 있다. 평상시에는 암반 위를 걸을 수 있으나 풍랑주의보와 경보가 발령되었을 때는 출입이 금지된다. 바람이 강한 경우가 많아 종종 이곳에서 태풍 중계 방송을 진행하기도 한다.

토레토레 이치바(とれとれ市場)

시라하마역에서 시라하마온천으로 향하는 길에 있는 수산물 시장이다. 각종 수산물, 즉석에서 먹을 수 있는 스시와 사시미, 우동 등을 저렴하게 판매한다. 시라하마온천행 버스가 근처에 정차하므로 이곳에 들러 일본의 수산물 시장을 구경하고 점심 식사를 한 뒤 온천으로 이동하는 것도 좋을 것이다.

교통편

신오사카역(新大阪駅) 또는 텐노지역(天王寺駅)과 히네노역(日根野駅)에서 키세이 혼센(紀勢本線) 특급 쿠로시오(特急くろしお)를 이용하면 된다. 간사이공항에서 바로 갈 경우에는 히네노역에서 환승하는 것이 좋으며 텐노지에서 숙박할 경우에는 텐노지역에서 승차할 것을 추천한다.

신오사카-텐노지-히네노-시라하마역-메이코버스 환승-시라하마온천

- 쿠로시오 3호 신오사카 08:58-09:16-09:46-11:37 시라하마버스 11:47
- 쿠로시오 7호 신오사카 10:13-10:32-10:57-12:46 시라하마버스 13:00
- 쿠로시오 11호 신오사카 12:13-12:32-12:57-14:41 시라하마버스 15:05
- 쿠로시오 13호 신오사카 13:13-13:32-13:57-15:47 시라하마버스 16:00
- 쿠로시오 17호 신오사카 15:13-15:32-15:57-17:41 시라하마버스 17:58
- 쿠로시오 21호 신오사카 17:13-17:33-18:01-19:54 시라하마버스 20:11
- 쿠로시오 27호 신오사카 19:13-19:33-20:01-21:54 시라하마버스 22:10

11:15, 14:15, 16:15 출발편도 있으나 일부 날짜에는 운휴하므로 사전 확인이 필요하다. 또한 숙소에 따라 버스의 하차 지점이 다르므로 사전에 관광안내소 등에서 확인하기 바란다.

- 시라하마행 메이코버스 홈페이지 : meikobus.jp/scheduled/shirahama

특급 쿠로시오

26 — 가다(아와시마)온천 加太(淡嶋)温泉

와카야마 해변 온천

가다 온천 관광협회 홈페이지 www.kada.jp/onsen
성분 탄산수소염천, 나트륨-염화물천
용출 온도 25.5℃
효능 고혈압, 화상, 피부병, 류머티즘, 신경통, 관절통, 냉증, 소화기계 질환 등

　　와카야마현 북서부 와카야마시 기탄카이쿄(紀淡海峡)의 가타만(加太湾)에 있는 온천이다. 고대의《만요집(万葉集)》에도 등장하는, 작지만 역사가 깊은 온천이다. 무색 투명하고 부드러운 미인의 탕으로 유명하다.

가다온천가(加太温泉街)

　　해안을 따라 약 6곳의 숙박 시설과 식당 몇 곳만 있는 아주 작은 온천 마을이다. 서쪽으로는 세토나이카이(瀬戸内海)와 태평양을 사이에 둔 기탄해협에 떠 있는 도모가시마(友ヶ島)과 아와지시마(淡路島)가 한눈에 내다보인다. 노천탕에 몸을 담그고 바라보는 비스듬히 비추는 낙조의 모습이 아름답다. 간사이공항에서 가깝기 때문에 입국 당일이나 출국 전날 하루쯤 숙박하며 온천으로 컨디션 조절을 하는 것도 괜찮을 것이다.

가다온천 시사이드호텔 가다카이게츠(加太温泉シーサイドホテル加太海月)

가다만 해변에 닿아 있는 온천 호텔로 노천탕에서 손에 잡힐 듯한 가다만을 보며 온천을 즐길 수 있다. 난카이전철 가다역에서 셔틀 서비스를 해준다.

• 홈페이지 : www.azumaya-seaside.com

교통편

신오사카역(新大阪駅) 또는 텐노지역(天王寺駅), 히네노역(日根野駅)에서 키세이혼센(紀勢本線) 특급 쿠로시오를 이용해 와카야마역(和歌山駅)에서 환승한 다음 와카야마시역(和歌山市駅)에서 사철인 난카이전철(南海電鉄) 난카이가다센(南海加太線)으로 환승해서 간다(간사이공항에서 바로 갈 경우에는 히네노역 환승, 텐노지에서 숙박할 경우에는 텐노지역에서 승차하면 된다).

- 쿠로시오 3호 신오사카 08:58-09:21-09:46-10:05 와카야마 환승
  10:45-10:52 난카이전철 환승 와카야마시 10:55-11:21 가다역 셔틀버스 온천
- 쿠로시오 5호 신오사카 10:13-10:32-10:57-11:15 와카야마 환승
  11:45-11:52 난카이전철 환승 와카야마시 11:55-12:20 가다역 셔틀버스 온천
- 쿠로시오 11호 신오사카 12:13-12:32-12:57-13:15 와카야마 환승
  13:45-13:52 난카이전철 환승 와카야마시 13:56-14:21 가다역 셔틀버스 온천
- 쿠로시오 13호 신오사카 13:13-13:32-13:57-14:16 와카야마 환승
  14:45-14:52 난카이전철 환승 와카야마시 14:56-15:21 가다역 셔틀버스 온천
- 쿠로시오 17호 신오사카 15:13-15:32-15:57-16:15 와카야마 환승
  16:41-16:47 난카이전철 환승 와카야마시 16:56-17:21 가다역 셔틀버스 온천
- 쿠로시오 21호 신오사카 17:13-17:33-18:02-18:21 와카야마 환승
  18:43-18:49 난카이전철 환승 와카야마시 18:57-19:20 가다역 셔틀버스 온천
- 쿠로시오 23호 신오사카 18:13-18:33-19:01-19:23 와카야마 환승
  19:51-19:57 난카이전철 환승 와카야마시 20:03-20:39 가다역 셔틀버스 온천

난카이전철 난카이가다센

27 — 아리마온천 有馬温泉

일본 3대 명탕 온천

아리마온천 관광협회 홈페이지(한국어) visit.arima-onsen.com/kr
성분-긴노유(銀の湯) 탄산수소염천, 탄산라듐 혼합 저온천
　　 -킨노유(金の湯) 함철 나트륨 염화물 강염 고온천

　아리마온천은 JR패스보다 간사이 쓰룻토패스로 가는 것이 유용하다. 하지만 효고현 고베시에 있는 아주 오래된 일본 3대 온천이자 일본 3대 명탕이며 서일본 최고의 온천이므로 이번 장에서 소개한다. 에도시대에는 서쪽 지방의 온천들 중 최고로 꼽혀 니시오제키(西大関)에 오르며 오랫동안 사랑을 받아왔다. 옛날부터 천황들이 자주 행차하여 아리마 행궁(有馬行宮)과 아리마이나리 신사(有馬稲荷神社)가 마련되어 있었다. 나라시대에는 온센지(温泉寺)를 세우고 전란으로 황폐해진 아리마온천을 재건해 1192년 치유 온천장(湯治場)의 원형을 만들었다. 도요토미 히데요시(豊臣秀吉)는 전투나 임관, 가족의 죽음 같은 중요한 고비마다 온천을 하며 마음을 추스리기 위해 이곳을 9번이나 방문했다고 한다.

　아리마 온천수는 용출될 때는 투명하지만, 철분이 많아 공기와 접촉하면 색이 적갈색으로 변하는 함철 염화물천이다. '킨노유(金の湯)'와 '긴노유(銀の湯)'라 불린다. 킨노유는 함철 나트륨 염화물 강염 고온천이다. 온천에 따라 성분은 조금씩 다르지만 크게는 탄산수소염

천과 라듐을 많이 함유한 라돈천으로 나뉜다. 땅속 깊은 곳에서 올라오는 온천수는 지각 내에서 온도가 떨어지면 탄소를 잃어 염화물천(킨노유)이 되고, 빗물이 스며든 지하수가 잃은 탄소를 흡수하면 탄산천(긴노유), 빗물이 스며든 지하수가 용출지의 롯코화강암(六甲花崗岩)의 영향을 받아 라돈천이 된다.

아리마온천의 원천은 최고 온도가 98도로 매우 뜨거운데도 시라하마온천과 마찬가지로 주변에서 화산을 찾아볼 수 없다. 해저 밑에서 필리핀해 판 속으로 들어온 물이 가라앉으며 땅속 깊숙이 흘러들어 물 온도가 높아졌다는 것이 가장 유력한 추측이다. 땅속의 압력에 의해 물이 뜨거워진 후 바위 속에서 지표로 직접 분출한 것으로 본다.

아리마온천가(有馬温泉街)

롯코산(六甲山) 북쪽의 단풍 계곡 산골짜기 350-500m에 자리 잡고 있다. 대형 료칸과 호텔은 온천지 주변과 조금 떨어진 산기슭 및 산속에 있다. 공중 온천탕으로는 앞서 설명한 킨노유와 긴노유가 있다. 옛 오사카 가도인 언덕길(湯本坂, 유모토자카)을 따라 여러 공원들과 공방, 우표 박물관 및 장난감 박물관, 각종 특산품 상점들이 늘어서 있다.

타이고바시(太閤橋)와 네네바시(ねね橋)가 아리마강을 사이에 두고 마주보고 있다. 츠에스테바시(杖捨て橋)는 교토, 나라, 오사카 방면으로 가는 입구에 있는데, 츠에(杖, 지팡이)를 짚은 환자가 온천 치료로 완쾌하여 돌아가는 길에 지팡이를 버렸다는 전설이 있는 다리다.

아리마온천 특산품

아리마온천에서는 다양하고 특색 있는 음식들을 경험할 수 있다. 탄산 센베이(炭酸煎餅, 전병)와 탄산 만쥬(炭酸饅頭, 만두)가 가장 대표적이며 송이버섯 다시마인 마츠다케콘푸(松茸昆布)도 관광객들이 즐겨 찾는 특산품으로 잘 알려져 있다. 사이다 역시 아리마온천의 특산품 중 하나이다. 1889년경 영국의 존 클리포드 윌킨슨(John Clifford

Wilkinson)은 탄산광천을 발견했으며 이후 광천수를 '니오시루시워터(仁王印ウォーター)'라는 이름으로 발매했다. 니오시루시워터는 현재의 월킨슨 탄산수다. 검은콩 타르트, 검은콩 푸딩, 두부 등 각종 검은콩 요리도 유명하다. 산초 역시 아리마온천의 특산품으로, 식품 이름에 '아리마'라는 단어가 붙어 있으면 산초를 사용한 요리를 의미한다. 이외에도 다도(茶道) 도구로 이용하는 죽세공 바구니인 아리마카고(有馬籠)와 전통기법으로 만든 붓 닌교후데(人形筆)도 지역의 대표 상품이다. 닌교후데는 아리마후데(有馬筆)라고 불리기도 한다.

고베규(神戸牛) 스테이크 하우스 스테키란도(ステーキランド)

일본 최고의 와규(和牛)로 꼽히는 고베규 스테이크를 맛볼 수 있는

곳이다. 고베규는 가격이 만만치 않은 편이지만 이곳에서는 런치 메
뉴에 한해 스테이크가 비교적 저렴하게 제공된다.

- 홈페이지 : steakland-kobe.jp
- 영업시간 : 11:00-14:00(런치) / 17:00-20:00(디너)
- 가격 : 고베규 스테이크 런치(150g) 세트 3,500엔부터(일반 1,880엔부터),
  고베규 스테이크 디너(180g) 세트 7,480엔부터(일반 3,280엔부터)

교통편

JR패스를 이용해 갈 경우에는 산요
신칸센(山陽新幹線) 신오사카-신고
베(新神戸) 환승-고베 시영 지하철-
타니가미역(谷上駅) 환승 사철 산다·
아리마센(三田有馬線) 환승-아리마
구치(有馬口) 환승-아리마온천 도착
(신오사카에서 약 1시간 소요) 이 구
간의 열차들은 매시간 수시로 있다.

28 — 아마노하시다테온천 天橋立溫泉

일본 3대 절경

아마노하시다테 홈페이지 www.amanohashidate.jp/stay/tag/onsen
성분 약방사능·철(Ⅱ), 나트륨, 염화물천
원천 온도 32.2℃
용출량 80.1L/분

　　교토부 미야즈시(京都府宮津市)에 있는 온천이다. 기존의 명승지 료칸 거리에서 탄생한 온천으로 역사는 비교적 짧은 편이다. 그러나 수질이 풍부하고 피부 미용에 좋은 효과를 가지고 있다고 소문이 나며 유명 온천 마을이 되었다. 현재는 인근에 있는 유히가우라(夕日ヶ浦)온천과 비견되는 탄고(丹後) 지방(교토 북부 동해안 지방)의 주요 온천으로 꼽힌다. 이곳은 원래 여름에는 해수욕을, 겨울에는 대게를 즐기기 위해 많은 사람들이 찾는 관광지였으나 피로를 풀 만한 마땅한 온천이 없어 관광객이 줄어드는 위기에 처했었다. 이에 지역을 활성화시키기 위한 대책으로 온천 시추를 추진했고, 1999년 시추에 성공해 온천지로 재탄생하게 되었다. 현재는 10개의 료칸과 호텔에 온천수를 공급하고 있다. 몬쥬 지구(文殊地区) 외 지역에서도 시추가 이루어져 현재 3곳의 온천지가 있다.

일본 3대 절경 아마노하시다테

　　몬쥬도(文殊堂, 지혜를 내리는 문수보살을 모시는 당)로 유명한 사찰 치온지(智恩寺)에서는 일본의 3대 절경(日本三景) 중 하나인 아마노하시다테가 한눈에 내려다보인다. 아마노하시다테에는 일본국 창세 당시 날뛰는 용을 잠재우기 위해 중국에서 지혜의 신인 문수보살을 초빙했다는 전설이 전해지고 있다. 이로 인해 이 지역에 문수 신앙이 자리 잡은 것으로 짐작되고 있다.

아마노하시다테는 해마다 교토부의 인기 관광지 1순위로 꼽힌다. 북쪽에서 내려다보면 용이 승천하는 모습이, 남쪽에서 내려다보면 하늘로 날아오르는 용의 모습이 연상되는 독특한 형태의 폭 20~170m에 길이 3.2km 정도에 달하는 거대한 사주(砂州)다. 이곳에는 7,000그루 규모의 자연생 소나무 숲이 펼쳐져 있다. 사주는 미야즈만과 아소해(阿蘇海)를 가르고 있는데, 아소해의 바닷물은 몬쥬키

레토(文殊切戸)와 몬쥬노스이도(文殊水道) 운하를 통해 좁게 연결되며 미야즈만에서 바닷물이 드나든다. 운하에는 다리 일부가 회전하는 쇼텐교(小天橋)가 있어 배가 지나갈 때 잠시 다리가 끊기는 이색적인 광경을 볼 수도 있다.

아마노하시다테의 명물인 '치에노모치(智恵の餅, 지혜의 떡)'는 치온지에서 모시는 본존인 문수보살의 지혜를 따르고자 부처님께 떡을 올리고 참배객을 대접한 전통에서 시작되었다. 가마쿠라시대에는 절 앞에 위치한 네 채의 찻집에서 떡을 올렸는데, 지금도 이곳 찻집에서 팥소를 듬뿍 얹은 부드러운 지혜의 떡을 맛볼 수 있다.

치에노유

아마노하시다테역 앞에는 당일치기 입욕 시설인 치에노유(智慧の湯, 지혜의 탕)가 있다.

- 영업시간 : 12:00-21:00
- 입욕료 : 대인 800엔, 소인 400엔

아마노하사다테 뷰랜드 히류칸 전망대(天橋立ビューランド 飛龍観展望台)

아마노하시다테역에서 5분 정도 걸으면 리프트 정류장을 발견할
수 있다. 이곳에서 리프트나 모노레일을 타고 올라간다.

- 영업시간 : 09:00-17:00(동절기 16:30)
- 입장료 : 왕복 리프트(모노레일) 포함 대인 850엔, 소인 450엔

아마노하시다테 가사마츠코엔(天橋立傘松公園)

나리아이야마(成相山) 중턱에 있는 공원으로, 히류칸 반대 방향에
위치해 있다. 아마노시다테를 북쪽에서 바라볼 수 있는 전망대이다.
이곳에서는 아마노하시다테가 마치 승천하는 용처럼 보여 '쇼류칸
(昇龍観)'이라 불리기도 한다. 고개를 숙여 다리 사이로 풍경을 바라

보면 하늘과 땅이 뒤집혀 보이는 '마타노조키(股のぞき)'로 유명하다.
아마노하시다테역에서 버스로 25분 걸린다(가사마츠 케이블시타 하차).

- 영업시간 : 09:00-18:00(리프트 09:00-16:00)
- 리프트 / 케이블카 요금(왕복) : 대인 800엔, 소인 400엔

교통편

① (하시다테) 텐노지-신오사카-교토 환승-아마노하시다테

교토(京都)에서 아마노하시다테행 특급 하시다테(はしだて)를 이용하면 편리하나
시간이 안 맞을 경우 다음과 같이 갈 수 있다.

- 하루카 2호 07:18-07:38-08:02 하시다테 1호 교토 08:38-10:40 아마노하시다테
- 하루카 8호 09:20-09:38-10:04 하시다테 3호 교토 10:25-12:35 아마노하시다테
- 보통·신쾌속 교토 이동 하시다테 5호 교토 12:25-14:32 아마노하시다테
- 보통·신쾌속 교토 이동 하시다테 7호 교토 14:25-16:39 아마노하시다테

② (기노사키) 교토-후쿠치야마(니시마이즈루 환승)-아마노하시다테

교토에서 특급 기노사키(きのさき)로 후쿠치야마(福知山) 또는 니시마이즈루(西舞鶴)로 가서 교토탄고철도(京都丹後鉄道)로 환승하여 갈 수도 있다.
- 기노사키 5호 교토 11:25-12:40 후쿠치야마 탄고릴레이 3호 12:53-13:31
- 기노사키 13호 교토 17:28-18:52 후쿠치야마 탄고릴레이 5호 19:12-19:53

오사카에 숙박할 경우에는 간사이공항 특급 하루카를 이용해서 교토역으로 이동해서 환승하면 동일한 플랫폼 맞은편에서 환승할 수 있다. 오사카에서 기노사키온천행 특급 코우노도리를 이용해 후쿠치야마에서 환승하는 방법도 있다. 오사카-교토 신칸센은 JR도카이 영업 노선이라 JR니시니혼 발행 패스는 이용할 수 없으므로 반드시 특급이나 쾌속, 보통열차로 이동해야 한다.

③ (코우노도리) 신오사카-오사카-후쿠치야마(하시다테 환승)-아마노하시다테
- 코우노도리 1호 신오사카 08:09-08:14-09:49 하시다테 1호 환승 09:59-10:40
- 코우노도리 5호 신오사카 10:05-10:12-11:43 하시다테 3호 환승 11:53-12:35
- 코우노도리 9호 신오사카 12:05-12:11-13:43 하시다테 5호 환승 13:54-14:33

레트로한 느낌의 교토탄고철도 열차

29 — 오쿠이네온천 奧伊根温泉

기름처럼 매끄러운 온천

아부라야 홈페이지 www.ine-aburaya.com
성분 나트륨, 탄산수소, 염화물천
효능 신경통, 근육통, 관절통, 오십견, 냉증 등

　　오쿠이네온천은 이네노후나야 마을(伊根の舟屋)에서 차량을 이용해 10분가량 달리면 도착한다. 이네 지역 유일의 온천으로 아부라야(油屋) 료칸 바로 아래에서 온천수가 직접 용출되는 천연 온천이다. 온천의 양과 성분, 수질이 매우 탁월하다. 마치 기름 속에 들어간 듯 매끄러워지는 피부를 느낄 수 있다. 탁 트인 수평선과 시시각각 빛이 변하며 저물어가는 바다를 바라볼 수 있는 고즈넉한 온천이다. 밤에

는 바람과 파도 소리를 들으며 별을 바라볼 수 있다. 가격은 조금 비싼 편이고 객실 수가 적어 예약이 어려운 편이다.

이네노후나야(伊根の舟屋)

이네노후나야는 교토부 북부 이네만(伊根湾-伊根浦)에 늘어선 어촌 마을 민가이다. 배의 계류 창고 위에 주거 시설을 갖춘 독특한 형태의 전통 건물들로 이루어져 있다. 에도시대 중기 무렵부터 있던 것으로 추정되며 현재는 200여 동 정도가 남아 있다. 어촌 마을로는 처음으로 전통적 건조물군 보존 지구로 선정되었다. 일본뿐 아니라 해외에도 알려져 매년 30만 명에 가까운 관광객이 방문한다.

바다에서 바라보는 후나야들의 경치, 그리고 후나야의 민박집에서 보는 바다 풍경은 이네마치를 상징하는 관광자원이다. 영화나 드라마의 촬영지로 자주 등장하기도 한다. 후나야는 육지에서 이네만 바다 쪽으로 돌출된 형태로 지어졌다. 1층에는 배를 끌어올려 보관하는 장소인 선양장(船揚場)과 창고 및 작업장이 있으며, 2층은 생활 공간으로 구성되어 있다. 전체 건물의 약 90%는 맞배지붕의 처마가

바다로 향하도록 지어져 있으며 1층
의 바닥은 배를 끌어올리기 위해 약
간 기울어져 있다.

이곳은 해일 발생 가능성이 적은
동해 쪽에 접하고 있다. 와카사만(若
狹湾)에서도 안쪽에 해당하는 이네만

대중교통도 없는 외진 곳이라 미니 트럭을
이용한 이동 슈퍼가 방문한다.

의 뒤에 있는 데다가 이네만 내에는 방풍 역할을 하는 아오시마(靑島)
가 있어 바다의 높은 파도나 폭풍의 영향을 피할 수 있다. 이러한 지
리적 이점 덕에 이곳에 마을이 생기게 된 것으로 보인다. 오스트리아
찰츠 캄머구트의 아름다운 호숫가 마을 할슈타트를 닮았다고 하여
'동양의 할슈타트' 혹은 '일본의 할슈타트'라고 불리기도 한다.

• 이네 관광협회 홈페이지 : www.ine-kankou.jp

이네만 유람선(伊根湾めぐり遊覽船)

이네 후나야 마을에 가기 전, 히노데(日出駅) 버스정류장에 선착장
이 있다. 약 25분간 이네만을 한 바퀴 도는 코스이다.

• 영업시간 : 09:00-16:00(매시간 정각과 30분에 출항)
• 요금 : 대인 1200엔, 소인 600엔

교통편

① 이부라야

사전 예약 시 아마노하시다테역 앞에서 무료 셔틀버스를 이용할 수 있다. 40분 소요. 혹은 이네 후나야 관광 후 이네에서 연락하면 셔틀버스 서비스를 해준다. 일반 대중교통으로는 방문하기 어려우므로 사전 예약은 필수다.

이부라야온천 숙박자 무료 셔틀버스 시간표

아마노하시타테역 출발 14:40 / 아부라야온천 출발 10:00

② 이네노후나야

아마노하시다테역 앞에서 탄카이카이리쿠(丹海海陸)버스를 이용한다. 1시간 소요. 매시간 1편씩 운행한다.

아마노하사다테-이네노 후나야 버스 시간표(2022.10. 1 개정)

08:55	09:59	10:56	11:41	13:02	13:56
14:37	15:11	16:18	17:11	18:31	19:31

이네노후나야-아마노하시다테역 버스 시간표

08:11	09:25	10:30	11:06	11:35	13:05
13:33	14:42	15:08	16:20	16:53	17:56

30 — 기노사키온천 城崎温泉

7개 외탕의 온천 순례, 대게 산지

기노사키온천 관광협회 홈페이지 kinosaki-spa.gr.jp
성분 식염천
용출 온도 37~83℃

효고현 토요오카(兵庫県豊岡)에 있는 온천으로, 아리마온천과 함께 효고현을 대표하는 유명 온천이다. 기노사키온천은 1,300여 년 전부터 알려진, 아주 오랜 역사를 지닌 온천으로 629년에 황새가 상처를 어루만지는 것을 보고 발견되었다는 전설이 있다. 나라시대 초기인 717년 승려 도치(道智)가 천 일간의 수행 끝에 720년에 온천수가 솟아났다는 이야기도 있다. 이에 도치쇼닌(道智上人)이 온센지(温泉寺)를 창건해 지금까지도 기노사키온천의 상징이 되었다. 에도시대에는 바다 안쪽의 으뜸 온천을 뜻하는 '카이다이 다이이치센(海内第一泉)'이라 불렸다.

에도시대에는 서쪽 지방의 최고 온천에 해당하는 니시노오제키(西の大関)를 아리마온천으로, 두 번째에 해당하는 니시노세키와키(西の関脇)로 기노사키온천을 꼽았다고 한다. 당시 기노사키온천가에는 우동, 소바, 스키야키, 단팥죽 등을 파는 식당들이 있었다. 또한 곳곳에서 과일, 생선, 닭, 오리 등의 다양한 식재료들이 들어와 식문화가 매우 풍성했다. 이와 더불어 샤미센, 비파, 거문고 등의 악기와

바둑은 물론 창과 칼을 빌려주는 곳과 각종 놀이장까지 생겨나며 크게 번창했다.

1963년 온천 마을에는 다이시야마(大師山) 정상을 잇는 기노사키 로프웨이가 개통됐다. 로프웨이를 이용해 기노사키온천을 수호하는 절로 알려진 온센지(温泉寺)와 전망대가 있는 산 정상 부근을 쉽게 방문할 수 있다. 이후 급격한 경제성장에 따른 온천 붐이 일어 대규모 온천 관광지로 자리매김할 수 있게 되었다. 기노사키온천의 모든 원천은 1972년도에 만들어진 집중 배탕 관리 시설로 모인다. 이곳에서 온천수의 평균 온도를 57℃로 안정시킨 후 시내에 설치된 배관을 통해 각 외탕 및 여관으로 보낸다.

기노사키온천가(城崎温泉街)

기노사키온천역 앞에서부터 버드나무들이 즐비한 오타니가와(大谿川) 개울을 따라 마을이 형성되어 있다. 개울가 산책로는 7곳의 소

토유(外湯)로 이어진다. 개울에는 여러 개의 다리가 걸쳐 있고 3층 높이의 목조 료칸들이 늘어서 있다. 70여 개의 료칸과 호텔은 대개 가족 경영의 형태로 운영되는데, 20객실 미만의 작은 숙소들이 대부분이다. 이 때문에 개인 혹은 소규모 여행객들을 위한 서비스에 특화되어 있어 개별 여행을 선호하는 서구권 여행자의 비율이 약 30%로 다른 온천보다 매우 높다. 1925년에는 키타타지마(北但馬) 지진으로 인해 마을이 전소되는 사건이 있었다. 온천가에 있는 3층 높이 목조 건물들은 당시의 건물들을 복구하거나 복원한 것들이 대부분이다.

기노사키온천에서는 유카타를 입고 게다를 신고 다녀야 한다. 대부분의 료칸에는 잠옷으로 입는 실내용 유카타와는 온천가를 돌아다니기 위한 외출용 유카타가 따로 준비되어 있다. 유카타의 옷매무새가 흐트러지면 '유카타 고이켄반(ゆかたご意見番)'이라는 간판이 걸린 가게를 찾아가면 차림새를 다시금 정리해 준다. 유카타의 무늬와 색깔 등 모양을 보고 료칸을 확인해 그 료칸의 게다를 내어주는 게소쿠반(下足番, 신발을 관리하고 지키는 사람)도 있다. 기노사키온천가는 바닷가 가까이에 위치해 있어서 여름에는 해수욕을 즐기기 위해, 겨울에는 대게 요리를 맛보기 위해 많은 이들이 방문한다.

7곳의 소토유메구리(外湯めぐり)

대부분의 료칸과 호텔에서는 숙박객에게 7곳의 소토유를 순례하며 입욕할 수 있는 티켓을 준다. 료칸에서 제공하는 외출용 유카타를 입고 게다를 신은 뒤 수건과 목욕용품을 넣은 손가방을 들고 각각의 특색 있는 외부 온천탕들을 방문할 수 있다. 여러 온천탕을 찾아가며 순회하는 것은 기노사키온천의 상징이자 대표적인 즐거움이다. 단, 요일별로 휴관하는 곳이 있으니 사전에 확인하고 가는 것이 좋다.

이치노유(一の湯)

합격 기원, 교통 안전, 그리고 복을 부르는 탕으로 잘 알려져 있다. 일본 제일의 온천이라는 뜻이며 탕 안에는 동굴 온천이 있다.

- 영업시간 : 07:00~23:00(수요일 휴무)
- 요금 : 대인 800엔, 소인 400엔

고쇼노유(御所の湯)

불을 막고 좋은 인연이 성취된다는 뜻을 가지고 있는 미인의 탕이다. 1267년 천황의 누나가 입탕했다는 기록이 있어 '고쇼노유'라는 이름이 붙었다. 뒷산 쪽으로 개방감 넘치는 노천탕이 있다.

- 영업시간 : 07:00~23:00(목요일 휴무)
- 요금 : 대인 800엔, 소인 400엔

만다라유(まんだら湯)

사업 번창, 오곡 풍성, 일생 일원(一生一願)의 탕이다. 노사키온천에는 승려 도치가 천 일 동안 팔만다라경을 외웠더니 온천이 솟아났다는 이야기가 전해온다. 이런 인연에서 '만다라탕'이라는 이름이 붙었다. 자연미 넘치는 뒷산의 경치를 바라보는 노천탕이 인기이다.

- 영업시간 : 15:00~23:00(수요일 휴무)
- 요금 : 대인 800엔, 소인 400엔

야나기유(柳湯)

자식을 얻을 수 있는 탕으로 알려져 있다. 중국의 명승서호(名勝西湖)에서 옮겨 심은 버드나무 아래에서 솟아나 '야나기유(柳湯)'라는 이름이 붙었다. 소토유 중 가장 작은 온천이지만 운치가 있어 방문할 만하다.

- 영업시간 : 15:00~23:00(목요일 휴무)
- 요금 : 대인 800엔, 소인 400엔

지조유(地蔵湯)

가내 안전(家内安全), 수자 공양(水子供養), 중생 구원의 탕이다. 원천에서 지장보살이 나와서 '지조유'라는 이름이 붙었으며, 마당에 지장보살상이 있다.

- 영업시간 : 07:00 ~ 23:00(월요일 휴무)
- 요금 : 대인 800엔, 소인 400엔

코우노유(鴻の湯)

부부 원만, 불로장수, 행복을 부르는 탕이다. 코우노유는 기노사키온천 발견에 대한 또 다른 전설과 관련있는 곳이다. 다리를 다친 황새가 상처를 치유하던 곳에서 온천이 솟아나고 있었으며 그것이 기노사키온천이라는 이야기이다. 황새가 상처를 치유하던 것이 바로 '코우노유'라고 전해지고 있다.

- 영업시간 : 07:00 ~ 23:00(화요일 휴무)
- 요금 : 대인 800엔, 소인 350엔

기차역사온천 사토노유(駅舎温泉 さとの湯)

만남의 탕에 해당하는 온천이다. 입구에는 무료 족탕도 있다. 소토유 중 가장 최근에 생긴 온천으로, 이름처럼 기노사키온천역 바로 앞에 있어 기차를 기다리는 짧은 시간 동안 온천을 즐길 수 있었으나 시설 노후화로 2024년 4월 1일부터 휴관중이다.

- 영업시간 : 13:00~21:00(월요일 휴무)
- 요금 : 대인 800엔, 소인 400엔

기노사키온천 명물 마쓰바가니

기노사키온천이 속해 있는 산인(山陰) 지방에서는 대게(ずわいガニ, 즈와이가니)를 '마쓰바가니(松葉カニ, 솔잎게)'라고 부른다.
그중에서도 기노사키 츠이야마 어항(城崎津居山漁港)에서 어획된 대게를 츠이야마가니(津居山ガニ)라고 한다. 파란색 태그가 붙어 있는 츠이야마가니는 이 지역 명물로 매우 비싼 값에 판매되고 있다. 기노사키역에서 온천 거리로 이어지는 길에는 대게를 비롯해 싱싱한 해산물들을 파는 가게들이 늘어서 있어 구경하는 재미도 있다. 가격이 만만치는 않다.

식당 이나바(いなば)

기노사키역에서 온천가 방향으로 도보 5분 거리에 있는 작은 식당이다. 해산물과 대게 요리를 비교적 부담 없는 가격으로 맛볼 수 있다.

기노사키온천 로프웨이(城崎温泉ロープウェイ)

기노사키온천가와 다이시야마(大師山) 정상을 잇는 로프웨이로 1963년 5월에 개통했다. 산정상역과 기노사키 미술관이 있는 중간 지점에 온센 지역이 있다.

- 요금 : 산 정상(왕복) 대인 1200엔, 소인 600엔 / (편도) 대인 620엔, 소인 300엔
  온센지(왕복) 대인 750엔, 소인 370엔 / (편도) 대인 380엔, 소인 200엔
- 운행 시간 : 매시간 10분, 30분, 50분
- 운휴일 : 매월 둘째, 넷째 목요일(공휴일은 영업)

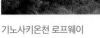

기노사키온천 로프웨이

온센지

신오사카역 또는 오사카역에서 기노사키온천역까지 직통 특급열차 이용

• 코우노도리 1호 신오사카 08:06-08:12-10:58 기노사키온천

• 코우노도리 3호 신오사카 09:04-09:10-11:52 기노사키온천

• 코우노도리 5호 신오사카 10:05-10:12-12:51 기노사키온천

• 코우노도리 9호 신오사카 12:05-12:11-14:54 기노사키온천

• 코우노도리 15호 신오사카 15:05-15:11-16:46 후쿠치야마 환승 16:48-18:00

• 하마카제 1호(히메지 경유) 오사카 09:38-12:27 기노사키온천 (토,일특정일 운행)

• 하마카제 3호(히메지 경유) 오사카 12:23-15:08 기노사키온천(특정일 운휴)

특급 코우노도리

특급 하마카제

JR간사이 와이드패스 모델 코스 일정표

간사이 와이드패스는 5일간 유효하므로 4박 5일 일정으로 여유 있게 2-3곳 돌아볼 수 있으며 오사카를 중심으로 남부 지역을 여행할 때는 텐노지(天王寺)역 부근에 숙소를 정하고, 북부나 서부 지역을 여행할 때는 오사카역이나 신오사카(新大阪)역 부근에 숙소를 정해서 1일 차(또는 2일 차)와 4일 차에는 같은 숙소를 정해서 캐리어 등 무거운 짐은 호텔에 맡기고 2박 3일 온천 여행은 간단한 백팩으로 다니면 편리하다.

❶ 오사카(1박)-시라하마온천(1박)-카이난마린시티-가다온천(1박)-오사카(1박)

1일 간사이공항 입국 JR패스 교환(구매) 후 오사카 이동-특급 하루카(1시간 1-2회) 오사카 관광, 숙박

2일 특급 쿠로시오 3호 신오사카 08:58-(텐노지) 09:21-11:37
시라하마버스 환승 11:37-11:52 토레토레 시장 관광
중식 후 시라하마 해변 온천가 관광(엔게츠도, 산단베키 등),
시라하마온천 호텔(료칸) 숙박

3일 버스 이동 시라하마 쿠로시오 16호 10:26-11:39 카이난(海南)버스 환승
카이난 마린시티 관광, 중식
보통 카이난 14:52-15:05 와카야마 환승
15:45-15:52 와카야마시 / 난카이전철 가다센 환승 15:56-16:20 가다 온천
가다온천가 관광, 숙박

4일 난카이전철 가다 10:27-10:50 와카야마시 / 환승 11:03-11:10 와카야마 환승
(쾌속 와카야마 11:14-12:25(텐노지)-12:43 오사카) 또는 특급 쿠로시오 16호
와카야마 11:50-12:33(텐노지)-12:50 신오사카, 오사카 시내 관광, 숙박

5일 간사이공항 이동 귀국

❷ 교토 또는 오사카(1박)-아마노하시다테·아부라야(1박)-기노사키온천(1박)-
   아라시야마 계곡 사가노 관광열차-교토 아라시야마-교토, 오사카(1박)

1일 간사이공항 입국 JR패스 교환(구매) 오사카 또는 교토 이동-특급 하루카,
     공항쾌속(교토 숙박 경우 오사카역 환승), 시내 관광, 숙박

2일 하루카 신오사카 09:38-10:04 / 하시다테 3호 교토 10:25-12:35
     아마노하시다테 아마노하시다테 히류칸 전망대 관광, 중식
     단카이버스 14:37-15:44 이네 후나야 관광 후 아부라야 셔틀 서비스
     아부라야온천 숙박 또는 이네 후나야 16:53-17:50(17:56-18:53)
     아마노하시다테 숙박

3일 아부라야 셔틀버스 10:00-10:50 아마노하시다테역 / 탄고철도 환승
     12:28-14:04 토요오카 보통열차 환승 14:25-14:35 기노사키온천
     기노사키온천 7가지 외탕 온천 순례, 관광 후 숙박
     (아마노하시다테 숙박의 경우) 아마노하시다테 특급 탄고 랄레이1호
     09:34-10:38 토요오카 환승 10:49-10:58 기노사키온천

4일 (1안) 코우노도리 12호 기노사키온천 09:33-12:23(오사카)-12:29 신오사카
     또는 코우노도리 14호 기노사키온천 11:33-14:23(오사카)-14:29 신오사카
     오사카 시내 관광, 숙박
     (2안) 기노사키 12호 기노사키온천 10:34-12:48 카메오카 / 보통열차 환승
     카메오카 13:06-13:09 우마호리(도보 10분 사가노 토롯코열차 환승)
     토롯코 카메오카역 13:30-13:53 토롯코 아라시야마역
     중식, 아라시야마 관광(아라시야마 대나무 숲, 도게츠교 등)
     사가노아라시야마-교토 JR열차 매시간 4-6회 운행(20분 소요)
     교토-신오사카-오사카 특급, 신쾌속, 쾌속 수시 운행(30-40분 소요)
     시내 관광, 숙박

5일 간사이공항 이동 귀국

❸ 오사카(1박)-히메지성-기노사키온천(1박)-아마노하시다테-탄고온천
(1박)-아라시야마 계곡 사가노 관광철도, 교토 아라시야마-오사카(1박)

1일 간사이공항 입국 JR패스 교환(구매) 오사카 이동-특급 하루카, 공항쾌속
    시내 관광, 숙박

2일 산요 신칸센 노조미 7호 신오사카 09:17-09:46 히메지버스 환승(10분)
    10:00-13:00 유네스코 세계유산 국보 히메지성 관광
    특급 하마카제 3호 13:25-15:08 기노사키온천
    기노사키온천 7가지 외탕 온천 순례, 관광 후 숙박

3일 기노사키 12호 기노사키온천 10:39-10:48 토요오카 탄고릴레이 4호 환승
    10:54-11:54 중식, 아마노하시다테, 이네 후나야 관광(버스 시간표 참조)
    아마노하시다테 온천 숙박 또는 탄고철도 아마노하시다테 15:21-15:55
    아미노 호텔 셔틀, 탄고온천가 관광, 숙박

4일 (1안) 특급 하시다테 2호 아미노 09:17-12:07 교토 / 환승-신오사카-오사카
    오사카 시내 관광, 숙박
    (2안) 하시다테 2호 아미노 09:17-11:49 카메오카 / 보통열차 환승
    카메오카 12:06-12:09 우마호리(도보 10분 사가노 토롯코열차 환승)
    토롯코 카메오카역 12:30-12:53 토롯코 아라시야마역
    중식, 아라시야마 관광(아라시야마 대나무 숲, 도게츠교 등)
    사가노아라시야마-교토 JR열차 매시간 4-6회 운행(20분 소요)
    교토-신오사카-오사카 특급, 신쾌속, 쾌속 수시 운행(30-40분 소요)
    시내 관광, 숙박

5일 간사이공항 이동 귀국

❹ 오사카(1박)-히메지성-기노사키온천(1박)-아리마온천(1박)-오사카(1박)

1일 간사이공항 도착 JR패스 교환(구매) 오사카 이동-특급 하루카, 공항쾌속 시내
    관광, 숙박

2일 산요 신칸센 노조미 7호 신오사카 09:17-09:46 히메지버스 환승(10분)

10:00-13:00 유네스코 세계유산 국보 히메지성 관광

특급 하마카제3호 13:25-15:08 기노사키온천

기노사키온천 7가지 외탕 온천 순례, 관광 후 숙박

3일 코우노도리 12호 기노사키온천 09:33-11:49 산다 / 산다센(神鉄三田線) 환승

12:08-12:28 아리마구치 / 아리마센 환승 12:34-12:38 아리마온천 또는

코우노도리 14호 기노사키온천 11:33-13:49 산다 / 산다센 환승 14:08-14:28

아리마구치 / 아리마센 환승 14:34-14:38 아리마온천

아리마온천가 관광, 숙박

4일 아리마온천-아리마구치-신고베-신오사카

(이 구간은 환승 연결편 열차가 수시로 있어 편리한 시간에 이용하면 된다.)

오사카 시내 관광, 숙박

5일 간사이공항 이동 귀국

❺ 간사이공항-시라하마온천(1박)-오사카(1박)-기노사키온천(1박)-아라시야마
   계곡 사가노 관광열차-교토 아라시야마-교토, 오사카(1박)

오전 항공편으로 간사이공항 도착 후 JR패스 교환(구입) 후 공항쾌속으로 이동

1일 • 간사이공항-히네노/환승 쿠로시오 11호 12:57-14:41 시라하마버스15:05

• 간사이공항-히네노/환승 쿠로시오 13호 13:57-15:47 시라하마버스 16:00

• 간사이공항-히네노/환승 쿠로시오 17호 15:57-17:41 시라하마버스17:58

시라하마온천 관광, 숙박

2일 시라하마 쿠로시오 16호 10:26-12:50 신오사카

오사카 시내 관광(오사카성, 도톤보리, 카이유칸 등), 숙박

3일 산요 신칸센 노조미 7호 신오사카 09:17-09:46 히메지버스 환승(10분)

10:00-13:00 유네스코 세계유산 국보 히메지성 관광

특급 하마카제 3호 13:25-15:08 기노사키온천

기노사키온천 7가지 온천 순례, 관광 후 숙박

4일 기노사키 12호 기노사키온천 10:39-12:48 카메오카 / 보통열차 환승

카메오카 13:06-13:09 우마호리(도보 10분 사가노 토롯코열차 환승)

토롯코 카메오카역 13:30-13:53 토롯코 아라시야마역

중식, 아라시야마 관광(아라시야마 대나무 숲, 도게츠교 등)

사가노아라시야마-교토 JR열차 매시간 4-6회 운행(20분 소요)

교토-신오사카-오사카 특급, 신쾌속, 쾌속 수시 운행(30-40분 소요)

시내 관광, 숙박

5일 간사이공항 이동 귀국

❻ 간사이공항-시라하마온천(1박)-교토(1박)-아마노하시다테, 이네 후나야 아부라
유(1박)-아라시야마 계곡 사가노 관광열차-교토 아라시야마-교토(1박)

오전 항공편으로 간사이공항 도착 JR패스 교환(구입)후 공항쾌속으로 이동

1일 • 간사이공항-히네노/환승 쿠로시오 11호 12:57-14:43 시라하마버스15:05

• 간사이공항-히네노/환승 쿠로시오 13호 13:57-15:41 시라하마버스16:00

• 간사이공항-히네노/환승 쿠로시오 17호 15:57-17:38 시라하마버스17:58

시라하마온천 관광, 숙박

2일 시라하마 쿠로시오 16호 10:26-12:50 신오사카-교토 신쾌속 환승 35분

교토 시내 관광(킨가쿠지, 기요미즈테라, 니조성 등), 숙박

3일 하시다테 3호 교토10:25-12:35 아마노하시다테

아마노하시다테 히류칸 전망대 관광, 중식

단카이버스 14:37-15:44 이네 후나야 관광 후 아부라야 셔틀 서비스

아부라야 온천 숙박 또는

이네 후나야 16:53-17:50(17:56-18:53) 아마노하시다테 숙박

4일 (이네 아부라야 료칸 숙박 경우)

셔틀버스 10:00-10:50 아마노하시다테 환승

탄고릴레이 4호 11:54-12:34 후쿠치야마 환승

기노사키 14호 12:43-13:49 카메오카/보통열차 환승

카메오카 14:06-14:09 우마호리(도보 10분 사가노 토롯코열차 환승)

토롯코 카메오카역 14:30-14:53 토롯코 아라시야마역

아라시야마 관광(아라시야마 대나무 숲, 도게츠교 등)

사가노아라시야마-교토 JR열차 매시간 4-6회 운행(20분 소요)

교토 시내 관광, 숙박

(아마노하시다테 숙박 경우)

하시다테 2호 아마노하시다테 09:57-11:49 카메오카 / 보통열차 환승

카메오카 12:06-12:09 우마호리(도보 10분 사가노 관광열차 환승)

토롯코 카메오카역 12:30-12:53 토롯코 아라시야마역

중식, 아라시야마 관광(아라시야마 대나무 숲, 도게츠교 등)

사가노아라시야마-교토 JR열차 매시간 4-6회 운행(20분 소요)

교토 시내 관광, 숙박

5일   교토-간사이공항 공항특급 하루카 이동 귀국

간사이와이드 패스를 이용해서 갈 수 있는 명소

1. 일본 3대 정원-고라쿠엔(後楽園)

오카야마역에서 노면전차나 버스로 10분거리에 있으며 봄 벚꽃, 가을 단풍이 특히 아름다우며 후문으로 나가 다리를 건너면 까마귀성으로도 불리는 검은색의 오카야마 성이 있다.

2. 쿠라시키의 아름다운 전통 마을 비칸치쿠(美観地区)

쿠라시키역에서 도보 10분 거리에 작은 개울을 사이로 아름다운 가옥들이 줄지어 있으며 옛 방적공장을 개조한 이색적인 호텔 아이비 스퀘어가 있다.

JR
돗토리. 마쓰에 패스
3일권

미사사온천, 토고온천·하와이온천,
신지코온천, 다마쓰쿠리온천
이즈모시 유노카와온천

　산인 오카야마 패스 4일권 발매가 폐지되고 산인지방의 돗토리,
마쓰에 지역 3일권으로 축소되어 여행할 수 있는 지역 범위는 작아
졌지만 요나고(米子)공항으로 입국시 유용한 패스로 JR패스 중 가격
이 저렴한 패스로 연속 3일간 이용해 돗토리 지역과 마쓰에, 이즈모
등지의 산재해 있는 온천들과 자연, 문화유산들을 돌아볼 수 있다.
　간사이공항이나 오카야마 공항 입국시에는 간사이 산인 패스 7일
권을 구입 후 이용할 수는 있으나 사용 일정이 길고 가격이 비싼편이
다(17,000엔).

• 가격 : 대인(만12세 이상) 4,000엔, 소인(만6-11세) 2,000엔

31 — 미사사온천 三朝温泉

세 번의 아침을 맞으면 미인이 되고 치유가 된다

미사사온천 홈페이지(한국어) misasaonsen.jp/ko
성분 방사능, 나트륨, 염화물천, 단순천
　　　 라듐 및 라듐이 알파붕괴된 라돈이 함유되어 있어 세계 유수의 방사능천이며 일부 료칸
　　　 에는 고농도의 트론을 포함한 온천도 있다.

　　돗토리현을 대표하는 유명 온천으로 오랜 역사를 지니고 있으며, 일본 100경에 들어간다. 헤이안시대 말기인 1164년 무장의 가신이 가문의 재건을 기원하기 위해 미토쿠산 산부츠지(三徳山三仏寺)로 가던 중 녹나무 고목 아래서 온천이 솟아나는 것을 발견했다고 한다. 과거 그가 목숨을 구해주었던 흰 늑대가 온천의 위치를 알려줬으며, 그 온천은 원탕에 해당하는 '카부유(株湯)'라고 한다. 카부유는 온천가를 조금 벗어난 조용한 주택가 안에 있어, 현지 주민들이 많이 이용하고 있다.

　　'미사사(三朝)'라는 온천 이름의 유래에는 여러 가지 설이 있는데,

카부유(株湯)

야쿠시노유(薬師の湯) 족탕

그중 '세 번째 아침이 될 무렵에는 병이 낫는다' 또는 '세 번의 아침을 맞으면 미인이 된다'는 설에서 비롯되었다. 19세기 말 이후에는 많은 문인들이 방문했으며 2014년, 개탕 850년을 맞이했다. 라듐 및 라듐이 알파 붕괴된 라돈이 함유되어 있어 세계 유수의 방사능천으로 꼽힌다. 일부 료칸에는 고농도의 트론을 포함한 온천도 있다.

미사사온천가(三朝温泉街)

미토쿠가와(三徳川) 강변 양쪽과 미사사바시(三朝橋) 주변에 있는 온천 마을에는 전통적인 일본식 료칸이 많다. 돌이 깔린 온천 대로에는 아담한 료칸과 음식점, 스낵점, 기념품 가게, 고미술점, 놀이장 등이 늘어서 운치 있는 온천 거리를 형성하고 있다. 미사사 바이올린 미술관과 온천가 갤러리도 있으며, 퀴리 광장이라 일컫는 소규모 야

외무대와 퀴리부인 흥상도 볼 수 있다.

미사사온천은 요양 온천답게 온천 요법을 활용해 환자를 치료하는 병원과 연구 시설이 있다. 온천 수질에 따라 온천풀 요법, 온천수 음용 요법 등 다양한 치료법이 사용되고 있다. 20여 곳의 료칸, 호텔의 대부분이 온천가에 있는 병원의 진찰과 조합하는 등 현대적인 온천 치료에 대응하고 있다.

장기 체류자를 위해 다소 저렴한 료칸이나 자취형 숙소도 있어 관광과 탕치(온천 치료)를 함께 진행할 수 있다. 소믈리에를 모방한 '입욕 어드바이저 라딤리에(ラヂムリエ)'가 있는 료칸도 특징적이다.

또한 미사사온천가에는 수년 전 방영된 한국 드라마 〈아이리스2〉의 촬영지임을 알리는 포스터도 있다.

소토유(外湯)

24시간 내내 무료로 이용 가능한 카와라노유(河原風呂-川原の温泉)와 공중 온천탕 타마와리노유(たまわりの湯)는 미사사바시(三朝橋) 다리 아래 강가에 있다. 위치 특성상 온천을 하는 사람의 모습이 다리 위에서도 그대로 보여 선뜻 이용하기가 쉽지는 않다.

카와라노유   타마와리노유

료칸 코라쿠(後楽)

대형 호텔, 료칸과 달리 전통 일본식 료칸의 정취를 맛볼 수 있는 곳이다. 다만 노천탕이 탁 트인 맛이 없어 약간 답답한 느낌이 드는 점은 아쉽다.

다양한 료칸

미사사온천에는 작지만 360여 년의 오랜 역사를 자랑하는 료칸 니시토칸(西勝館)을 비롯해, 다양한 료칸들이 있다. 그중 미사사온센

미사사온센 미사사칸

(상) 이잔로 이와사키 / (하) 유카이리조트 미사사온센 사이키벳칸

미사사칸(三朝温泉 三朝館), 이잔로 이와사키(依山楼 岩崎), 유카이리조트 미사사온센 사이키벳칸(湯快リゾート三朝温泉斉木別館)이 유명하다.

교통편

미사사, 토고, 하와이 온천 모두 쿠라요시역에서 호텔 셔틀로 갈 수 있다.

① 돗토리역-쿠라요시역 호텔셔틀버스-미사사온천/토고.하와이온천
- 슈퍼오키 3호   09:44-10:12 쿠라요시 호텔셔틀버스
- 슈퍼마쓰카제 5호 11:40-12:08 쿠라요시 호텔셔틀버스

- 슈퍼하쿠토 1호　　10:14-10:43 쿠라요시 호텔셔틀버스
- 슈퍼마쓰카제 5호　11:40-12:08 쿠라요시 호텔셔틀버스
- 슈퍼하쿠토 3호　　12:03-12:30 쿠라요시 호텔셔틀버스
- 슈퍼하쿠토 5호　　13:32-14:05 쿠라요시 호텔셔틀버스
- 슈퍼마쓰카제 7호　15:14-15:44 쿠라요시 호텔셔틀버스
- 슈퍼하쿠토 7호　　15:30-16:05 쿠라요시 호텔셔틀버스
- 슈퍼마쓰카제 9호　17:43-18:11 쿠라요시 호텔셔틀버스
- 슈퍼마쓰카제 11호 18:42-19:11 쿠라요시 호텔셔틀버스

② 마쓰에 - 요나고- 쿠라요시역 호텔셔틀버스 - 미사사온천
- 슈퍼마쓰카제 6호 마쓰에 09:26-09:52 요나고-10:23 쿠라요시 호텔셔틀
- 슈퍼마쓰카제 8호 12:23 요나고-12:59 쿠라요시 호텔셔틀
- 슈퍼마쓰카제 10호 마쓰에 14:29-14:55 요나고-15:26 쿠라요시 호텔셔틀
- 슈퍼오키 4호 마쓰에 16:46-17:13 요나고-17:43 쿠라요시 호텔셔틀
- 슈퍼마쓰카제 12호 마쓰에 18:06-18:40 요나고-19:11 쿠라요시 호텔셔틀

JR간사이 산인패스 7일권을 사용하는 경우에는 간사이공항 교통편도 함께 이용할 수 있고 보다 광범위하게 다닐 수 있어 비싸긴 하지만 편리하다.

특급 이나바 / 특급 슈퍼하쿠토. 1호차에서는 앞 유리창을 통해 앞쪽 경치를 즐길 수 있다.

32 — 토고온천·하와이온천 東郷温泉·はわい温泉

토고 호반 온천

토고·하와이온천 홈페이지(한국어) www.hawai-togo.jp/lang/kr

성분 토고온천 : 나트륨, 칼슘-염화물, 황산염천

하와이온천 : 황산염천(나트륨, 칼슘-염화물, 황산염천)

용출 온도 토고온천 : 85-94℃ / 하와이온천 : 50℃

토고온천(東郷温泉)

1749년의 문서에도 온천이 있었다고 전해진다. 당시에는 호수 밑 바닥에 대나무 통을 꽂아 온천수를 끌어 올렸다고 한다. 1868년경부터 지역 유지들이 토고가와 하구 왼쪽 호반에 원천을 개발해 '요조칸(養生館)'이라는 별장을 지어 마을 주민들에게 개방한 것을 계기로 본격적으로 온천을 이용하기 시작하였다. 요조칸은 1884년부터 료칸 영업을 시작해 지금도 온천 료칸으로 운영되고 있다.

1900년대 초에는 마쓰자키역에 가까운 곳에서 46℃의 새 원천인 '마쓰자키온천'이 발견되어 료칸들이 새로 생겨났다. 1953년에는 마쓰자키초와 토고초가 '토고초'로 합병되면서 온천의 이름도 '토고온천'이 되었다. 토고온천은 1930년대 돗토리현 2위의 온천지였으나 지금은 단 2곳의 료칸만 남아 있다.

토고온천가(東郷温泉街)

현재는 요조칸(養生館)과 수메이소(水明荘, 국민 숙소) 2곳만 남아 있

다. 옆에는 일본 최대의 중국 정원 엔초엔(燕趙園)이 있다. 토고호 가운데 바닥에서도 온천이 솟아나고 있어 김이 호수 위에 자욱하게 올라온다. 2곳에 족탕이 설치되어 있으며 온천 분수에서는 계란을 삶을 수 있다.

코센가쿠 요조칸(湖泉閣 養生館)

토고온천의 최초 발상지로 140년의 역사를 가지고 있다. 건물 배치가 다소 평면적인 구성이라 하와이온천보다는 호수 경치가 조금 아쉽다고 여겨진다. 그러나 넓은 정원, 토고호를 마주하고 있는 여러 개의 노천 온천 및 개인적 사용이 가능한 대절 온천은 코센가쿠 요조칸의 장점이다. 다양한 가격대의 숙박 플랜을 선택할 수 있다.

하와이온천(はわい温泉)

1843년 한 어부가 토고호의 바닥에서 온천수가 솟아나고 있는 것을 발견했다. 어부는 온천수를 이용하면 물을 끓일 장작을 모으는 수고를 덜고, 농사 능률을 향상시킬 수 있다고 돗토리번(鳥取藩)에 청원했다. 이후 본격적으로 하와이온천이 개발되었다. 1866년에는 호수 바닥에 대나무 통을 꽂아 온천수를 끌어올린 뒤 호수 위에 띄운 배의 물통에 온천수를 모았다. 이렇게 모인 온천수는 배 위에서 온천으로 이용됐다. 이는 '아오조라유바(青空湯場)'라고 불리며 19세기까지 계속됐지만, 풍랑으로 흔들리거나 배가 떠내려가는 등 불편이 있어 1880년에 없어졌다. 1886년 호숫가를 매립하고 새로운 시추가 진행되며 온천 료칸들이 개업하게 되었다. 지금의 명칭인 하와이온천(はわい温泉)은 옛이름 '羽合温泉'을 1998년 히라카나 표기로 바꾼 것이다. 하와이라는 지명의 기원은 가마쿠라시대에 이곳을 하쿠이다(伯井田, '하와이다')라고 부른 데서 출발한다. '하쿠이다'는 '하와이다(羽合田)'로 와전되었다가 '하와이(羽合)'가 되었다고 한다.

하와이온천은 미사사 토고호 현립자연공원에 포함되어 있다. 그리고 온천가 일부는 토고호하와이 임해공원으로 지정되어 있다. 돗토리현에서는 네 번째로 방문객이 많은 온천이다. 수질은 토고온천과 같다. 원래는 토고호의 밑바닥에서 용출되었지만 현재는 호수를 매립해 여러 곳의 원천을 공동으로 이용하고 있다.

하와이온천가(はわい温泉街)

호수를 매립한 장소에 온천가가 있어 강 건너에서는 호수 위에 료칸이 떠 있는 것처럼 보인다. 호숫가에서 호수 안 누각 속에 있는 온천을 나무다리로 연결한 보코로료칸(望湖楼旅館)은 하와이온천가에서만 만날 수 있는 인상적인 장소이다. 불을 밝혀 밤에도 빛나는 다리는 색다른 온천 정취를 느끼게 해준다. 호수 밑바닥에서 온천수가 끓고 있기 때문에 호수에 물안개가 끼는 경우가 많다.

온천가에 있는 7곳의 온천 시설을 정비하여 '시치후쿠진노유(七福神の湯)'라고 부르고 있다. 이는 칠복신의 이름을 딴 명칭이다. 과거에는 하와이온천을 찾는 사람들이 그리 많지 않았으나 1980년부터 방문객이 점차 늘기 시작해 현재는 매년 60만 명 이상이 방문한다. 돗토리현에서도 손꼽히는 온천지로 발전하게 되어 마을 이름도 온천을 상징하는 '湯' 자가 쓰인 유리하마초(湯梨浜町)로 변경하였다. 참고로 주변에 편의점이 없어 택시를 타고 나가야 하는 불편함이 있다.

보코로(望湖楼)

토고호 호수와 맞닿아 있는 대형 호텔이다. 객실에서 마치 호수에 떠 있는 듯한 느낌을 받으며 호수의 경치를 만끽할 수 있다. 구름다리를 건너가는 호수 가운데 누각에 있는 노천 온천은 이 호텔의 상징이자 자랑이다.

센넨테이(千年亭)

역시 호수와 맞닿아 있는 전통 료칸으로 입구부터 일본 전통 료칸의 분위기를 느낄 수 있다. 호수와 바로 붙어 있는 노천 온천은 마치 호수 속에 있는 듯하다.

하고모로(羽衣)

객실과 노천 온천에서 보이는 빨간색 일본 전통 아치형 다리와 정원이 마치 한 폭의 그림 같다. 풍경이 아름다운 료칸으로 손꼽힌다.

교통편

미사사온천과 마찬가지로 쿠라요시역에서 호텔 셔틀버스로 간다. 약 10분 소요된다.

33 — 신지코온천 宍道湖温泉

물의 도시 마쓰에 신지코 호숫가

신지코 온천조합 홈페이지 www.shinjiko-onsen.jp
성분 나트륨, 칼슘, 황산염, 염화물천
용출 온도 77℃

시마네현 마쓰에시(島根県松江市) 신지코 호숫가에 있는 온천이다. 신지코 호숫가는 재첩으로 유명한 곳이다. 신지코 온천은 1971년 1,250m 깊이의 시추를 실시해 개발되었다. 국보인 마쓰에성과 호리카와강 유람선 관광을 한 뒤 여행의 피로를 풀기에 좋은 온천이다.

신지코온천가

마쓰에역에서 시내 순회 관광버스인 레이크라인으로 30분 정도 걸린다. 신지코호의 호반을 따라 8곳의 료칸과 호텔이 있다. 이치바타전차(一畑電車) 신지코 온천역 앞에는 족탕도 있다.

일본 국보 마쓰에성(日本国宝 松江城)

1600년 세키가하라 전투에서 큰 공을 세운 호리오 타다우지(堀尾 忠氏)가 오키(隱岐)·이즈모(出雲)지역의 24만 석을 얻어 마쓰에번(松江 藩)을 세우고 1607년부터 축성을 시작해 1611년 완공한 곳이다. 일 본 역사의 변방에 속한 성으로 평가받긴 하지만 1871년 메이지시대 에 폐성되기까지 200여 개 성 중 현재까지 원형 그대로 남아 있는 12 개 성 천수각 중에서도 일본 국보로 지정 관리되고 있는 5개 성 중 하 나이다. 천수각에는 무사 갑옷과 무기를 비롯해 전국 각 지역에 위치 한 성의 사진들을 볼 수 있다. 맨 위층에서 마쓰에 시내 전경을 360 도 내려다볼 수 있다.

- 관람 시간 : 4월 1일-9월 30일 08:30-18:30 / 10월 1일-3월 31일 08:30-17:00
- 입장료 : 대인 680엔, 소인 290엔

호리카와강 유람선(堀川めぐり, 호리카와 메구리)

뱃사공이 모는 나룻배를 타고 마쓰에성과 마쓰에 시내 지구를 감 싸고 흐르는 호리카와강을 유람할 수 있다. 강가의 우거진 나무들과 전통 가옥들, 나무들 사이로 보이는 마쓰에성을 둘러보며 약 50분간 일주하는 코스이다. 다리 밑을 지날 때 뱃사공이 불러주는 구성진 일본 전통 가락은 뱃놀이의 즐거움을 더해준다.

- 운행 시간 : 3월 1일-9월 30일 09:00-17:00(20분 간격)
  / 10월 1일-2월 28일 09:00-16:00(20분 간격) /
  8월 16일-10월 10일 09:00-17:00(20분 간격) / 10월 11일-11월 30일 09:00-16:00
  (20분 간격) / 12월 1일-2월 말 09:00-16:00(30분 간격)
- 요금 : 1일권 1,600엔

스시 전문점 나니와스시(浪花寿司)

1887년 개업하여 5대째 이어지고 있는 130여 년의 역사를 가진 스시집이다. 겨울이 추운 산인(山陰) 지방에서 따뜻하게 먹을 수 있도록 나무 상자에 쪄서 나오는 무시스시(むし寿司)를 처음으로 개발해 마쓰에의 명물 초밥으로 탄생시킨 식당이다. 2명이 가면 생선 초밥(니기리스시, にぎりすし) 2인분과 무시스시 1인분을 함께 시키면 적당하다. 사진첩으로 메뉴가 정리되어 있어 주문하기 쉽다. 가격대도 1,000-2,000엔으로 저렴한 편이라 현지인의 사랑을 받고 있다.

- 영업시간 : 점심 10:00-14:30(최종 주문 14:10) / 저녁 16:30-19:30(최종 주문 19:10)
- 휴무 : 매주 목요일 / 수요일은 월 2회 휴무이므로 사전 확인이 필요하다.
- 전화 : 0852-21-4540

마쓰에 신지코온천 호텔 이치바타(松江宍道湖温泉 ホテル一畑)

신지코 호수가 바로 보이는 온천 호텔이다. 최상층에서 탁 트인 전망의 온천을 즐길 수 있으며 작은 전망의 노천 온천도 이용 가능하다. 전반적으로 시설이 깔끔하다.

교통편

돗토리-쿠라요시-요나고-마쓰에-타마쓰쿠리

- 슈퍼오키 3호   09:44-10:12-10:50-11:15-11:21
- 야쿠모 7호   12:26-12:49-12:55
- 야쿠모 9호   13:26-13:49-13:55
- 야쿠모 11호   14:26-14:54-15:00
- 슈퍼오키 5호   13:52-14:21-14:56-15:19-15:24
- 슈퍼마쓰카제 7호   15:14-15:44-16:21-16:46-16:51
- 야쿠모 15호   16:28-16:53-17:01
- 야쿠모 15호   18:32-18:57-19:03

특급 야쿠모호(やくも号)

34 — 다마쓰쿠리온천 玉造温泉

신의 탕(神の湯)

다마쓰쿠리온천 료칸조합 홈페이지 tamayado.com
성분 황산염-염화물천
용출 온도 42℃ 이상

    다마쓰쿠리온천은 마쓰에시(島根県松江市)에서 열차로 10분 거리에 있는 온천으로 타마유마치 다마쓰쿠리(玉湯町玉造)에 있다. 1,400여 년 전인 헤이안시대부터 삼명천(三名泉)으로 불려왔다. 온천의 역사 및 규모 등의 측면으로 봤을 때 시마네현 최고의 온천지로 꼽힌다. 고대 나라시대(奈良時代)에 발견됐다고 전해지고 있다. '신의 탕'을 뜻하는 '카미노유(神の湯)'로 유명하다.

    '다마쓰쿠리(玉造)'라는 이름은 인근의 화선산(花仙山)에서 좋은 청마노(青瑪瑙, 줄무늬 옥의 일종)를 캐서 고을 사람들이 옥 만드는 일에 종사했던 데서 유래했다고 전해진다. 천황의 상징인 세 가지 신기(신으로부터 내려받은 거울과 검과 옥) 중의 하나인 야사카니노마가타마(八尺瓊勾玉, 팔척경곡옥)도 이곳에서 만들었다고 한다.

다마쓰쿠리온천가(玉造温泉街)

    타마유가와(玉湯川) 개울을 따라 양쪽으로 벚꽃 길과 료칸들이 나란히 서 있다. 스키야즈쿠리의 고급 일본식 료칸들은 차분하고 격조

있는 외관을 하고 있다. 스키야즈쿠리란 풍류를 도입한 일본의 전통적인 건축 양식을 의미한다. 요금은 다소 비싼 편이다. 시마네현의 명소인 마쓰에성과 이즈모타이샤(出雲大社)도 가까워 방문이 용이하다. 가운데 개울이 흐르고 양쪽으로 료칸과 상점들이 늘어선 전형적인 온천 마을이다.

복합 온천 시설 다마쓰쿠리온천 유~유(玉造温泉ゆ~ゆ)

'다마쓰쿠리온천 유~유'는 현재 시설이 노후화되어 리모델링을 검토 중이라 영업 여부를 확인해야 한다.

- 영업시간 : 10:00-22:00(휴관 : 월요일, 공휴일 익일)
- 요금 : 대인 600엔, 소인 300엔

교통편

마쓰에역 다음 특급역인 다마쓰쿠리온천역(마쓰에역에서 5분 추가소요 – 신지코온
천 시간표 참조)에서 각 호텔 셔틀을 이용하면 된다.

35 — 이즈모시 유노가와온천 出雲市湯の川温泉

3대 미인탕과 천황 헌상 소바

유노가와온천 홈페이지 yunokawaonsen.jp
성분 나트륨, 칼슘-황산염, 염화물천
용출 온도 50.2℃

시마네현 이즈모시(島根県出雲市)에 있는 온천이다. 1989년 와카야마현의 류진온천(龍神温泉), 군마현의 가와나카온천(川中温泉)과 함께 일본 3대 미인탕(三美人の湯)으로 자매결연을 맺었다.

유노가와온천가(湯の川温泉街)

산인혼센(山陰本線) 쇼바라역(荘原駅)에서 도보로 15분 정도 거리에 있는 작고 한적한 온천 마을이다. 숙박 시설 6곳과 테마파크 '이즈모일리스(出雲いりす) 언덕'이 있다. 신화시대에 등장하는 야카미히메(八上姫)에 대한 전설

이 전해져 내려온다. 온천지에는 야카미히메 신사의 사당이 있다.

히카와비진노유(ひかわ美人の湯)

히카와비진노유는 당일치기 온천인데, 유노카와온천수에는 붕산

이 다량으로 포함되어 있어 일본 3대 미인탕으로 칭해진다. 온천 주위에 낙엽수 등을 심은 넓은 노천탕에서는 대자연을 느낄 수 있다. 바람에 흔들리는 나무 소리와 해질녘의 낙조를 함께 즐기며 온천을 경험하기를 바란다.

- 영업시간 : 10:00-21:30
- 요금 : 대인 700엔, 65세 이상 500엔, 소인 400엔
- 전화 : 0853-72-5527

온천 료칸 시키소(四季莊)

온천 마을 위쪽에 있는 료칸이다. 시키소의 노천탕은 나무들로 둘러싸여 있어 이즈모의 자연을 느끼기에 적합하다. '시키소 레스토랑'은 그날의 제철 현지 식재료를 사용한 점심 메뉴 오마카세고젠(おまかせ御膳)을 부담 없는 가격인 1,000엔에 제공한다 월, 수, 금요일은 레스토랑 DAY로 운영되어 식사를 한 사람들에게 입욕권을 준다. 장

어덮밥 도시락 세트나 와규 스테이크 덮밥 도시락 세트를 저녁 식사로 제공하는 비교적 가성비 좋은 숙박 플랜도 있다.

이즈모소바(出雲蕎麦)

이즈모 지방의 대표적인 명물인 이즈모소바는 메밀 껍질까지 맷돌로 갈아 넣고 대대로 이어져온 수타 기술로 만들어진다. 메밀향이 진하고 풍미가 좋은 일본 최고의 소바(메밀국수)로, 일본 3대 소바 중 하나로 꼽힌다. 특히 이즈모 지방에는 이즈모타이샤(出雲大社)를 비롯한 큰 신사가 많아 참배 후 신사 문 앞 가게에서 소바를 먹는 것이 서민들에게는 큰 즐거움이었다고 한다.

이즈모소바는 '와리코소바(割子そば)'라고 하는 3단으로 포개지는 둥근 칠기에 삶은 소바를 담아 낸 다음 독특한 방법으로 먹는다. 양념과 쯔유(맛간장) 용기가 따로 있는데, 에도시대 마쓰에 한량들이 소바를 야외에서 먹기 위해 도시락통으로 사용했던 것에서 유래했다.

'와리코'는 찬합을 이즈모에서 부르던 말로 노송나무에 두터운 옻칠을 입힌 용기이다. 과거에는 와리코를 사각형, 마름모꼴 등 다양한 모양으로 만들었다. 그러나 와리코를 사각형으로 만들면 네 귀퉁이를 씻기 어려워 위생적으로 문제가 있다고 생각한 마쓰에 경찰서장의 제안으로 1907년 이후 찬합은 원형의 모양을 갖추게 되었다. 당시에는 경찰이 식품 위생을 관할하고 있었다고 한다. 다른 지방에서는 소바를 주로 쯔유에 살짝 찍어 먹지만 이곳에서는 쯔유를 주전자에 따로 넣고 부은 뒤 그 위에 파, 무즙, 김, 가다랑어포 등의 양념을 얹어 먹는다. 이 때문에 쯔유를 넣는 주전자의 입이 유독 좁아져 있다. 3단의 경우, 우선 제일 위의 와리코에 쯔유를 넣고 소바를 먹는다. 다 먹고 나면 남은 국물을 2단 째에 부어 먹는다. 이런 식으로 국물을 돌려가며 위층부터 순서대로 먹는 것이 정석이다. 최근에는 각종 양념과 재료를 풍부하게 올리거나 계란 노른자 등을 추가한 형태도 종종 볼 수 있다. 그러나 이들을 전통적인 와리코소바라 보기는 어렵다.

겐조소바(献上蕎麦) 하네야(羽根屋) 본점

하네야는 에도시대 말기에 창업된 곳이다. 1907년 5월, 다이쇼 천황(大正天皇)이 황태자이던 시절 산인 지방으로 순행왔을 당시 그는 이즈모시에 머무르고 있었다. 그때 헌상된 소바를 먹고 "전원의 향기를 품은 듯 풍미가 의외로 마음에 들었다"는 평을 내렸다고 한다. 이때부터 하네야는 '겐조소바(献上蕎麦, 헌상 소바)'라는 이름을 허락받게 되었다. 1965년 5월 쇼와 천황(昭和天皇)과 황후의 산인 지방 순행 당시 저녁상을 헌상하기도 했다. 이처럼 하네야는 여러 차례에 걸쳐 황실과 황족들에게 헌상한 것으로 알려져 유명세를 얻게 되었다.

- 영업시간 : 11:00-15:00 / 17:00-19:30(1월 1일 휴무)
- 가격 : 3단 와리코소바 900엔, 3단 3色와리고소바 1,050엔, 덴푸라 및 각종 정식 800엔-2,000엔

① 특급 야쿠모 이용 요나고-이즈모시역(出雲市駅)에서 보통열차 환승 쇼바라역 (莊原駅)하차 셔틀버스, 택시 또는 도보 10-20분

• 야쿠모 3호 10:25-11:12 이즈모시 11:48-11:59 쇼바라
• 야쿠모 5호 11:26-12:17 이즈모시 12:47 - 13:05 쇼바라
• 야쿠모 7호 12:26-13:15 이즈모시 13:44 - 13:55 쇼바라
• 야쿠모 9호 13:26-14:18 이즈모시 14:54 - 15:05 쇼바라
• 야쿠모 13호 15:29-16:19 이즈모시 17:13 - 17:24 쇼바라
• 야쿠모 15호 16:28-17:24 이즈모시 18:01 - 18:12 쇼바라
• 야쿠모 17호 17:32-18:31 이즈모시 19:00 - 19:12 쇼바라

※ 요나고역, 신지코온천(마쓰에역), 다마쓰쿠리온천에서 오는 경우는 각 시간표에서 각 역의 도착 시간이 이즈모시 방면 승차 시간으로 보면 된다.

② 돗토리.쿠라요시에서 오는 경우 산인혼센 특급이용

• 슈퍼오키 3호 돗토리 09:44 쿠라요시 10:12-11:39 이즈모시 11:48-11:59 쇼바라
• 슈퍼마츠카제 5호 돗토리 11:40 쿠라요시 12:09-13:25 이즈모시 13:44-13:55 쇼바라
• 슈퍼오키 5호 돗토리 13:52 쿠라요시 14:20-15:46 이즈모시 16:06-16:22 쇼바라
• 슈퍼마츠카제 7호 돗토리 15:14 쿠라요시 15:44-17:13 이즈모시 18:01-18:12 쇼바라

JR돗토리. 마쓰에패스 모델 코스 일정표

기본적으로 에어서울이 운항하고 있는 요나고 공항 입.출국 항공편을 중심으로 돗토리, 요나고와 시마네현의 마쓰에, 이즈모시 명소들도 같이 여행할 수 있는 일정을 포함했다.

[3박 4일]

JR 돗토리.마쓰에 패스는 연속 3일권이므로 3박4일의 경우 첫날 혹은 마지막날은 요나고-요나고 공항 구간은 표를 구입해야한다(240엔). 3박 4일 코스는 요나고에서 1일 차 3일 차를 숙박하며 각 온천지 중 한 곳을 선택하여 1박 하고 오는 일정이나 요나고 입국 후 바로 오후에 출발하여 2곳의 온천에서 1박씩 하고 요냐고로 돌아와 1박 하는 일정으로 진행할 수 있다.

❶ 요나고(1박)–돗토리 사구, 미사사온천(토고·하와이온천)(1박)–마쓰에성–요나고
  (1박)

1일 요나고공항 입국 요나고공항역-요나고역 이동, JR패스 교환, 요나고 숙박

2일 슈퍼마쓰카제 6호 요나고 09:52-10:57 돗토리

돗토리 사구, 모래 미술관 관람(새 전시 준비를 위해 매년 1. 10-2. 28 휴관)

돗토리 슈퍼하쿠토 7호 15:33-16:05 쿠라요시 호텔 셔틀버스

미사사온천 또는 토고·하와이온천 숙박

3일 슈퍼오키 3호 쿠라요시 10:13-11:15 마쓰에

마쓰에성, 호리카와 유람선 관광

야쿠모 26호 마쓰에 17:10-17:33 요나고, 요나고 숙박

4일 요나고공항 귀국

❷ 요나고(1박)-마쓰에성, 유노카와온천(1박)-요나고(1박)

1일 　요나고공항 입국 요나고공항역-요나고역 이동, JR패스 교환, 요나고 숙박

2일 　야쿠모 1호 오카야마 09:23-09:49 마쓰에

　　　130년 역사 무시스시집 나나와스시 중식

　　　슈퍼오키 5호 마츠에 15:19-15:46 이즈모시 /환승 16:06-16:22 쇼바라

　　　유노카와온천 숙박

3일 　쇼바라 11:10-11:22 이즈모시 일본 천황 헌상 소바집 겐조소바 하네야 중식

　　　야쿠모 18호 이즈모시 12:38-13:34 요나고

　　　꽃의 정원 하나카이로.사카이미나토 요괴거리 관광, 또는 슈퍼 마쓰카제 10호

　　　이즈모시 14:00 -15:58 돗토리 돗토리 사구, 사구미술관 관광,

　　　슈퍼마쓰카제 11호 돗토리 18:42- 19:45 요나고 숙박

4일 　요나고공항 귀국

❸ 요나고-신지코온천(다마쓰쿠리온천)(1박)-마쓰에성, 미사사온천(토고·하와이온천)(1박)-돗토리 사구-요나고(1박)

1일 　요나고공항 입국 요나고공항역-요나고역 이동, JR패스 교환,

　　　슈퍼마쓰카제 7호 요나고 14:21-16:46(마츠에)-16:51 타마츠쿠리온천

　　　신지코온천(또는 다마쓰쿠리온천) 관광, 숙박

2일 　(오전 : 다마쓰쿠리온천-마쓰에 10분)

　　　마쓰에성, 호리카와 유람선 관광, 130년 역사 스시집 나나와스시 중식

　　　슈퍼마쓰카제 10호 마쓰에 14:29-15:26 쿠라요시

　　　호텔 셔틀버스-미사사온천 또는 토고·하와이온천 숙박

3일 　쾌속 돗토리라이너 쿠라요시 09:32-10:22 돗토리

　　　(슈퍼마쓰카제 6호 쿠라요시 10:26-10:57 돗토리)

　　　돗토리 사구, 모래 미술관 관람

　　　슈퍼하쿠토 10호 돗토리15:14-16:19 요나고 숙박

4일 　요나고공항 귀국

간사이 산인패스 7일권으로는 오사카공항이나 오카야마 공항으로 입국하여 앞에 소개한 간사이 와이드패스 5일권 모델코스와 돗토리.마쓰에 패스 3일권의 모델 코스를 적절히 조합하면 1주일간 보다 다양한 코스를 돌아볼 수도 있다.

돗토리.마쓰에 패스를 이용해 갈 수 있는 명소

1. 돗토리 사구(鳥取砂丘)와 사구 미술관의 모래조각 전시회

동해 바닷가에 형성된 일본 최대의 모래언덕이며 바로 옆에는 매년 새로운 모래 조각을 전시하는 사구 미술관이 있다. 전시 일정은 매년 3월 1일-1월 9일(1월 10일-2월 28일 작품준비 기간 휴관)이다. 도토리 사구 부근 지역은 일본 최고의 락교 생산지이며 맛 또한 뛰어나다. 입장료 800엔, 개관시간 9시-18시.

2. 아다치 미술관(足立美術館)은 시마네현 야스기(安來)에 있는 미술관으로

근대부터 현대의 일본화를 중심으로 한 미술관으로, 특히 정원이 아름답기로 유명하여 미국의 일본 정원 전문 잡지 'Journal of Japanese Gardening'이 실시하는 일본 정원 랭킹에서 2003년부터 21년째 일본 최고의 정원으로 선정되고 있고 프랑스 여행 가이드 미슐랭 그린가이드 자폰과 가이드 블루 자폰에서 각각 최고 등급인 별 3개로 선정되었다. 일반적인 정원처럼 산책하는 정원이 아니고 건물내에서 통창을 통해 마치 한 폭의 그림 같은 정원의 아름다움을 느끼며 감상하는 독특한 정원이다. 교통편은 마쓰에 다음역인 야스기(安來)역 앞에서 20분 간격으로 무료 셔틀 버스가 운행한다(08:50-16:45). 개관시간은 4월-9월은 09:00-17:30, 10월-3월 09:00-17:00, 입장료의 경우 현재는 2,300엔이나 2025년 4월1일부터 2,500엔.

3. 사카이 미나토(境港)의 만화가 미즈키시게루(水木しげる)의 요괴 거리

일본의 유명한 요괴 만화가 미즈키시게루의 기념관과 사카이미나토역 앞에는 각종
요괴 모습들을 설치해 놓은 요괴 거리가 있어 많은 사람들이 찾고 있으며 요괴 캐릭
터로 랩핑한 요괴 열차가 매시간 1편씩 요나고-사카이미나토를 운행한다.

4. 돗토리의 애니메이션 코난 박물관

만화가 아오야마고쇼(青山剛昌)의 명탐정 코난 박물관으로 유라역(由良駅)에서 도보 20분, 택시 5분 거리다. 쿠라요시역에서 유라역까지는 두 정거장에 10분 소요된다. 영업시간은 09:30-17:30, 입장료 700엔.

5. 이즈모타이샤(出雲大社)

일본에서는 약 800만의 각종 다양한 신(神) 들을 모신다고 한다. 이 신들이 매년 음력 10월이면 일본 전국에서 이즈모타이샤 신사로 모여 회의를 한다고 전해져 해마다 전국 각지에서 많은 사람들이 찾는다. 이즈모타이샤 앞에는 앞에서 설명한 와리고 소바집들이 많이 있어 참배를 마치고 와리고 소바를 먹는 풍습이 있다.

교통편은 마쓰에 이치바타 전차(一畑電車)신지코 온천역에서 이즈모 타이샤 행 전차를 타면 신지코 호수를 조망하며 갈 수가 있다.

JR호쿠리쿠패스
4일권

카가온천·야마나카온천,
아와즈온천, 와쿠라온천,
우나즈키온천·쿠로나기온천

　도야마(富山)와 가나자와(金沢) 지역 특급열차와 호쿠리쿠 신칸센 (北陸新幹線) 가나자와-쿠로베우나즈키(黒部宇奈月温泉駅) 구간 자유석을 연속 4일간 이용할 수 있는 JR패스로 돗토리.마쓰에 패스 다음으로 저렴하나 역시 이용 지역이 넓지는 않다. 그러나 이용 지역이 다양하지 않다. 카가온천 마을(加賀温泉郷)의 야마나카온천(山中温泉), 아와즈온천(粟津温泉), 야마시로온천(山代温泉)과 동해안 쪽 노토반도 (能登半島)의 와쿠라온천(和倉温泉) 등 다양한 온천지가 많아 유용하게 이용할 수 있다.

　도야마(富山)공항이나 고마쓰(小松)공항으로 입국 시에 유용하게 쓸 수 있으나 항공편이 운휴 중일 때는 오사카로 입국해서 간사이 호쿠리쿠패스(関西北陸バス, 7일권)을 사용하면 비용이 다소 비싸도 간사이 와이드패스 구간도 함께 여행할 수 있는 장점이 있다.

• 요금 : 대인(만12세 이상) 7,000엔, 소인(만6-11세) 3,500엔

간사이 호쿠리쿠패스(関西北陸パス, 7일권)

간사이 와이드패스와 호쿠리쿠패스를 결합해서 1주일간 간사이 지방과 호쿠리쿠 지방을 광범위하게 여행할 수 있는 패스로 언제든 항공편이 많은 오사카로 입국해서 다양한 지역을 여행할 수 있는 장점이 있다. 특급열차와 산요신칸센 신오사카-오카야마 구간과 호쿠리쿠신칸센, 가카자와-쿠로베우나즈키온천 구간의 지정석도 무제한 이용할 수 있다.

- 요금 : 대인(만12세 이상) 17,000엔, 소인(만6-11세) 8,500엔

36 — 카가온천·야마나카온천 加賀温泉·山中温泉

각쿠센케이 산중 온천

야마나카온천 관광협회 홈페이지(한국어) www.yamanaka-spa.or.jp/global/kor/index.html
성분 황산염천-칼슘·나트륨
용출 온도 48.3℃

하쿠산(白山)기슭을 따라 약 8km 거리 안에 있는 야마나카(山中), 야마시로(山代), 아와즈(粟津), 가타야마즈(片山津) 4곳의 온천을 '카가 온센고(加賀温泉郷)'라고 한다. 산중, 산기슭, 호반 등 위치가 모두 다르며 성분과 효능도 4곳이 제각각이다.

야마나카온천은 경승지로 유명한 각쿠센케이(鶴仙渓, 학선계)라는 산속 계곡가에 있어 산중 온천이라 할 수 있다. 1,300여 년 전 헤이안 시대에 가마쿠라의 무사가 상처를 입은 백로가 상처를 치료하고 있는 곳을 보고 땅을 파자 온천이 솟아났다는 전설이 전해져 온다.

1930년대까지는 온천 숙소 안에 온천탕이 없어서 '유자야(湯ざや)' 라고 불리는 공동 온천탕을 이용하기도 했다. 태평양전쟁 때에는 야마나카온천이 독가스 부상병에게 효능이 있다고 해 야마나카 해군 병원을 열었다가 이후 국립야마나카 병원, 온천 의료센터가 되었다.

야마나카온천가(山中温泉街)

온천 마을에는 다이쇼지가와(大聖寺川) 계곡을 따라 많은 료칸들

고오루기바시   아야토리바시

이 들어서 있다. 고오루기바시(こおろぎ橋, 귀뚜라미 다리)와 독특한 모
양의 아야토리바시(あやとりはし, 실뜨기 다리)가 계곡의 상징이다. 또
한 야마나카온천가는 야마나카 칠기 생산지이기도 해서 선물용품
가게들이 많다. 당일치기 온천 시설도 이용할 수 있다. 공동 온천탕
으로는 소유(総湯, 외탕)인 기쿠노유(菊の湯)가 있으며 기쿠노유 밑에
는 원천이 있다. 과거에는 소유(総湯)라는 용어가 전국적으로 사용되
었지만 지금은 호쿠리쿠 지방에서만 주로 사용한다.

야마나카자(山中座) 광장
공동 온천탕 기쿠노유는 2채가 똑같은 형태를 하고 있는 일본의
전통 양식 건물이다. 남성용과 여성용이 각각 있다. 중간의 대광장
에는 시민홀 야마나카자(山中座)와 족탕 가사노츠유(笠の露, 갓의 이
슬), 시계탑 등이 조화를 이루고 있다.
야마나카자에서는 호화로운 마키에(蒔絵, 칠기 표면에 금은 가루로 장
식한 그림)로 장식한 천장을 볼 수 있다. 로비에서는 아름다운 야마나

카 칠기를 전시하고 있다. 야마나카자 외벽은 온천의 유래를 자세히 소개하고 있고 대광장에는 계절에 따라 잘 어울리는 거대한 행사 시설물을 설치하기도 한다.

유케카이도(ゆげ街道)

유케카이도는 '김이 피어나는 길'이라는 의미를 가지고 있다. 기쿠노유에서 고루기바시에 이르는 400m가량의 도로를 확대하고 모든 점포를 개보수하여 온천의 정취가 넘치는 멋진 모습으로 바꾸었다. 이에 '이시카와 경관 대상'을 수상하기도 했다. 5월 야마나카 칠기 축제(골든위크), 6월 4-5일 창포탕 축제, 7월 초 야마나카온천 칠석 축제,

7월 25일-8월 24일 고향 야마나카 여름 축제 등 각종 축제가 열리고 있다.

각쿠센케이(鶴仙渓)

야마나카온천에 있는 계곡으로 다이쇼지가와의 중류에 있다. 고오루기바시에서 구로타니바시(黒谷橋)에 이르는 약 1km의 구간을 가리킨다. 사암의 침식으로 수많은 기암을 볼 수 있는 경승지이다. 남북으로 긴 야마나카온천가 동쪽에 나란히 있어 온천객들의 산책지로도 인기가 높다. 기암으로는 모자 바위, 구리 바위, 벤케이 바위 등이 있으며 특이한 3개의 다리도 유명하다.

구로타니바시

교통편

① 도야마공항(에어서울) 입국 시-도야마역에서 JR패스 수령 또는 구매

호쿠리쿠 신칸센 도야마-카나자와 특급 환승-카가온천역 (셔틀)버스 환승. 호쿠리쿠 신칸센은 도야마에서 매시간 1-3편이 있고 카나자와역에서 오사카행,(특급 선더버드) 나고야행(특급 시라사기) 열차도 매시간 1-3편이 있으므로 편리한 일정에 맞추면 된다.

② 고마쓰공항(대한항공) 입국 시-고마쓰역에서 JR패스 수령 또는 구매

호쿠리쿠신칸센 고마쓰 - 카가온천역 (셔틀)버스 환승, 호쿠리쿠 신칸센은 고마쓰에서 매시간 1-2편이 있으므로 (7-8분정도 소요) 도착 항공편 일정에 맞추면 된다.

③ 간사이공항 입국 시-간사이공항역에서 JR패스 수령 또는 구매

(간사이공항) 오사카-특급 선더버드 카가온천역 (셔틀)버스 환승. 간사이공항-오사카는 쾌속열차가 15분 간격(특급 하루카 30분-1시간 간격).

오사카-쓰루가 특급 선더버드는 30분-1시간 간격으로 운행한다

쓰루가-카가온천역 호쿠리쿠 신칸센(40분 소요)은 매시간 1-3회 운행한다

카가온천역(2번 승차장)-특급 선더버드 연결 야마나카온천 버스 시간표

08:00	08:35	09:05	09:50	10:30	11:05	11:35	12:50	13:20
13:45	14:10	14:55	15:55	16:50	17:20	17:55	18:20	19:40

37 ─ 아와즈온천 粟津温泉

1,300년 역사의 온천 료칸 호시

아와즈온천 관광협회 홈페이지 www.awazuonsen.com
성분 황산염천(망초천)

718년에 타이초 대사(泰澄大師)가 하쿠산곤겐(白山権現)이라는 신의 계시를 받아 발견했다는 전설이 있다. 역사가 깊은 보양 온천으로서 오래전부터 알려져 왔다. 목조 여관들이 늘어서 있어 온천 마을 특유의 운치 있는 정취를 자아내고 있다. 한때 세계에서 가장 오래된 숙박 시설로 기네스북에 올랐던 료칸 '호시(法師)'가 사람들에게 많이 알려지면서 아와즈온천도 널리 알려지게 되었다. 2008년 기존의 공동 온천탕 소유(総湯) 외에 새로운 소유가 오픈하고 '연인의 성지'로도 지정되는 동시에 시설이 정비되며 점차 관심을 모으는 온천 마을로 바뀌어 가고 있다.

아와즈온천가(粟津温泉街)

13곳의 료칸이 있는 작고 아담한 온천 마을이다. 이 중 아와즈온천 관광협회 가맹은 총 6곳이다. 각 료칸이 각각의 원천을 가지고 있다. 예전에는 휴양, 온천욕 등을 위한 료칸들이 대부분이었지만 지금은 옛 온천 마을의 정서를 담고 있는 목조 료칸부터 저렴한 료칸까지 다양한 종류를 이용할 수 있다. 최근에는 '염가 호텔 체인'의 진출이 활발해 비교적 부담 없이 가기 좋은 온천들 중 하나가 되었다.

46대 1,300년 역사의 온천 료칸 호시(法師)

아와즈온천이 시작될 때 하쿠산카이소(白山開祖) 타이초(泰澄) 대사의 명을 따라 718년에 '호시(法師)'라는 이름의 탕치 온천(치료 목적 온천)으로 개업하였다. 현재 도슈(当主, 당주)는 46대이며 지금은 주식회사 젠고루(善吾楼)가 운영한다. 2016년 현관동과 숙박동 엔메이가쿠(延命閣)가 유형문화재로 등록되었다. 호시와 비슷한 시기에 창업한 료칸으로는 705년 야마나시현 니시야마온천(山梨県西山温泉)에서 개업한 게이운칸(慶雲館)과 717년 효고현 기노사키온천(兵庫県城崎温泉)에서 개업한 센넨노유고만(千年の湯 古まん)이 있다.

기네스 세계 기록에 '세계에서 가장 역사가 오래된 여관'으로 등록되었으나 2011년에 게이운칸에 최고(最古)의 자리를 내주었다. 오랫동안 전통적인 일본 료칸의 역사를 지켜온 곳답게 정원과 각종 장식물, 그리고 시설들에서 역사의 숨결을 느낄 수 있다. 다만 노천탕은 기대보다 현대적인 느낌이 강해 아쉬움이 남는다. 그래도 조용한 시

골 마을의 료칸에서 1,300년 역사의 흔적을 더듬는 것은 좋은 추억이 될 것이다.

교통편

카가온천역과 아와즈역에서 료칸 무료 셔틀버스가 운행한다(사전 예약 필수).

카가온천역 출발 14:45 15:45 16:45 17:45 (동계시즌 변경 확인)

아와즈역(특급은 무정차) 출발 15:00-17:30 수시 출발

38 — 와쿠라온천 和倉温泉

노토반도 바닷가 온천

와쿠라온천 관광협회 홈페이지 www.wakura.or.jp
성분 나트륨, 칼슘, 염화물천, 약알칼리성(천원에 따라서는 중성) 고장성 고온천
효능 신경통, 관절통, 요통 등
용출 온도 89.1℃
용출량 1,600L/분

1,200년의 역사를 가진 매우 오래된 온천이다. 백로가 바닷가에서 상처를 달래고 있는 것을 어부가 발견했다는 이야기가 전해진다. 지명인 와쿠라는 와쿠우라(湧く浦, 솟는 포구), 즉 물이 솟아나는 포구를 뜻한다. 바닷속에서 발견되었기 때문에 바닷물이 빠졌을 때가 아니면 온천수를 이용할 수 없었다. 무색 투명하지만 염분이 매우 강해 잘 따뜻해지는 성질이 있다.

17세기 말에 나나오(七尾) 성주와 카가 번주가 온천을 정비하면서 공동 온천탕이 설치되었다. 1674년에는 지명이 와쿠라(和倉)로 바뀌었다. 메이지시대에 이르러서 온천지로 본격적으로 개발되었다. 현대에 와서는 나나오센(七尾線) 철도를 개통하는 등 교통의 발달에 따라 대규모 온천 마을로 발전하게 되었다.

와쿠라온천가(和倉温泉街)

일본에서 손꼽히는 고급 온천가로 알려져 있다. 나나오만을 따라서 20여 곳의 료칸들이 들어서 있는데 대부분 고급 료칸들이다. 노

토반도(能登半島) 관광의 관문으로 나나오 시내에 피셔맨스워프를 비롯한 여러 명소들을 가지고 있다. 해양 레저의 중심지로 알려진 노토섬도 가까워 방문객들이 많이 찾는다. 2007년 3월과 2024년 1월에 발생한 노토반도 지진으로 대부분의 료칸들이 엄청난 피해를 입어 한동안 휴업하기도 했다. 매년 1월과 8월에는 불꽃놀이가, 6월에는 노토 요사코이 마쓰리(能登よさこい祭り)가 개최되어 붐빈다. 노토 요사코이 마쓰리란 많은 사람들이 손에 딸랑이를 들고 함께 춤을 추는 축제이다. 대부분의 료칸들은 5분 거리의 와쿠라온천역까지 무료 서틀 서비스를 제공한다.

유카이리조트 킨파소(湯快リゾート金波荘)

가성비 좋은 온천 호텔 체인 중 하나인 유카이 리조트의 와쿠라 온천 호텔이다. 호반과 맞닿아 있어 탁트인 뷰를 즐길 수 있는 로비와 노천탕과 대욕장이 있다.

교통편

오사카에서 쓰루가까지는 특급 선더버드 이용하고 쓰루가-카나자와(金沢)는 호쿠
리쿠 신칸센을 이용해 카나자와에서 나나오센(七尾線) 와쿠라온천행, 특급 카가리
비 환승.

카나자와 / 특급 노토카가리비(能登かがり火)-와쿠라온천 시간표(1시간 소요)

08:58   10:00   12:57   14:00

39 — 우나즈키온천·쿠로나기온천 宇奈月温泉·黒薙温泉

아날로그 방식 고수, 쿠르베 협곡 철도

우나즈키온천 여관 협동조합 홈페이지 https://www.unazuki-onsen.com/
쿠로나기온천 여관 홈페이지 https://www.kuronagi.jp/
성분 우나즈키온천 : 약알칼리성 저장성 단순온천
　　　쿠로나기온천 : 단순온천(저장성, 약알칼리성, 고온천)
용출 온도 우나즈키온천 : 92~98℃
　　　쿠로나기온천 : 97℃ 고온으로 온도 조절을 위해 물을 섞고 있다

　　도야마현 쿠로베시(富山県黒部市)에 있는 온천이다. 1923년 쿠로베 댐에 수력발전소를 건설하며 개발되었다. 쿠로베강의 계곡가 등에 료칸이나 휴양소들이 있다. 쿠로베 협곡을 관광할 수 있는 쿠로베 협곡철도(黒部峡谷鉄道)인 토롯코열차(トロッコ列車)의 출발역이기도 하다. 우나즈키의 모든 온천은 쿠로베 강 상류에 있는 쿠로나기온천(黒薙温泉)의 원천에서 나온다. 매우 뜨겁고 온천수의 양이 풍부한 편이다. 총길이 7km에 달하는 파이프로 온천수를 끌어온다. 목욕에 적합한 온도로 낮추기 위해 물을 섞는데도 불구하고 우나즈키온천에 도달하는 물의 온도는 약 섭씨 63도 정도이다.

우나즈키온천가(宇奈月温泉街)

　　쿠로베 협곡의 입구에는 료칸이나 호텔, 식당과 오래된 화과자점 등 상점과 기념품 가게들이 많이 늘어서 있다. 도야마지방철도 우나즈키온천역 앞에는 온천수를 이용한 분수가 자랑하듯 설치되어 있

다. 분수에서 알 수 있듯 우나즈키온천가는 도야마현 최대의 온천지이다. 우나즈키온천역 동남쪽으로는 쿠로베 협곡철도의 출발역인 우나즈키역이 따로 있다. 쿠로베 협곡을 찾는 사람들은 여기서 승차하는 것이 좋다. 선로를 건너 반대 방향의 상가를 지나면 이곳을 방문한 쇼와 천황(昭和天皇)의 교세이히(御製碑)와 여러 사람의 노래비가 있는 우나즈키 공원이 있다. 온천가 오른쪽 도로를 통해 협곡을 따라가면 우나즈키댐과 자료관 '다무라이칸(大夢來館)'이 있다. 당일치기 온천 시설인 오노누마 체험 교류 시설 토치노유(尾の沼体験交流施設 とちの湯)에서는 다리 건너 우나즈키 호수가 보인다.

쿠로나기온천(黒薙温泉)

우나즈키온천의 원천이 솟아나는 곳이다. 쿠로베 협곡철도가 운행하는 기간에만 영업을 한다. 4월 20일부터 11월 말까지이다. 1645년에 발견되었다고 한다. 1849년에도 이미 이용은 하고 있었지만 1868년에야 비로소 허가가 나서 영업을 시작했다고 한다. 1995년 7월 11일의 홍수해로 비교적 낮은 장소에 있는 욕탕과 노천탕 등이 유실되었다. 현재 시설들은 1996년 재건된 것이다.

쿠로나기온천 료칸

쿠로베 협곡철도의 토롯코열차의 운행 기간에만 영업한다. 도야 마지방철도 그룹의 쿠로베 관광개발주식회사가 경영하고 있다. 쿠로베 관광개발주식회사는 우나즈키온천으로 온천수를 공급하는 사업도 진행하고 있다고 한다. 쿠로나기온천 료칸은 쿠로베강 지류인 쿠로나기 강가에 있는 2층 높이 건물의 목조 료칸이다. 물살이 거세기 때문에 강에서 가까운 방에서는 강물 소리가 크게 들린다. 소음에 민감한 사람은 귀마개를 사거나 산 쪽의 방으로 안내받을 수도 있다. 단 산 쪽의 방은 조금 어두운 편이다. 객실은 단출한 편이다.

대부분의 숙박업소에 놓여 있는 TV도 찾아볼 수 없다. 식사로는 산나물, 민물고기 소금구이, 도야마 명물인 곤푸지메사시미 등이 제공된다. 곤푸지메사시미(昆布じめ刺身)란 다시마에 싸서 숙성한 생선회를 뜻한다. 과거 오랫동안 사용됐던 취사장은 현재 숙박객을 위한 공간으로 제공된다. 식당 입구에는 동전 전용 공중전화와 캔맥주, 청량음료 등의 자동판매기, 아날로그 위성방송만 시청할 수 있는 소형 TV와 조간신문 등이 놓여 있다.

쿠로나기온천 료칸의 온천은 치유 온천인 탕치장이다. 료칸 건물에는 남녀별 내탕이 있으며 숙소에서 상류 쪽으로 3분가량 걸으면 혼욕이 가능한 노천탕을 찾을 수 있다. 최근 현수교 건너편에 여성 전용 노천탕인 텐뇨노유(天女の湯, 선녀의 탕)가 신설되었다. 이곳에는 지붕이 있다. 단 두 곳 모두 야간에는 여성 전용 시간대와 남성 전용 시간대가 별도로 정해져 있으니 사전 확인이 필요하다. 노천탕에는 텐트 탈의실이 설치되어 있다. 7월과 8월 낮 시간대에는 벌레가 많

아 노천탕에서의 목욕을 피하는 것이 좋다. 대자연인 산속에 홀로 서 있는 건물인 탓에 피를 빼는 파리와 각종 야생 곤충류가 많기 때문이다. 노천탕이 대형 모기장을 설치하기는 하지만 모기장을 뚫고 들어오는 벌레가 많아 주의가 필요하다.

혼욕 노천탕 바로 앞에는 원천이 있는데, 이곳은 쿠로나기온천의 원천이자 쿠로베강 하류에 위치한 우나즈키온천가 내 모든 료칸의 원천이다. 쿠로베 강변에 온천수를 보내는 파이프는 우나즈키까지 설치되어 있다. 이 파이프가 지나가는 것은 쿠로베 협곡철도의 차창을 통해서도 볼 수 있다. 2016년부터 NTT도코모의 수신 지역이 되어 휴대전화 사용은 가능하지만 교통 오지로 지정된 탓에 우편 발송은 불가능하다.

쿠로베 협곡철도(黒部峡谷鉄道)

1923년부터 건설해 1937년 케야키다이라(欅平)까지 완공된 폭 762mm의 특수 협궤철도이다. 쿠로베강 상류에 수력발전소 건설용 자재 운반을 위해 부설되었다. 때문에 과거에는 사정상 여객을 취급하게 될 경우에는 여객의 생명을 보장하지 않는다는 내용의 주의 문

구가 기차표에 들어가 있었다고 한다. 이후 1971년 7월 칸사이 전력 (関西電力)으로부터 지방철도 사업을 양도받아 자회사로 운영되었다. 이를 기점으로 회사는 우나즈키역과 케야키다이라역 등에서 레스토랑과 매점을 운영하는 등 사업을 확장해 나갔다.

　도중에 있는 쿠로나기온천과 종점인 케야키다이라역 부근에는 많은 명소들이 있다. 현재는 2024년 1월 노토반도 지진 피해 복구가 끝나지 않아 네코마타까지만 운행하고 있다. 2013년에는 대만의 아리산 삼림철로와 자매결연을 맺고 사용이 끝난 승차권을 상대 측의 무료 승차권으로 교환하는 우대 캠페인을 실시하기도 했다. 기관차 전면에는 자매결연을 표시한 헤드 마크가 부착되어 있다.

　• 운행 기간 : 4월 19일-11월 30일. 단계적 운행 후 5월 10일부터 전 구간 운행

- 운행 구간 : 우나즈키온천-쿠로나기(黑薙)- 네코마타(猫又)
- 운임 : 쿠로나기 대인 830엔, 소인 420엔 / 네코마타 대인 1,410엔, 소인 710엔

도야마 명물 마스즈시(鱒寿司)

마스즈시는 도야마현의 향토 요리이자 도시락이다. 송어(사쿠라마스)를 발효시키지 않고 식초로 맛을 낸 뒤 눌러 만든 초밥의 일종이다. 1912년부터 '미나모토(源)'에서 만들기 시작한 '마스노스시(ますのすし)'가 도시락으로 판매되며 유명해지자 마스즈시를 '마스노스시'라고 칭하기도 한다.

동그란 나무그릇 바닥에 방사형으로 조릿대를 깔아, 소금에 절여 양념을 한 송어 토막을 펼쳐 올린다. 거기에 초밥을 눌러가며 채워 넣은 다음 조릿대를 접어 감싸고, 그 위를 돌로 눌러 놓는다. 보통은 동그란 그릇의 위와 아래에 푸른 대나무를 대고 고무줄로 조여서 판매한다. 1개로 된 1단과 2개가 겹쳐진 2단의 두 종류가 있다.

먹을 때는 그릇의 뚜껑을 떼어내고 피자처럼 방사형으로 잘라 먹는다. 잘라 먹기 편리하도록 소형 플라스틱 칼이 함께 제공되는 경우가 많다. 과거에는 여름에 3, 4일 정도 겨울에는 일주일 정도 먹을 수 있도록 식초를 강하게 넣어 신선도를 유지하곤 했다. 하지만 요즘에는 소비자 입맛 변화로 식초가 약한 생초밥에 가까운 종류도 등장하고 있다.

① 우나즈키온천 교통편

특급 선더버드 오사카-쓰루가 / 호쿠리쿠 신칸센(北陸新幹線) 하쿠타카(はくたか) 환승-쿠로베(黒部) 우나즈키온천 / 환승 도야마지방철도(富山地方鉄道) 신쿠로베 (新黒部)-우나즈키온천

오사카-쓰루가 / 쓰루가-쿠로베우나즈키 / 신쿠로베-우나즈키온천 환승 시간표

09:12-10:35 / 10:58-12:34 / 12:46-13:17

10:09-11:30 / 11:58-13:33 / 13:52-14:17

11:12-12:33 / 12:58-14:33 / 14:57-15:21

12:12-13:33 / 13:48-15:23 / 15:52-16:17

14:12-15:33 / 16:07-16:43 / 17:06-17:30

15:09-16:31 / 16:53-17:29 / 17:54-18:19

우나스키온천행 도야마지방철도

② 쿠로나기온천 교통편

쿠로베 협곡철도 우나즈키온천역-쿠로나기역(24분) 하차, 도보 20분. 계절별로 약 간 증편된다.

JR호쿠리쿠패스 모델 코스 일정표

[3박 4일]

호쿠리쿠 지방은 도야마공항(에어서울), 고마츠(대한항공)공항으로 입국해서 갈 수 있는 모델코스로 일정을 소개한다..

❶ 고마쓰-야마나카온천(1박)-아와즈온천(1박)-겐로쿠엔, 가나자와(1박)

1일 고마쓰공항 입국-고마쓰역 JR패스 교환(구입)-카가온천역

    카가온천역 ②번 정류장 야마나카온천행 시내버스 오후 시간표(요금430엔)

    08:00 08:35 09:05 09:50 10:30 11:05 11:35 12:50 13:20

    13:45 14:10 14:55 15:55 16:50 17:20 17:55 18:20 19:40

    야마나카온천 관광, 숙박

2일 야마나카온천-카가온천역 버스 시간표(또는 호텔 무료 셔틀버스 이용)

    09:18 10:08 10:35 10:50 11:53 12:15 12:48

    13:10 14:00 14:53 15:50 17:08 17:35 18:00

    아와즈온천 료칸 호시(法師) 무료 셔틀버스 환승 시간표

    카가온천역 출발 14:45 15:45 16:45 17:45

    아와즈온천 관광, 숙박

3일 아와즈온천-카가온천역(호텔 무료 셔틀버스 이용)

    쿠리쿠 신칸센 쓰루기 8호 카가온천역 10:24-10:43 가나자와

    (매시간 2회 이상 운행)

    일본 3대 정원 겐로쿠엔, 21세기 미술관, 히가시차야마치 관광, 가자나와 숙박

4일 가나자와-고마쓰 호쿠리쿠 신칸센

    고마쓰-고마쓰 공항 버스 귀국

❷ 고마쓰-야마나카온천(1박)-와쿠라온천(1박)-겐로쿠엔, 가나자와(1박)

1일   고마쓰공항 입국-고마쓰역 JR패스 교환(구입)-카가온천역

카가온천역-야마나카온천 호텔 무료 셔틀버스

야마나카온천행 시내버스 오후 시간표

11:05 11:35 12:50 13:20 13:45 14:10 14:55

15:55 16:50 17:20 17:55 18:20 19:40

야마나카온천 관광, 숙박

2일   야마나카온천-카가온천역 버스 시간표(호텔 무료 셔틀버스 이용)

09:18 10:08 10:35 10:50 11:53 12:15 12:48

13:10 14:00 14:53 15:50 17:08 17:35 18:00

호쿠리쿠신칸센 쓰루기8호 카가온천역 11:22 - 11:41 가나자와 중식후

나나오센 환승

노토카가리비5호 가나자와 12:57 - 13:58 와쿠라온천

노토카가리비7호 가나자와 14:00 - 15:02 와쿠라온천

와쿠라온천 관광, 숙박

3일   노토카가리비 4호 와쿠라온천 10:26- 11:33 가나자와

노토카가리비6호 와쿠라온천 11:31- 12:31 가나자와

일본 3대 정원 겐로쿠엔, 21세기 미술관, 히가시차야마치 관광, 가나자와숙박

4일   가나자와-고마쓰 호쿠리쿠 신칸센 / 고마쓰-고마쓰 공항 버스 귀국

❸ 도야마공항-야마나카온천(1박)-와쿠라온천(1박)-겐로쿠엔, 도야마(1박)

1일   도야마공항 입국-도야마역 JR패스 교환(구입)

호쿠리쿠 신칸센 하쿠타카 도야마-카가온천

야마나카온천행 시내버스 오후 시간표

12:50 13:20 13:45 14:10 14:55 15:55 16:50 17:20 17:55 18:20

야마나카온천 관광, 숙박

2일 야마나카온천-카가온천역

야마나카온천-카가온천역 버스 시간표(호텔 무료 셔틀버스 이용)

09:18 10:08 10:35 10:50 11:43 12:15 12:48

13:10 14:00 14:53 15:50 17:08 17:35 18:00

호쿠리쿠신칸센 쓰루기 8호 카가온천역 11:22-11:41 가나자와 나나오센 환승

노토카가리비 5호 가나자와 12:57-13:58 와쿠라온천

노토카가리비 7호 가나자와 14:00-15:02 와쿠라온천

와쿠라온천 관광, 숙박

3일 노토카가리비 4호 와쿠라온천 10:26-11:33 가나자와

노토카가리비6호 와쿠라온천 11:31-12:31

일본 3대 정원 겐로쿠엔, 21세기 미술관, 히가시차야마치 관광, 호쿠리쿠 신칸센 가나자와-도야마, 도야마 숙박

4일 도야마-도야마 공항버스 귀국

❹ 도야마-우나즈키온천(1박)-쿠로베 협곡철도, 쿠로나기온천(1박)-

다테야마 알펜루트설벽, 도야마(1박)

※ 이 일정은 5월-11월 말까지만 가능하다.

1일 도야마공항 입국-도야마역 JR패스 교환(구입)

호쿠리쿠 신칸센 하쿠타카 도야마-쿠로베우나즈키온천(12분 소요)

오후 출발 시간표

11:21 12:22 13:21 14:21 15:11 16:31 17:17 18:35 19:28

도야마지방철도 환승(도보 이동) 신쿠로베-우나즈키온천

매시간 2회 운행 30분 이내 환승

우나즈키온천 관광, 숙박

2일 쿠로베 협곡철도 우나즈키온천-쿠로나기온천 숙박

(쿠로베 협곡철도 시간표 참조)

3일   보통 우나즈키온천 08:47-10:03 테라다 환승 10:13-10:53 다테야마

        보통 우나즈키온천 09:40-11:04 테라다 환승 11:10-11:55 다테야마

        다테야마 알펜루트 설벽 왕복-도야마 숙박

4일   도야마-도야마 공항버스 환승 귀국

※ 간사이 호쿠리쿠패스 7일권을 이용할 경우에는 앞서 소개한 간사이 와이드패스 모델 코스 일정과 호쿠리쿠 모델 일정을 응용 조합하면 6박7일 일정도 만들어 패스 사용 범위의 남쪽 끝인 시코쿠 섬의 다카마쓰(高松)까지도 여행해 볼 수 있다.

[6박 7일]

오사카(1박)-와쿠라온천(1박)-야마나카온천(1박)-아마노하시다테(1박)-기노사키 온천(1박)-오사카(1박)

1일   간사이공항 입국 JR패스 교환(구입)-오사카 시내 관광, 숙박

2일   선더버드 13호 오사카 09:41-신오사카 09:44-11:02 쓰루가환승

        호쿠리쿠신칸센 쓰루기 16호 11:39-12:36 가나자와 환승

        노토카가리비 5호 12:57-13:58 와쿠라온천

3일   노토카가리비 4호 와쿠라온천 10:26-11:33 가나자와 환승

        신칸센 쓰루기 21호 가나자와 12:03-12:23 카가온천역

        버스환승-야마나카 온천 (버스시간표 참조)

        야마나카온천(또는 아와즈온천) 관광, 숙박

4일   야마나카온천(아와즈온천)-카가온천역

        신칸센 쓰루기 17호 카가온천 10:24-11:02 쓰루가 환승

        선더버드 18호 11:14-12:09 교토 환승

        하시다테 5호 교토 12:25-14:32 아마노하시다테

        아마노하시다테, 이네 후나야 관광

        아마노하시다테온천(또는 아부라야온천) 숙박

5일 탄고릴레이 1호 아마노하시다테 09:34-10:38 토요오카 환승

코우노도리 1호 토요오카 10:49-10:58 기노사키온천

(아부라야 셔틀버스 10:00-10:50 아마노하시다테역 / 탄고철도 환승

12:38-14:04 토요오카 보통열차 환승 14:25-14:35 기노사키온천)

기노사키온천 7가지 온천 순례, 관광 후 숙박

6일(1안) 코우노도리 12호 기노사키온천 09:33-12:23(오사카)-12:29 신오사카

코우노도리 14호 기노사키온천 11:33-14:23(오사카)-14:29 신오사카

오사카 시내 관광, 숙박

(2안) 기노사키 16호 기노사키온천 12:31-14:48 카메오카 / 보통열차 환승

카메오카 15:06-15:09 우마호리(도보 10분 사가노 관광열차 환승)

토롯코 카메오카역 15:30-15:53 토롯코 아라시야마역 중식, 아라시야마 관

광-아라시야마 대나무 숲, 도게츠교 등

사가노아라시야마-교토 JR열차 매시간 4-6회 운행(20분 소요)

교토-신오사카-오사카 특급, 신쾌속, 쾌속 수시 운행(30-40분 소요)

시내 관광, 숙박

(3안) 기노사키 12호 기노사키온천 10:34-12:48 카메오카 / 보통열차 환승

카메오카 13:06-13:09 우마호리(도보 10분 사가노 관광열차 환승)

토롯코 카메오카역 13:30-13:53 토롯코 아라시야마역 중식, 아라시야마 관

광-아라시야마 대나무 숲, 도게츠교 등

사가노아라시야마-교토 JR열차 매시간 4-6회 운행(20분 소요)

교토-신오사카-오사카 특급,신쾌속,쾌속 수시 운행(30-40분 소요)

시내 관광, 숙박

7일 간사이공항 이동 귀국

JR히로시마·
야마구치패스
5일권

유다온천,
쓰와노온천

　일본 혼슈(本州)의 서쪽 지방인 히로시마현(広島県)과 시모노세키
(下関)가 속해 있는 야마구치현(山口県)을 연속 5일간 여행할 수 있는
패스이다. 큐슈의 후쿠오카(福岡)공항으로 입국해서 후쿠오카의 하
카타역(博多駅)에서 히로시마까지 산요 신칸센(山陽新幹線)을 이용할
수 있어 편리한 패스이나 히로시마와 시모노세키, 야마구치, 하기
(萩) 정도만 여행할 수 있어 가성비는 다소 떨어진다.

• 요금 : 대인(만12세 이상) 15,000엔, 소인(만6-11세) 7,500엔

40 — 유다온천 湯田温泉

성 프란치스코 하비에르 상륙 기념 성당

유다온천 여관 협동조합 홈페이지 www.yudaonsen.com
성분 알칼리성 단순온천(유다온천 믹스온천)
용출 온도 63.6도

약 600년 전 곤겐산(権現山) 기슭에 자리한 절의 스님이 찾아낸 곳
이라고 한다. 스님은 흰여우가 밤이면 몸을 담그는 온천이 있는 것을
발견하고 금빛의 지장보살이 온천과 함께 밭 한가운데에서 솟아났
다고 전해지면서 온천이 있는 밭이라는 뜻의 '유다(湯田)'라고 불리게
되었다. 여러 곳의 원천을 혼합한 '유다온천 믹스 온천수'를 대부분의
온천장에서 사용한다. 그러나 일부 온천장들은 자가 원천을 가지고
있기도 하다. 막부 말기 존왕양이파(尊王攘夷派, 천황 충성 외세 배척파)

의 무사들이 머물기도했다.

유다온천가(湯田温泉街)

야마구치시 남쪽의 번화가이다. 료칸, 대형 호텔, 비즈니스 호텔, 식당 및 각종 유흥 시설들이 늘어서 있어 일반적인 온천가와 많이 다르지만 산책할 만한 장소도 있다. 산인 지방 남쪽의 세토내해 연안 지방인 산요(山陽) 지방에는 온천 마을이 많지 않지만, 그중 가장 손꼽히는 온천 마을로 여겨진다. 야마구치 시내 관광이나 쓰와노(津和野),하기(萩) 같은 유명 관광지로 이동하기 편리하다. 버스 노선도 비교적 잘 갖춰져 있다.

이노우에 공원(井上公園)을 비롯한 5곳에 족탕이 있으며, 2015년 야마구치시가 관광 거점 시설로 만든 '기쓰네노아시아토(狐の足あと, 여우의 발자국)'에도 유료 족탕이 있다. 4월 첫째 토요일에 열리는 유다온천 백호(흰여우) 축제에서는 이노우에 공원에서 떡을 뿌리는 것과 같은 다양한 이벤트들이 열린다. 유노마치 가이도(湯の町街道)에

서는 축제날 흰여우로 분장한 지역 주민들이 햇불을 들고 행진하는 퍼레이드가 펼쳐진다. 최근에는 관광객과 온천객의 감소로 많은 숙박 시설들이 문을 닫고 있는 실정이다.

유다온천 호텔 토키와(常盤)

유다온천역에서 도보 10분 거리로, 온천가 한가운데 있어 편리하다. 넓은 노천탕을 구비하고 있다. 저녁에는 호텔 로비에서 온천 주인이 오카미 게키죠(女將劇場)라는 코믹한 공연을 하기도 한다.

야마구치 성 프란치스코 하비에르 상륙 기념 성당

일본에 최초로 가톨릭을 선교한 프란치스코 하비에르 성인의 야마구치 상륙 400주년을 기념하는 성당이다. 로마네스크 양식의 성당은 1952년 세계 로마가톨릭 신자들의 건축 헌금으로 세워졌다. 1991

년 화재로 소실되었으나 1998년 재건되었다. 현대적 감각의 스테인드글라스가 아름답기로 유명하다. 성 하비에르의 성골(聖骨)이 모셔져 있다. 유다온천에서 버스로 약 15분 정도가 걸리며 야마구치역에서는 도보로 10여분 정도의 거리이다. 성당뿐 아니라 역사가 긴 야마구치 시내를 천천히 돌아보는 것도 좋다.

교통편

① 후쿠오카공항 입국 시 산요 신칸센(山陽新幹線)하카타(博多)-신야마구치(新山口)
매시간 2-4편 운행(35분-1시간 소요)

② 야마구치센(山口線) 환승 신야마구치-유다온천(湯田温泉)
매시간 1-3편 운행(20분 소요)

③ 히로시마공항 입국 시 산요 신칸센 히로시마(広島)-신야마구치(新山口)
매시간 2-4편 운행(30분-50분 소요)

④ 야마구치센(山口線) 환승 신야마구치-유다온천(湯田温泉)
매시간 1-3편 운행(20분 소요)

산요 신칸센 히카리 레일스타

야마구치센 보통열차

41 — 쓰와노온천 津和野温泉

가톨릭 순교 성지

쓰와노온천 와타야 홈페이지 tsuwano.jp
성분 나트륨-염화물, 탄산수소염천, 온원천
효능 신경통, 근육통, 관절통, 만성 소화기병, 치질, 냉증, 화상, 만성 피부병, 만성 부인병 등

쓰와노온천 와타야(津和野温泉 和田屋)

쓰와노(津和野)는 일본에서 보기 드문 가톨릭 순교 성지가 있는 곳이다. 그리고 쓰와노온천 와타야는 이런 쓰와노의 중심지에 있는 유일한 천연 온천 료칸이다. 와타야는 유명 온천은 아니지만 '작은 교토'로 알려져 있다. 조용한 마을 한가운데 자리한 복고풍 건물에서 평온한 시간을 보낼 수 있다. 4종류의 미인탕이 유명하며 쓰와노의 전통적인 조리법으로 시골의 맛을 구현하는 향토 요리가 특색이다. 남녀 각각 내탕과 노천탕이 있다. 지상으로부터 18m 높이에 있는 최상층의 전망 노천탕에서는 쓰와노 거리를 한눈에 내려다볼 수 있다.

노천탕에서 보이는 가톨릭 교회의 조명이 매우 아름답다. 나트륨 계열의 온천수는 피부를 매끄럽게 만들어 준다. 은은한 노송나무 향이 감도는 히노키탕에서는 매끈한 온천을 즐길 수 있다.

쓰와노 성당과 가톨릭 순교 성지 오토메토우게 성지(乙女峠聖地)

메이지 원년인 1868년, 나가사키 우라카미(長崎浦上)의 가톨릭 신자들을 이끌던 28명은 모두 이곳에 유배되었다. 이듬해에는 그들의 가족 등 125명이 더해지며 총 153명이 유배 생활을 했다. 신자들은 나가사키에서 쓰와노번(津和野藩)의 바닷가까지 배에 태워 끌려왔다. 이후 쓰와노가도를 90km가량 걸어서 이동한 뒤 코린지(光琳寺)에 유폐되었다고 한다. 계속되는 개종 압박에도 굴하지 않자 끔찍한 고문이 자행되었다. 1870년까지 37명이 순교한 잔혹한 역사가 서려 있는 곳이다. 당시 벌거벗은 채 야외 감옥에 감금된 한 신자에게 성모마리아 같은 부인이 나타나 이야기를 하며 위로를 건넸다는 일화가 전해진다. 히로시마 교구의 주교는 해당 일화를 성모마리아의 발현으로 인정했으나 바티칸에서는 아직까지 공식적으로 인정하지 않고 있다.

① 후쿠오카공항 입국 시 산요 신칸센(山陽新幹線) 하카타(博多)-신야마구치(新山口) 특급 슈퍼오키 환승 신야마구치-쓰와노(津和野)(1시간 소요)

- 노조미8호 하카타 07:36-08:10 신야마구치 / 슈퍼오키2호 08:57-10:02 쓰와노
- 노조미26호 하카타 11:36-12:10 신야마구치 / 슈퍼오키4호 12:54-13:57 쓰와노
- 노조미44호 하카타 15:36-16:10 신야마구치 / 슈퍼오키6호 16:17-17:20 쓰와노

② 후쿠오카공항 입국 시 산요 신칸센(山陽新幹線) 하카타(博多)-신야마구치(新山口)

매시간 2-4편 운행(35분-1시간 소요)

야마구치센(山口線) 환승 : 신야마구치-야마구치 보통열차 환승-쓰와노

매시간 1-2편 운행(1시간 40분 소요)

③ 히로시마공항 입국 시 산요 신칸센 히로시마(広島)-신야마구치(新山口) 특급 슈퍼오키 환승 신야마구치-쓰와노(津和野)(1시간 소요)

- 히카리 591호 히로시마 08:00-08:38 신야마구치
  슈퍼오키 2호 08:57-10:02 쓰와노
- 노조미 15호 히로시마 12:02-12:33 신야마구치
  슈퍼오키 4호 12:54-13:57 쓰와노
- 고다마 851호 히로시마 15:07-15:55 신야마구치
  슈퍼오키 6호 16:17-17:20 쓰와노

④ 히로시마공항 입국 시 산요 신칸센 히로시마-신야마구치(新山口)

매시간 2-4편 운행(30-50분 소요)

야마구치센(山口線) 환승 : 신야마구치-야마구치 보통열차 환승-쓰와노

매시간 1-2편 운행(1시간 40분 소요)

JR히로시마·야마구치패스 모델 코스 일정표

히로시마 야마구치패스는 후쿠오카에서부터 히로시마까지 찾아볼 만한 명소들이 많이 있기 때문에 온천 여행은 부수적으로 하는 것이 좋다.

❶ 후쿠오카(1박)-쓰와노온천(1박)-유다온천(1박)-후쿠오카(1박)

1일   후쿠오카공항 입국-지하철로 하카타역 이동, JR패스 교환(구입)

      후쿠오카 시내 관광, 숙박

2일   • 노조미 8호 하카타 07:36-08:10 신야마구치

      슈퍼오키 2호 08:57-10:02 쓰와노

      • 노조미 26호 하카타 11:36-12:10 신야마구치

      슈퍼오키 4호 12:54-13:57 쓰와노

      쓰와노 시내 관광 쓰와노온천 숙박

3일   슈퍼오키 1호 쓰와노 09:16-10:11 유다온천, 야마구치 시내 관광, 숙박

4일   슈퍼오키 1호 유다온천 10:12-10:24 신야마구치 산요 신칸센 환승

      신야마구치-신시모노세키, 고쿠라(신시모노세키행 신칸센은 매시간 1회,

      코쿠라행은 매시간 2-4회 이상 운행)

      시모노세키, 고쿠라 관광

      큐슈 신칸센 고쿠라-하카타, 후쿠오카 관광 숙박

5일   후쿠오카공항 귀국

❷ 히로시마(1박)-쓰와노온천(1박)-유다온천(1박)-미야지마, 히로시마(1박)

1일   히로시마공항 입국-히로시마역 공항버스 이동, JR패스 교환(구입)

      히로시마 시내 관광, 숙박

2일 산요 신칸센 히카리 591호 히로시마 08:00-08:38 신야마구치 환승

슈퍼오키 2호 신야마구치 08:57-10:02 쓰와노온천

노조미 15호 히로시마 12:02-12:33 신야마구치

슈퍼오키 4호 신야마구치 12:54-13:57 쓰와노온천

쓰와노 시내 관광 쓰와노온천 숙박

3일 슈퍼오키 1호 쓰와노 09:16-10:11 유다온천, 야마구치 시내 관광, 숙박

4일 슈퍼오키 1호 유다온천 10:12-10:24 신야마구치 산요 신칸센 환승

신야마구치-히로시마(산요 신칸센 매시간 2-4회)

일본 3대 절경 미야지마 관광, 히로시마 숙박

5일 히로시마공항 귀국

히로시마 야마구치 패스를 이용해 갈 수 있는 명소

1. 히로시마 평화공원

너무나 잘 알려진 원폭 피폭 지점의 뼈대만 남은 히로시마 원폭돔을 비롯한 원폭의 피해가 얼마나 무서운가를 보여주고 있으나 침략전쟁을 일으킨 당사자의 피해자 코스프레가 우리에게는 씁쓸하기만 하다.

2. 일본 3대절경 미야지마(宮島)

센다이(仙台)의 마츠시마(松島), 교토부(京都府)의 아마노하시다테(天橋立)와 더불어 일본의 3대 절경으로 꼽힌다. 밀물때에는 바닷물에 잠기는 이츠쿠시마 신사(厳島神社)와 미야지마 산에서 보이는 세토내해(瀬戸内海)의 아름다운 경치는 일본 3대 절경으로 꼽힐만하다. JR 패스로 미야지마구치(宮島口)에서 미야지마행 페리도 무료로 탈 수 있다. 히로시마는 굴이 특산물로 싱싱한 굴을 맛볼 수 있으며 특히 재료를 섞지않고 굽는 히로시마식 오코노미야키(お好み焼き)는 재료를 모두 섞어서 굽는 오사카식 오코노미야키와는 다른 맛을 느낄 수 있다.

5장

다카마쓰, 마쓰야마–JR시코쿠

다카마쓰

마쓰야마

JR올시코쿠패스

    일본열도 혼슈 남쪽에 있는 시코쿠 섬 전 지역을 여행할 수 있으며 이 지역 사철(私鉄)인 고토히라전철(琴平電鉄), 이요철도(伊予鉄道), 도사쿠로시오철도(土佐くろしお鉄道) 등과 쇼도시마(小豆島) 페리와 쇼도시마 올리브버스도 이용할 수 있다. 애니메이션〈센과 치히로의 행방불명〉의 배경인 마쓰야마(松山)의 도고온천(道後温泉), 사누키우동의 본고장 다카마쓰(高松), 오보케협곡(大歩危峽), 세계적인 해류 소용돌이 우즈시오(渦潮)의 명소 나루토해협(鳴門海峽), 일본 근대화의 선구자 사카모토 료마(坂本龍馬)의 고향 고치(高知) 등 시코쿠 명소 여행에서는 필수적인 유용한 패스다.

- JR시코쿠 홈페이지(한국어) : www.jr-shikoku.co.jp/global/kr
- 3일권 : 해외 판매 12,000엔, 일본 내 판매 12,500엔
- 4일권 : 해외 판매 15,000엔, 일본 내 판매 15,500엔
- 5일권 : 해외 판매 17,000엔, 일본 내 판매 17,500엔
- 7일권 : 해외 판매 20,000엔, 일본 내 판매 20,500엔
- ※ 2023년 5월 20일 개정 가격 기준 / 소인(6-11세) 요금은 반액

42 — 도고온천 道後温泉

3,000년 역사의 온천, 황실 전용탕

도고온천 홈페이지(한국어) dogo.jp/ko
성분 단순온천. 지열로 생성된 비화산형 온천
용출 온도 42-51℃(혼합하여 46℃로 공급)
효능 신경통, 류머티즘, 위장병, 피부병, 통풍, 빈혈

시코쿠 에히메현 마쓰야마시(四国·愛媛県松山市)에 있는 3,000년의 역사를 가진 온천이다. 일본에서도 가장 오래된 온천으로 알려져 삼고탕(三古湯) 중 하나로 일컬어진다. 지열로 생성된 비화산형 온천이다. 이곳에서 약 3,000년 전 조몬 중기의 토기 석촉이 출토되기도 했다. 도고온천은 고대 시가집《만엽집》에도 기록되어 있다.

예전에는 이곳의 온천을 가리키는 이름으로 온센군(温泉郡, 湯郡)을 사용했다. 다리를 다친 백로가 바위틈에서 흘러나오는 탕에 몸을 담근 뒤 상처가 아물면 날아오르는 것을 보고 마을 사람들이 물에 손을 담가 효능을 확인하는 과정에서 온천이 발견되었다는 전설이 전해진다. 백로가 내려앉은 흔적이 남았다고 전해진 돌 사기이시(鷺石)는 전차정류장 앞의 소공원 호쇼엔(放生園)에 전시되어 있다. 백로는 도고온천을 대표하는 상징 중 하나이다. 도고온천 본관 주위의 울타리도 백로를 모티브로 하여 디자인한 것이다.

1635년 마쓰야마 번주에 의해 대대적 정비가 이루어지며 온천이 크게 활성화되었다. 1894년에는 도고온천 본관이 온천가 한가운데

근대 일본식 디자인으로 건축되었다. 당시 마쓰야마 중학교의 영어 교사로 부임한 유명 소설가 나쓰메 소세키(夏目漱石)는 본관의 아름다움에 매우 감탄했다고 한다. 그의 작품 《봇짱(坊つちゃん)》과 그가 쓴 편지 등에서 도고온천 본관에 대해 극찬한다.

1950년에는 쇼와 천황이 방문하여 온천을 이용했으며 1966년에는 도고온천 본관 3층에 '봇짱의 방(坊つちゃんの間)'이 생겨났다. 이후 1988년 세토오하시(瀬戸大橋)가 개통되며 온천 숙박객이 급증했다. 이 시기 도고온천 측은 본관 건축 100주년을 기념하며 전차 종점 앞 광장에 봇짱 시계탑을 설치하고 봇짱 열차를 복원해서 운행을 시작했다. 시계탑과 열차는 현재 에히메현의 유명 관광지이다.

1994년에는 도고온천 본관이 국가의 중요문화재로 지정되었고, 지금도 도고온천을 대표하는 상징이다. 동부편에서 소개한 긴잔온천과 함께 미야자키 하야오 감독의 애니메이션 〈센과 치히로의 행방불명〉의 배경 모티브로 사용되기도 했다.

도고온천가(道後温泉街)

도고온천 본관을 중심으로 료칸과 호텔, 상점들이 밀집해 있다. 도고온천 본관 앞에서 마쓰야마 시내 전차 도고온천역까지 L자형으로 구성된 도고온천 상가 거리가 있는데, 기념품점과 식당 등이 늘어서 있다. 도고온천역 앞에는 소공원 호쇼엔(放生園)이 있다. 매시간 정각이면 음악소리와 함께 《봇

짱》속 인형들이 등장하는 봇짱 시계탑, 아시유(足湯), 유가마(湯釜) 등도 있다. 유가마 주위에 있는 벤치에 걸터앉아 족탕에 발을 담그고 피로를 풀 수 있다. 야간에는 봇짱 열차 기관차와 객차가 역전 광장의 환한 조명 아래 서 있다. 호쇼엔 옆 상가 입구에는 관광안내소, 온천 료칸조합 사무실 등이 있다.

근처에 도고 공원(道後公園), 호곤지(寶嚴寺), 탕축성(湯築城)지, 니키타쓰(二北)의 길, 마쓰야마 시립박물관, 세키미술관 등의 관광 명소도 있다. 도고온천 주위로 인력거가 운행되고 있으며 도고온천 본관 앞에 인력거 주차장이 있다.

소토유(外湯)

도고온천에는 3개의 소토유, 즉 공동 온천탕이 운영되고 있다.

도고온천 본관(道後温泉本館)

마쓰야마 시영으로 많은 관광객들이 찾는 곳이다. 황족 전용 욕실인 우신전(又新殿)도 있다. 리뉴얼 공사로 목욕탕 면적이 매우 작아졌

본관 목욕탕, 쓰바키노유, 아스카노온센

기 때문에 혼잡하다.

- 영업시간 : 06:00-23:00
- 입욕료(神の湯, 가미노유) : 대인 700엔, 소인 350엔

쓰바키노유(椿の湯)

마쓰야마 시영으로 가격이 저렴해서 주로 현지인이 많이 이용한다. 2018년 내외장 리모델링 공사를 하고 난 후 목욕탕 수심이 얕아졌다.

- 영업시간 : 06:30-23:00
- 입욕료 : 대인 450엔, 소인 150엔 / 사물함비 10엔

도고온천 별관 아스카노온센(道後温泉別館 飛鳥乃温泉(あすかのゆ)

마쓰야마 시영이다. 쇼토쿠 태자(聖德太子)가 방문했던 역사를 모티브로, 아스카시대를 이미지화하여 건축했다. 경로 할인이 없고 입장료가 약간 비싸서 현지인 손님이 적다. 전반적으로 혼잡하지 않아서 느긋하게 목욕하기에 좋다.

- 영업시간 : 06:00-23:00
- 입욕료 : 대인 610엔, 소인 300엔

봇짱 열차(坊っちゃん列車)

19세기말 소형 협궤철도(輕便鐵道) 시대의 이요(伊予)철도에서 운용하던 증기기관차(SL)와 SL이 견인하던 작은 열차이다. 나쓰메소세키의 소설 《봇짱》에서 이요철도가 운행하던 작은 기차는 '성냥갑 같은 기차'로 등장한다. 또한 마쓰야마 중학교에 부임하는 주인공 봇짱(도련님)이 기차를 타면서 봇짱 열차로 불리게 됐다. 2001년 이요철도에 의해 복원되었으나 사실은 외형만 SL로 복원한 디젤기관차이다. 마쓰야마 시내 전차 궤도에서 운행하면서 마쓰야마의 관광 명물이 되었다.

1888년 독일에서 증기기관차를 수입할 당시 열차를 분해하지 않고 차체를 나무 상자에 담아 왔다는 일화가 있을 정도로 매우 작다. 지금도 종점에 도착해서 기관차의 방향을 돌릴 때 승무원 두 명이 살짝 들어서 돌리는 광경을 볼 수 있다. JR마쓰야마역은 경유하지 않아 승차할 수 없다. 노면전차를 이용해 마쓰야마시역으로 간 후 환승하는 것을 추천한다.

- 운행 구간 : 마쓰야마시역(松山市駅)-도고온천역
- 요금 : 1회 승차 대인 1,300엔, 소인 650엔
- 마쓰야마 시내 전차 요금 : 1회 승차 230엔 / 1일권 800엔 / 2일권 1,100엔

교통편

① 다카마쓰(高松)공항 입국 시 다카마쓰역에서 JR패스 교환(구입)

특급 이시즈치(いしづち) / 다카마쓰-마쓰야마(松山)전차 환승-도고온천

특급 이시즈치 다카마쓰역 출발 시간표(2시간 30분 소요)

07:37	08:45	09:42	10:47	11:50	12:50	13:50
14:50	15:50	16:50	17:53	18:59	19:52	20:59

② 오카야마(岡山)공항 입국 시 쾌속 마린라이너 / 오카야마-다카마쓰 / JR패스 교환

특급 이시즈치 환승 다카마쓰-마쓰야마(松山)전차 환승-도고온천

쾌속 마린라이너 오카야마역 출발 매시간 2-3편(1시간 소요) 요금 1,660엔

특급 이시즈치

마쓰야마 시내 전차

43 — 오보케협곡온천 大步危峽温泉

가을 단풍과 협곡 뱃놀이

오보케·이야온천 홈페이지 www.oboke-iya.jp/hotel
성분 알칼리성 단순온천. 피부의 회춘탕이라는 별명
용출 온도 21℃(냉광천)

도쿠시마현 미요시시(德島県三好市) 요시노가와(吉野川) 중류의 오
보케협곡(大步危峽)에 있는 온천이다. 1979년에 공공 숙소인 선리버
오보케(サンリバー大步危)가 개업하며 시작되었다. 역사가 짧은 작은
온천이나 바로 앞에 흐르는 오보케 계곡의 절경과 인근 명소 때문에
찾는 이들은 꾸준한 편이다. 특히 가을철 단풍을 보러 오는 관광객들
이 많다.

오보케 안쪽의 이야계곡(祖谷)온천과 합쳐서 오보케·이야온센고
(大步危, 祖谷温泉郷)로도 불린다. 공동 온천장은 없고 각 료칸의 당일
치기 온천은 이용할 수 있다. 오보케협곡온천은 피부의 회춘탕이라
는 별명을 가지고 있다.

오보케교(大步危峽)

겐잔(劍山) 국정공원에 속해 있으며 100년이 넘는 역사를 가진 오
보케 유람선으로 잘 알려져 있다. 여름철에는 래프팅과 카약을 즐기
는 사람들이 많이 찾는다. 수킬로미터 하류에 있는 고보케(小步危)와

함께 '오보케·고보케'로 묶어서 불린다. 오보케역에서 하류 쪽으로 1km가량 내려가면 국도 옆에 암석과 광물들을 전시하고 있는 박물관인 '라피스오보케(ラピス大歩危)'가 있다.

도쿠시마 산간 지방 전설의 요괴인 '코나키지지(こなきじじ)'의 발상지이다. 요괴에 관한 전설이 150여 개나 있어 요괴 마을로서 다시금 지역의 부흥을 꾀하고 있다. 보케(ほき、ほけ)는 산허리나 계곡에 접한 절벽을 뜻하는 옛말로 '호케(崩壊, 붕괴)'라고도 쓰며 기암괴석이

많은 곳을 나타내는 단어이다. '큰 걸음으로 걸으면 위험하다'는 뜻에서 오보케라는 이름이 유래되었다는 이야기도 있다.

오보케역 근처의 숙소로는 오보케 계곡 유람선을 운영하는 '쿄고쿠노 유주쿠 오보케교 만나카' 료칸이 있다. 역에서 가까운 편이다. 약간 멀지만 최초로 영업을 시작한 '선리버 오보케' 온천 료칸도 이용 가능하다. 두 곳 모두 역에서 무료 셔틀 서비스를 제공한다.

선리버 오보케(サンリバー大歩危)

객실과 노천탕에서 오보케협곡 위의 철교를 지나가는 기차의 모습을 볼 수 있다. 오보케역 방향으로 도보 10분 거리의 길가에 편의점과 식당이 있다. 저녁 때 오보케 계곡을 내려다보며 편의점까지 산책하는 것도 좋다.

쿄고쿠노 유주쿠 오보케교 만나카(峡谷の湯宿 大歩危峡まんなか)

오보케역에서 도보 20분 거리에 있다. 산에서 내려오는 또 다른 계곡과 만나는 분기점에 위치해 있으며 오보케 계곡 유람선을 함께 운영한다. 선착장까지 가깝다는 장점이 있다.

오보케 유람선

1890년대 초 숙소 겸 식당을 하던 '쿄고쿠노 유주쿠 오보케교 만나카' 주인이 배 한 척을 만들어 장어 낚시를 하며 숙박객을 태워주던 것으로부터 출발했다. 배를 타고 유람하며 바라보는 오보케 계곡의 경치가 아름답다는 소문이 나자, 이후 아들이 본격적으로 유람선을 운행하기 시작했다. 지금은 오보케 계곡의 명물로 자리 잡아 사계절 내내 많은 관광객들의 인기를 끌고 있다.

- 운행 시간 : 09:00~17:00(유람 시간 30분)
- 요금: 대인 1,500, 소인 750엔

교통편

① 다카마쓰(高松)공항 입국 시 다카마쓰역에서 JR패스 교환(구입)

특급 시만토(しまんと)/다카마쓰-오보케(大歩危)역 셔틀버스-오보케온천

특급 시만토(직통) 다카마쓰역 출발 시간표(1시간20분 소요)

07:23   08:25   18:27

특급 이시즈치 다카마쓰-우타즈/특급 난푸(南風)환승-오보케-온천 셔틀버스

특급 이시즈치 다카마쓰역-우타즈(宇多津)/출발 시간표(약 25분 소요)

07:37	08:45	09:42	10:47	11:50	12:50	13:50
14:50	15:50	16:50	17:53	18:59	19:52	20:59

고치(高知)행 특급 난푸 환승 우타즈-오보케/출발 시간표(약 1시간 소요)

09:33	10:40	11:44	12:41	13:40	14:40
15:41	16:43	17:41	18:42	19:43	20:45

② 오카야마(岡山)공항 입국 시 쾌속 마린라이너/오카야마-다카마쓰/JR패스 교환

쾌속 마린라이너 오카야마역 출발 매시간 2-3편(1시간 소요) 요금 1,660엔

나머지 일정은 ①항과 동일

특급 난푸(南風)

JR올시코쿠패스 모델 코스 일정표

에어서울이 다카마쓰 노선에 운항을 재개하게 되어 빠르고 편리하게 갈 수 있도록 다카마쓰를 중심으로 코스를 소개한다.

[3박 4일]

❶ 다카마쓰-도고온천, 마쓰야마(1박)-오보케계곡 온천(1박)-리츠린 공원, 다카마쓰(1박)

1일　다카마쓰공항-다카마쓰역 공항버스 이동, JR패스 교환(구입)

　　　특급 이시츠지 다카마쓰-마쓰야마 시간표(2시간 30분 소요)

　　　07:37　08:45　09:42　10:47　11:50　12:50　13:50

　　　14:50　15:50　16:50　17:53　18:59　19:52　20:59

　　　마쓰야마 시내 관광(마쓰야마성, 봇짱 열차), 도고온천 숙박

2일　시오카제 12호 마쓰야마 09:15-11:20 다도츠 환승

　　　난푸 7호 11:56-12:51 오보케

　　　시오카제 14호 마쓰야마 10:21-12:21 다도츠 환승

　　　난푸 9호 12:49-13:50 오보케

　　　오보케협곡, 이야협곡 관광 숙박

3일　난푸 8호 오보케 10:02-11:04 우타즈 환승

　　　쾌속 선포트난푸릴레이 11:10-11:33 다카마쓰

　　　난푸 10호 오보케 11:04-12:03 우타즈 환승

　　　쾌속 선포트난푸릴레이 12:10-12:33 다카마쓰

　　　다카마쓰 시내 관광(다카마쓰항, 리츠린 공원), 다카마쓰 숙박

4일   다카마쓰공항 귀국

❷ 다카마쓰-도고온천, 마쓰야마(1박)-오보케계곡온천(1박)-도쿠시마, 나루토해협-
   다카마쓰(1박)

1일   다카마쓰공항-다카마쓰역 공항버스 이동, JR패스 교환(구입)

      다카마쓰-마쓰야마(①항 시간표 참조)

      마쓰야마 시내 관광(마쓰야마성, 봇짱 열차), 도고온천 숙박

2일   시오카제 12호 마쓰야마 09:15-11:20 다도츠 환승

      난푸 7호 11:56-12:51 오보케

      시오카제 14호 마쓰야마 10:21-13:22 다도츠 환승

      난푸 9호 12:49-13:50 오보케

      오보케협곡, 이야협곡 관광 숙박

3일   난푸 8호 오보케 10:02-10:19 아와이케다 환승

      겐잔 6호 아와이케다 10:30- 1:43 도쿠시마 / 나루토센 환승

      보통 11:58-12:37 나루토, 나루토해협 우즈시오(소용돌이) 관광

      나루토 17:00-17:17 이케노타니 환승

      우즈시오 24호 17:37-18:32 다카마쓰 숙박

4일   다카마쓰공항 귀국

[4박 5일]

❶ 다카마쓰-도고온천, 마쓰야마(1박)-오보케계곡온천(1박)-나루토해협, 도쿠시마
   (1박)-리츠린공원, 다카마쓰(1박)

1일   다카마쓰공항-다카마쓰역 공항버스 이동, JR패스 교환(구입)

      다카마쓰-마쓰야마(①항 시간표 참조)

      마쓰야마 시내 관광(마쓰야마성, 봇짱 열차), 도고온천 숙박

2일   시오카제 12호 마쓰야마 09:15-11:20 다도츠 환승

　　　난푸 7호 11:56-12:51 오보케

　　　시오카제 14호 마쓰야마 10:21-13:22 다도츠 환승

　　　난푸 9호 12:49-13:50 오보케

　　　오보케협곡, 이야협곡 관광 숙박

3일   난푸 8호 오보케 10:02-10:19 아와이케다 환승

　　　겐잔 6호 아와이케다 10:30-11:43 도쿠시마 / 나루토센 환승

　　　보통 11:58-12:37 나루토, 나루토해협 우즈시오(소용돌이) 관광

　　　나루토 16:00-16:44 도쿠시마 또는

　　　나루토 17:00-17:51 도쿠시마 시내 관광, 숙박

4일   도쿠시마-다카마쓰(특급 우즈시오 매시간 운행 1시간 10분)

　　　다카마쓰 시내 관광(다카마쓰항, 리츠린 공원), 다카마쓰 숙박

5일   다카마쓰공항 귀국

❷ 다카마쓰-도고온천, 마쓰야마(1박)-JR시코쿠철도 일주, 고치(1박)-
　 오보케 계곡온천(1박)- 나루토해협, 도쿠시마, 다카마쓰(1박)

1일   다카마쓰공항-다카마쓰역 공항버스 이동, JR패스 교환(구입)

　　　다카마쓰-마쓰야마(①항 시간표 참조)

　　　마쓰야마 시내 관광-마쓰야마성, 봇짱 열차, 도고온천 숙박

2일   우와카이 9호 마쓰야마 10:18-11:40 우와지마 / 요토센 환승

　　　보통 12:18-14:36 쿠보카와 / 토산센 환승(환승 대기 시간 1시간 20분)

　　　아시즈리 12호 15:56-17:04 고치

　　　(계절 특급 시코쿠토사토키 15:13-17:53 고치 : 3월 말-9월 말 주말 운행)

　　　고치 시내 관광 숙박

3일   오전 고치성, 시내 관광 관람

　　　난푸 16호 고치 13:13-14:04 오보케

　　　오보케협곡, 이야협곡 관광 숙박

　　　(매시간 13분 출발 50분 소요, 편리한 시간으로 선택)

4일   난푸 8호 오보케 10:02-10:19 아와이케다 환승

　　　겐잔 6호 아와이케다 10:30-11:43 도쿠시마 / 나루토센 환승

　　　보통 11:58-12:37 나루토, 나루토해협 우즈시오(소용돌이) 관광

　　　나루토 17:00-17:17 이케노타니 환승

　　　우즈시오 22호 16:54-17:44 다카마쓰 숙박 또는

　　　나루토 17:03-17:22 이케노타니 환승

　　　우즈시오 24호 17:37-18:32 다카마쓰 숙박

5일   다카마쓰공항 귀국

올 시코쿠패스를 이용해 갈 수 있는 명소

1. 다카마츠의 사누키 우동집 순례

2. 아름다운 전통 양식의 리츠린 공원(栗林公園)

3. 도쿠시마(德島)의 나루토(鳴門) 해협의 우즈시오(渦潮-바다 소용돌이)

4. 세계의 명화를 도자기로 복제한 나루토(鳴門) 오츠카미술관(大塚国際美術館)

5. 세토내해(瀬戸内海)의 섬 쇼도시마(小豆島) 관광(올시코쿠패스로 페리 승선)

6. 또다른 세토내해(瀬戸内海)의 섬 나오시마(直島)

　　점박힌 호박으로 유명한 세계적인 예술가 쿠사마 야요이의 호박 작품들과 한국의

　　미술가 이우환 미술관도 있다.

6장

후쿠오카, 가고시마-JR큐슈

후쿠오카

나가사키

미야자키

가고시마

JR북큐슈
레일패스

벳푸온천, 유후인온천,
다케오온천, 우레시노온천

    후쿠오카부터 서남쪽으로는 나가사키, 하우스텐보스, 구마모토, 동쪽으로는 시모노세키, 동남쪽으로는 유후인과 벳푸, 오이타까지 큐슈 북부 지방의 명소들을 큐슈 신칸센과 2022년 9월 23일 새로이 개통된 다케오온천-나가사키구간의 서큐슈 신칸센를 비롯하여 특급, 보통열차로 여행할 수 있는 매우 인기가 높은 유용한 패스이다. 단, 하카타-고쿠라 구간의 산요 신칸센은 JR서일본에서 운행해서 이용 할 수 없다.

- 3일권 : 대인(12세 이상) 12,000엔, 소인(6-11세) 6,000엔
- 5일권 : 대인(12세 이상) 15,000엔, 소인(6-11세) 7,500엔

44 — 벳푸온천 別府温泉

일본에서 가장 원천지가 다양한 온천

큐슈 동부 오이타현 벳푸(大分県別府)에 있다. 해발 1,375m의 쓰루미다케(鶴見岳)와 해발 1,045m의 가란다케(伽藍岳) 두 화산의 동쪽으로 산재해 있는 수백 개의 온천들을 일컫는다. '벳푸핫토(別府八湯, 벳푸 8탕)' 또는 '벳푸 온센고(別府温泉郷)'라고도 부른다.

원천의 개수와 용출량 모두 일본 최대 수준이다. 벳푸 지옥 순례 등 명소가 많아 매년 800만 명 이상이 찾는 일본 최대의 온천 도시다. 벳푸 8탕의 온천 마을은 역사와 수질, 분위기가 모두 다르다. 매해 4월 초에는 풍성한 온천의 혜택을 감사하는 '벳푸 8탕 온천 축제'가 열린다.

1928년 일본 최초로 여성 버스가이드가 안내하는 벳푸 지옥 순회 버스를 운행하여 관광객들에게 큰 인기를 끌었다. 대나무 소쿠리 등을 만드는 죽세공(竹細工)과 빗을 만드는 츠게세공(柘植細工)은 지금까지도 유명하다. 벳푸 죽세공은 전통 공예품으로 지정되어 있다.

벳푸는 헬렌 켈러를 비롯해서 많은 미국 및 유럽의 유명 인사들이 방문한 장소이기도 하다. 벳푸온천은 워낙 범위가 넓기 때문에 벳푸역 관광안내소에서 안내 지도와 팸플릿을 받아 나름대로의 일정을 짜서 돌아볼 것을 추천한다.

벳푸온천

JR벳푸역 주변에 위치한 온천 마을로, 벳푸 8탕 중에서도 가장 유흥가의 분위기를 가지고 있어 밤이면 음식점과 벳푸타워 등 번화가의 네온이 번쩍인다. 옛 항구 근처에 시영 온천인 다케가와라온천(竹瓦温泉)이 있어 스나유(砂湯, 모래찜질 온천)를 즐길 수 있다. 다케가와라온천과 다케가와라코지(竹瓦小路) 목조 아케이드는 '벳푸온천 관련 유산'으로, 2009년 근대화 산업유산으로 등록되었다.

• 성분 : 단순온천, 식염천, 중조천, 중탄산토류천 등

칸나와온천(鉄輪温泉)

벳푸 시가지와 묘반온천 사이 벳푸 지옥 순례지의 중심지에 있다. 온천장의 분위기를 간직하고 있는 곳으로 곳곳에서 온천수가 솟아오르고 있다. 카시마 료칸(貸間旅館, 셋방 료칸)들이 늘어서 있어 많은 사람들이 셋방 료칸을 이용해 자취를 하고 온천 수증기로 난방도 하

며 오래 머무르면서 온천 치료를 한다. 지고쿠가마를 이용할 수 있는 지고쿠무시(地獄蒸し, 지옥찜) 공방도 있다.

주변에 우미지고쿠(海地獄), 오니이시보즈지고쿠(鬼石坊主地獄), 야마지고쿠(山地獄), 가마토지고쿠(かまど地獄), 오니야마지고쿠(鬼山地獄), 시라이케지고쿠(白池地獄) 등 다양한 지옥이 있다. 공동 온천탕인 효단온천(ひょうたん温泉, 표주박 온천)에서는 노천탕, 암반탕, 폭포탕과 모래찜질 온천 등 다양한 온천을 즐길 수 있다.

지고쿠지대 공원 부근에는 일본 최초로 원천을 지열 발전에 이용한 흔적이 있다. 온천열을 이용해 채소, 화훼의 재배와 연구를 하고 있는 화훼연구소도 있다. 전설에 따르면 가마쿠라시대 넓은 지옥 지대였던 이곳을 한 스님이 호노오호노메 신사 제신(火男火売神社 祭神)

의 인도로 온천으로 만들었다고 한다.

- 성분 : 단순온천, 식염천, 염화물, 황산염, 탄산철천 등

묘반온천(明礬溫泉)

에도시대부터 온천 침전물인 묘반(明礬)을 채취해 온 산골짜기에 있다. 벳푸 시내에서 조금 떨어진 가란다케 중턱 해발 400m 지대에 있는 급경사 지열 지대이다. 유노하나(湯の花) 채취 시설인 유노하나 고야(湯の花小屋)가 있다. 이곳의 유노하나 제조 기술은 중요 무형 민속문화재로 지정되어 있다.

콜로이드 유황이 함유되어 하얗게 흐려진 온천이 많다. 벳푸온천 휴양랜드에서는 피부 미용 효과가 높은 '도로유(ドロ湯)'를 경험할 수

있다. 높은 언덕에 있는 ANA 인터컨티넨탈 벳푸 리조트&스파에서는 벳푸만과 벳푸시의 거리 풍경을 내려다볼 수 있다. 칸나와온천(鉄輪温泉)과 함께 '벳푸의 온천 수증기와 온천지 경관(別府の湯けむり·温泉地景観)'이라는 이름으로 국가 중요 문화적 경관으로 선정되었다. 시영 온천인 카쿠쥬센(鶴寿泉)이 있다.

- 성분 : 산성황화수소천, 유황천, 알루미늄, 녹반천
- 효능 : 신경통과 류머티즘, 피부병

하마와키온천(浜脇温泉)

JR히가시벳푸(東別府)역 앞 바닷가 아사미가와(朝見川)강 하구에 있다. 시영 온천 하마와키온천·유토피아하마와키(浜脇温泉·湯都ピア浜脇) 등 공동 온천이 많다. 안타깝게도 지금은 이름의 유래처럼 모래사장에서 온천이 솟아나는 모습은 볼 수 없다. 에도시대 말기에는 벳푸온천보다 낫다는 평을 받기도 하는 등 주요 온천으로 평가받았다.

- 성분 : 탄산 수소 염천, 염화물천 등

칸카이지온천(観海寺温泉)

아사미가와 상류 산기슭 길가의 온천 마을이다. 벳푸만의 전망이 좋다. 대형 리조트 호텔인 스기노이 호텔이 있으며 실내 온수풀 아쿠

아비트와 전망 노천탕 등 각종 레저 시설들이 있다.

- 성분 : 단순온천, 함중조 식염천
- 효능 : 신경통, 류머티즘

호리타온천(堀田溫泉)

에도시대에 문을 연 조용한 산속 온천이다. 유후인온천(由布院溫泉)으로 가는 규슈 횡단도로 연변에 있는 원천 지대이다. 온천의 수량이 풍부해 벳푸 시내의 공동 온천 등에 온천수를 공급하기도 한다. 시영 온천인 '호리타온천'이 있다.

- 성분 : 약산성 저성장성 고온천 유황천

시바세키온천(柴石温泉)

치노이케지곡쿠(血の池地獄)와 타츠마키지고쿠(龍巻地獄) 일대에 있는 유서 깊은 온천이다. 895년과 1044년에 천황이 온천욕을 했던 것으로 전해져 온다. 시바세키가와를 따라서 골짜기에 있다.

• 성분 : 함철천, 황산염천 등

카메가와온천(亀川温泉)

JR카메가와역 근처의 바닷가에 있는 온천 마을로 1900년대 초 개원한 해군 병원(현·국립 병원 기구 벳푸 의료센터)을 중심으로 발전했으며, 카메가와역 근처에는 시영 온천 '하마다온천(浜田温泉)'과 하마다 온천 자료관이 있고 쇼닌가하마(上人ヶ浜)에 시영 온천 벳푸카이힌 스나유(別府海浜砂湯)가 있다.

• 성분 : 단순온천 나트륨,염화물

카메노이버스(亀の井バス) 1일, 2일 프리 승차권을 사용하면 시내 대부분을 저렴하게 돌아볼 수 있어 편리하다. 미니(ミニ)는 벳푸 시내 지역, 와이드(ワイド)는 유후인까지 다녀올 수 있다.

• 카메노이버스 프리 승차권 홈페이지 :
www.kamenoibus.com/guruspa/hp/info/index.html
• 미니(벳푸시내) : 1일권 1,100엔 / 2일권 1,700엔
• 와이드(유후인 지역포함) : 1일권 1,800엔 / 2일권 2,800엔

특급 소닉이 하카타역에서 매시간 1-2회 운행한다(소요 시간 약 2시간).
아침 7시부터 오후 8시까지는 대부분 매시 정각과 20분에 출발한다.

특급 소닉

45 — 유후인온천 由布院温泉

일본 여성 인기 1위 온천, 아기자기한 산책로

유후인온천 관광협회 홈페이지 www.yufuin.gr.jp
성분 단순온천
용출량 38,600L/분(전국 2위)

　　오이타현 유후시(大分県由布市)의 해발 1,584m 높이의 유후다케(由布岳) 아래에 있는 온천이다. 용출량과 원천의 수가 모두 전국 2위로, 풍부한 용출량을 자랑한다. 1959년 유노히라온천(湯平温泉)과 함께 국민 보양 온천지로 지정되었다. 2019년에는 유후인(湯布院, 원래는 由布院으로 표기) 시내의 츠카하라온천(塚原温泉), 쇼나이온천(庄内温泉), 하사마온천(挾間温泉)을 포함하여 '유후인온천 마을(湯布院温泉郷)'로 확대 지정되었다. 관광협회와 료칸조합은 마을 이름을 유후인(由布院)보다는 온천임을 나타낼 수 있는 유후인(湯布院)으로 꾸준히 홍보하고 있다.

　　소박한 시골과 같은 분위기의 온천으로 대형 호텔이나 유흥 시설이 없다. 1965년부터 매년 여름에 영화제나 음악제를 개최하는 등 문화적인 환경으로 가꾸어 왔다. 해마다 여성들이 가장 방문하고 싶어하는 인기 1위의 온천으로 꼽히기도 한다.

　　옛날에는 벳푸주탕(別府十湯)의 하나로 꼽혔지만, 20세기초 행정 구역이 변경되며 벳푸핫토가 되었다. 이후 벳푸와 유후인 사이의 도로와 철도가 개통하며 유후인온천의 독립적인 발전이 시작되었다. 1955년에는 유노히라와 합병하며 현재의 모습을 갖추게 되었다. 유흥 시설 위주의 온천 마을보다는 자연과 환경을 지키는 마을로 모두가 나서서 가꾼 결과이다.

1975년 발생한 지진으로 큰 피해를 입었다. 하지만 유후인 건재를 홍보하기 위한 마차가 전원 풍경과 잘 어우러져 길거리 마차로 큰 인기를 얻으며 위기를 극복할 수 있었다. 지금은 유후인 영화제와 음악제가 유후인의 명물로 자리 잡으며 '예술의 고장'으로 존재감을 확보하고 있다. 그러나 마을 곳곳에 캐릭터 상품점과 기념품점 등이 급격히 늘어나며 예전의 전원적인 모습이 점차 없어져 가고 있다. 2016년에 구마모토 지진의 여파로 일부에서 온천이 나오지 않게 되었다. 이외에도 온천탕이 재해를 입는 등 각종 피해가 발생한 바 있다.

유후인온천가

유후인역에서 온천가 쪽으로 뻗어 있는 산책로 유후미토리(由布見通り)부터 긴린코(金鱗湖)까지 계속되는 유노츠보 가이도(湯の坪街道)에는 예쁜 잡화점이나 카페, 레스토랑, 각종 전시관 등이 줄지어 있다. 여기저기를 구경하며 산책하다 보면 시간 가는 것을 잊어버리게 된다.

온천의 양이 풍부하고 또 넓은 범위에서 솟아나기 때문에 숙박 시설들은 대부분 번화한 거리를 벗어난 곳에 있다. 주변의 강가와 숲 사이, 언덕 위 등 자연 속에 흩어져 있는 것이다. 개발 제한으로 고층 대형 호텔도 없고 전원적이며 요란한 불빛의 유흥가도 없다. 그 대신 유후인타마노유(由布院 玉の湯), 가메노이벳소(亀の井別荘)를 비롯한 고급 일본 전통 료칸들이 많아 규슈 지역 온천 중 1위로 꼽히고 있

다. 연휴에는 많은 이들이 찾아 유노츠보 가이도가 사람들로 붐비기도 한다. 유후인역에서 온천가 쪽 정면으로 향하면 마을의 랜드마크인 유후다케가 보인다. 분지 특유의 아침 안개는 신비한 분위기를 자아낸다. 특히 겨울철에는 기온이 낮아 방사 냉각이 일어날 수 있다.

공동 온천탕 시탄유(下ん湯)

온천수가 풍부해 저렴한 가격으로 온천을 즐길 수 있는 공동 온천탕이 많다. 긴린코 옆에는 일반 손님도 목욕할 수 있는 소박한 시탄유(下ん湯)가 있다.
이외에도 현지 주민들만 이용할 수 있는 공동 온천이 곳곳에 있다.
- 영업시간 : 10:00-22:00
- 요금 : 300엔

긴린코(金鱗湖)

유후인역으로부터 도보 약 1.5 km의 거리에 있는 연못이다. 오이타가와(大分川)의 원류 중 하나로 아침 안개가 낀 풍경은 유후인온천을 대표하는 경치로 꼽힌다. 둘레 약 400미터, 면적은 0.8 헥타르, 수심은 약 2미터인 작은 호수이다. 5개의 하천이 유입되고 있는 호수에는 밑바닥에서부터 온천과 맑은 물이 솟아나온다. 그중에는 약 30℃의 온천수가 흐르는 하천도 있다. 온도차 때문에 가을부터 겨울까지 이른 아침이면 연못에 안개가 피어 오르는 환상적인 광경을 볼

수 있다. 이 풍경은 마치 쟁반에 안개가 낀 것처럼 보여 '기리본(霧盆)'
이라 불린다. 예전에는 산기슭의 연못 '다케모토노이케(岳下の池)'라
불렸다. 그러나 1884년 유학자인 모리 쿠와(毛利空桑)가 물고기의 비
늘이 석양을 받아 금빛으로 반짝이는 것을 보고 '긴린코'라는 이름을
지어 명칭이 바뀌었다고 전해진다.

　유후인 분지가 옛날에는 매우 큰 호수였으며 긴린코는 그 흔적이
라는 전설이 있다. 예전에는 매우 넓었으나 지진에 의한 산사태로 매
몰되어 좁고 얕아졌다는 이야기도 이어져 온다. 붕어와 잉어, 피라미
등이 살고 있고 연못 부근의 수로에는 멸종 위기종으로 지정된 조개
류인 온센미즈고마쓰보(オンセンミズゴマツボ)가 서식하고 있다. 호숫
가에 공동 온천탕 시탄유(下ん湯)와 '마르크·샤갈 유후인킨린호 미술
관'이 있다.

교통편

특급 유후인노모리(ゆふいんの森), 특급 유후(ゆふ) 하카타-유후인

유후 1호	하카타 07:43-유후인 10:03
유후인노모리 1호	하카타 09:17-유후인 11:31
유후인노모리 3호	하카타 10:11-유후인 12:27
유후 3호	하카타 12:14-유후인 14:39
유후인노모리 5호	하카타 14:38-유후인 16:50
유후 5호	하카타 18:30-유후인 20:49

특급 유후인노모리는 큐슈의 인기 있는 관광열차 중 하나로 맨 앞 차량의 전망 창을 통해 숲 사이로 뻗은 철길을 달리는 모습을 아름다운 풍광과 함께 즐길 수 있으며 승차 증명서와 함께 승무원들이 기념 촬영도 해준다. 전 좌석이 지정석이라 미리 예약을 하는 것이 좋다. 인기가 높아 주말과 공휴일에는 매진되는 경우가 많다.

46 ― 다케오온천 武雄温泉

큐슈 에키벤 1위 도시락, 수령 3,000년된 녹나무

다케오온천 관광협회 홈페이지 www.takeo-kk.net/spa/
성분 단순온천, 탄산수소염천
용출 온도 45-51℃

사가현 다케오시(佐賀県武雄市)에 있는 온천이다. 약 1,200년 전 황후가 칼자루로 바위를 한 번 찌르자 온천이 솟았다는 전설이 전해진다. 옛날에는 가라사키온천(柄崎温泉)이라고 불렀다. 호라이산(蓬莱山) 자락에 솟아났다고 해서 호라이센(蓬莱泉)이라고도 불렀다. 《히젠국풍토기(肥前国風土記)》에 우레시노온천(嬉野温泉)과 함께 이름이 등장한다. 임진왜란 때는 도요토미 히데요시가 다케오온천을 부상병들의 목욕탕으로 이용했다고 한다. 2차대전 후에는 우레시노온천과 함께 잠시 유흥 온천지의 역할을 수행하기도 했다. 한적하고 조용하기 때문에 최근에는 몰래 방문하는 연예인 등의 저명인사들도 많다고 한다.

최근에는 나가사키 신칸센 개통을 앞두고 관광지로서 개발이 활발해지고 있어 여러 가지 관광시설들이 들어서고 있다. 특히 다케오역에서 판매하는 사가규 도시락(佐賀牛弁当)은 큐슈 에키벤(駅弁) 대회에서 1위를 차지하기도 했다. 도시락은 이곳의 명물 사가규로 만들어졌다. 온천수를 이용한 화장수도 제조되고 있다.

다케오온천가

다케오온천가에는 다케오온센 루문(로우몬, 武雄温泉楼門)을 중심으로 17곳의 료칸들이 있다. 다케오온천 루문은 신관과 함께 국가 중요 문화재로 지정되어 있으며 온천 마을의 상징이다. 두 곳 모두 1914년 건설되었다. 루문을 들어서면 자료관인 다케오온천 신관과 공동 온천탕 및 대절 온천을 볼 수 있다. 신관은 1973년까지 공동 온천탕이었으며, 2003년 복원되었고 이후 2005년 루문과 함께 중요 문화재로 지정되었다.

수령 3,000년의 녹나무. 다케오온천 신사 뒤 숲속에 있다.

　　공동 온천탕은 모토유(元湯), 호라이유(蓬莱湯), 사기노유(鷺乃湯)의 3곳이 있고 대절 온천으로는 토노사마유(殿樣湯), 가로유(家老湯)와 가라사키테이(柄崎亭)가 있다. 봄과 여름에 축제가 열린다. 주변에 도자기요가 많아 매달 도자기 장터가 열리기도 한다.

다케오온천 료칸 슌케이야(春慶屋)

다케오온천 루문 앞에 있는 료칸이다. 옥상 노천탕에서 다케오 시가를 조망할 수 있다. 음식이 정갈하고 깔끔한 전통 료칸이다.

교통편

2022년 9월 23일 다케오온천-나가사키 구간의 서큐슈 신칸센(西九州新幹線) 카모메호(かもめ号)가 개통되면서 서큐슈 신칸센과 연결해주는 하카타-다케오온천을 운행하는 릴레이카모메(リレーかもめ)와 하카타에서 특급 미도리(사세보행) + 하우스텐보스(하우스텐보스행 병결)가 매시간 2-3편 운행하므로 편리하게 이용할 수 있다(1시간 10분 소요).

특급 하우스텐보스호

47 — 우레시노온천 嬉野温泉

황후의 온천, 피부 미용 온천

우레시노온천 관광협회 홈페이지 spa-u.net
성분 나트륨-탄산수소염 염화물천
용출 온도 85-90℃

사가현 우레시노시(佐賀県嬉野市)에 있다. 다케오온천과 함께 사가현을 대표하는 온천이다. 일본 중앙온천연구소에 의해 히노카미온천(斐乃上温泉), 기렌가와온천(喜連川温泉)과 함께 일본 3대 아름다운 피부 미용 온천으로 뽑히기도 하였다. '사가 우레시노온천'이라는 이름은 우레시노시가 상표로 등록했다.

아주 오랜 역사를 가지고 있는 온천이다. 설화에 따르면 과거 한 황후가 길을 지나가다 상처를 입은 백학을 마주쳤다고 한다. 황후는 백학을 크게 걱정했으나 백학은 강변으로 내려와 목욕을 마친 뒤 다시 힘차게 날아갔다. 이때 황후가 '아 기쁘구나'를 뜻하는, "아나, 우

레시야(あな, うれしや)"라는 감탄을 뱉어 온천의 이름이 지금과 같이 정해졌다고 한다. 이외에도 우레시노(嬉野)가 원래 '우레시야(うれしや)'라고 불렸다는 이야기, '우레시이노(うれしいの)'가 '우레시노(嬉野)'가 되었다는 온천조합의 주장 등 다양한 유래가 있다.

《히젠국풍토기》에는 우레시노가 여러 가지 병을 고치는 명탕으로 기록되어 있다. 에도시대에는 나가사키로 가는 길의 역참 마을로서 번창하였다. 2차대전 이후에는 서쪽의 벳푸라고 불릴 만큼 유흥 온천으로 유명세를 떨치기도 했다. 지금은 각 료칸이 품격을 갖추고, 특색을 살린 개성 있는 온천탕을 가지고 있다. 입욕 후 피부가 매끄러워지는 느낌을 주는 중조천(重曹泉)이다. 피부 미용 효과가 높다.

우레시노온천가(嬉野温泉街)

큐슈에서도 손꼽히는 온천 마을이다. 50여 채의 료칸이 있다. 우레시노가와를 사이에 두고 1830년 창업해 우레시노에서 가장 오래된 료칸인 오무라야(大村屋), 1987년 사가현을 방문한 쇼와 천황이 숙

박한 와타야벳소(和多屋別莊) 등이 유명하다.

온천가 가운데에는 1924년 독일인의 설계로 만들어진 공중 목욕탕 고토(古湯)가 있었다. 그러나 계속해서 노후화되고 2005년에 지진마저 발생하며 헐리게 되었다. 다행히 2010년 본래의 설계대로 재건축되어 새로운 명칭인 '시볼트노유(シーボルトの湯)'로 다시금 문을 열게 되었다. 아시유 광장에는 같은 이름의 무료 족탕도 있다. 우레시노 온천수는 수질과 물맛이 매우 뛰어나 마시기에도 좋다. 이러한 온천수로 만드는 '우레시노 온센유도후(嬉野温泉湯どうふ, 온천 두부)'는 우레시노의 대표 명물이다. '우레시노 온센유도후'라는 명칭은 우레시노시 상표로 등록됐다. 우레시노에서는 과거부터 품질이 뛰어난 차가 재배되고 있다. 우레시노시와 관광협회에는 '차와 온천'의 마을임을 적극적으로 홍보하고 있다.

와타야벳소(和田屋別莊)

쇼와 천황이 묵었던 곳이다. 우레시노가와를 가로질러 본관과 별

관이 복도식 다리로 연결된 특이한 구조의 료칸이다. 갤러리를 연상케하는 실내 장식과 함께 아름다운 정원, 그리고 우레시노가와 강가에 붙어 있는 노천탕의 분위기가 색다르다. 사가의 명물인 사가규 스키야키를 비롯해 다양한 요리를 즐길 수 있다.

교통편

다케오온천역 기차 시간표와 동일하고 다케오온천역 남쪽 출구 버스정류장에서 버스로 약 33-40분 정도 걸린다(요금 670엔).

다케오온천역 남쪽출구-우레시노 버스센터 출발 시간표

08:40	09:20	09:57	10:27	11:00	11:35	12:50	13:45
14:31	15:26	15:56	16:56	17:22	18:11	18:45	19:20
19:56	20:27						

JR북큐슈 레일패스 모델 코스 일정표

[3박 4일]

❶ 후쿠오카-유후인(1박)-벳푸(1박)-(분고다카타)후쿠오카(1박)

1일 후쿠오카공항 오전 입국 하카타역 이동(지하철)

하카타역 JR패스교환(구매)

유후 3호 하카타 12:13-14:39 유후인

유후인노모리 5호 하카타 14:38-16:50 유후인

유후인온천 거리 긴린코 등 관광, 유후인온천 숙박

2일 유후 1호 유후인 10:05-11:04 벳푸

유후인노모리 3호 유후인 12:27-13:27 벳푸

유후 3호 유후인 14:42-15:43 벳푸

벳푸 시내 온천 마을 관광 벳푸온천 숙박

3일 특급 소닉 벳푸-하카타(매시간 18-20분경에 1편-2시간 10분)

후쿠오카 시내 관광 숙박 또는

소닉 20호 벳푸 10:20-10:49 우사 / 버스 환승 11:05-11:17(250엔)

분고다카타 쇼와시대 레트로 마을 관광

분고다카타 13:36-13:45 우사 / 소닉 32호 13:49-15:28 하카타

후쿠오카 시내 관광 숙박

4일 후쿠오카공항 귀국

❷ 후쿠오카-다케오온천(1박)-우레시노온천(1박)-후쿠오카(1박)

이 코스는 거리가 비교적 가까워 JR패스보다 각 구간별 티켓이 저렴하다. 특급열차
가 매시간 2-3편 있으므로 편리한 시간대 이용하기 바란다.

1일 후쿠오카공항 오전 입국 하카타역 이동(지하철)

릴레이카모메 또는 미도리호 하카타-다케오온천(1시간 10분)

다케오온천가 관광 숙박

2일 다케오 신사 수령 3,000년 녹나무 관람

다케오온천-우레시노온천 버스 이동

우레시노온천가 관광, 숙박

3일 우레시노온천-다케오온천역 환승 / 다케오온천-하카타

후쿠오카 시내 관광, 숙박

4일 후쿠오카공항 귀국

[4박 5일]

❶ 후쿠오카-다케오온천(1박)-우레시노온천(1박)-나가사키(1박)-후쿠오카(1박)

1일 후쿠오카공항 입국 하카타역 이동(지하철)

릴레이카모메 또는 미도리호 하카타-다케오온천(1시간 10분)

다케오온천가 관광 숙박

2일 다케오 신사 수령 3,000년 녹나무 관람

다케오온천-우레시노온천 버스 이동

우레시노온천가 관광, 숙박

3일 우레시노온천-다케오온천역 서큐슈 신칸센 환승-나가사키

• 서큐슈 신칸센 다케오온천역 출발 시간

07:03	07:42	08:28	09:23	10:01	11:03	11:58	12:56
13:58	14:57	15:57	16:58	17:24	18:00	18:25	19:04
19:27	20:03	20:31	21:06	22:04	23:13		

나가사키 시내 관광(그라바엔, 데지마, 평화 공원, 이나사야마야온천 등)

나가사키 숙박

4일 서큐슈 신칸센 카모메 나가사키-다케오온천 릴레이카모메 환승-하카타(1시간 40분)

   • 서큐슈 신칸센 나가사키역 출발 시간

   06:17   06:57   07:45   08:44   09:08   09:50   10:44   11:45

   12:42   13:45   14:41   15:42   16:43   17:13   17:42   18:15

   18:47   19:16   19:48   20:20   21:18   22:10

   후쿠오카 시내 관광, 숙박

5일 후쿠오카공항 귀국

❷ 후쿠오카-유후인(1박)-다케오온천(1박)-우레시노온천(1박)-후쿠오카(1박)

1일 후쿠오카공항 입국 하카타역 이동(지하철), JR패스 교환(구매)

   유후 3호 하카타 12:13-14:39 유후인

   유후인노모리 5호 하카타 14:38-16:50 유후인

   유후인온천 거리 관광-긴린코 등 유후인온천 숙박

2일 유후 2호 유후인 09:07-10:54 토스 환승

   미도리 19호 10:58-11:38 다케오온천 또는

   유후인노모리 2호 유후인 12:01-13:54 토스 환승

   릴레이카모메 또는 미도리 31호 13:58-14:37 다케오온천

   다케오온천가 관광 숙박

3일 다케오 신사 수령 3000년 녹나무 관람

   다케오온천-우레시노온천 버스 이동(우레시노온천편 버스 시간표 참조)

   우레시노온천가 관광, 숙박

4일 우레시노온천-다케오온천역 환승 / 다케오온천-하카타

   후쿠오카 시내 관광, 숙박

5일 후쿠오카공항 귀국

JR남큐슈
레일패스

이브스키온천, 기리시마온천,
타카치오온천

남큐슈 레일패스는 구마모토 공항, 가고시마 공항, 미야자키 공항으로 입국하는 경우 편리하게 이용할 수 있는 패스로 가고시마, 이부스키온천, 사쿠라지마 화산, 기리시마온천, 미야자키 등의 명소들을 여행하는 데 매우 유용하다.

• 가격 : 3일권 대인(12세 이상) 10,000엔, 소인(6-11세) 5,000엔

48 — 이부스키온천 指宿温泉

바닷가 모래찜질 온천

이부스키온천 관광협회 홈페이지 www.ibusuki.or.jp/spa
성분 나트륨-염화물
용출 온도 50-60℃가 많으나 100℃에 이르기도 한다.
용출량 약 12만 톤

가고시마현 이부스키시(鹿児島県指宿市) 동부에 있는 스리가하마
온천(摺ヶ浜温泉), 야지가유온천(弥次ヶ湯温泉), 니가츠덴온천(二月田温
泉) 등의 온천들을 모두 일컫는다. 가고시마현을 대표하는 관광지 중
하나이다. 스리가하마온천은 스나무시(砂蒸, 모래찜질)로 유명해 이브

스키의 상징과도 같은 온천이 되었다.

이부스키의 명칭은 유호스키(혹은 유부스키 湯豊宿)에서 유래했다는 설이 있다. 에도시대 이전에는 온천과 분출구가 많은 위험한 지역으로 여기면서도 뜨거운 온천을 이용해 삼베를 가열하거나 취사 및 목욕 등에 활용했다고 한다. 온천열을 농업이나 소금 생산에 이용하기 위해 대량의 온천수를 퍼 올렸다고 한다.

그러나 원천이 고갈되고 수온이 저하되는 등의 문제가 생겨 1964년 이후에는 온천을 이용한 소금 생산이 금지되었다. 1957년에는 새로운 원천 개발을 시도해 지하 200-300m 깊이에 새로운 온천 지층을 발견했고 이를 통해 고갈 문제를 어느 정도 해결할 수 있었다고 한다. 1960년대부터 인기 신혼여행지로 부상하며 '동양의 하와이'로 불리기도 했다.

이부스키온천가-스리가하마온천

스리가하마온천은 이부스키역 남동쪽 해안을 따라 자리하고 있다. 온천 이름은 모래사장 해변이라는 뜻의 '스나바가하마(砂場ヶ浜)'가 '스이가하마(スイガ浜)'로 불리다가 '스리가하마(摺ヶ浜)'로 바뀐 데서 유래했다고 한다. 약 1km 길이의 백사장에 온천으로 뜨거워진 모래사장이 있어 스나무시(모래찜질)의 명소로 알려져 있다.

스나무시란 휘저어 온도를 낮춘 모래에 유카타를 입은 뒤 머리만 남기고 파묻혀서 땀이 나도록 찜질을 하는것이다. 직원이 삽으로 모래를 덮어주고 머리에는 수건을 감아 모래가 달라붙는 것을 막아준다. 공영 스나무시 회관(公営砂むし会館)에서는 비가 올 때도 스나무

시를 할 수 있다. 이부스키역에서 해안가 남쪽 지역으로는 다양한 숙박 시설들이 들어서 있다.

스나무시 카이칸 사라쿠(砂むし会館砂楽)

바닷가에 자리한 천연 모래찜질 온천이다. 호텔 안에도 대욕장 등이 잘 갖추어져 있다. 애칭은 '사라쿠(沙樂)'인데 가고시마 사투리로, '돌아다니면 통한다'는 뜻의 '사라쿠(さらく)'와 발음이 같다. 이는 관광객들이 이곳저곳을 돌아다니다가 한 번쯤은 스나무시 온천 회관에 들러 모래찜질을 하며 휴양을 즐기기를 바라는 마음을 담은 것이라고 한다. 접수를 한 뒤 유카타를 받아서 갈아입고 해변으로 나가 직원의 안내에 따르면 찜질을 즐길 수 있다. 이후 모래찜질 온천을 마치면 실내 욕장에서 목욕을 하고 휴게실에서 쉬면 된다.

- 스나무시카이칸 사라쿠 홈페이지 : sa-raku.sakura.ne.jp
- 영업시간 : 08:30-20:30(연중무휴), 12:00-13:00(접수 휴무)
- 요금 : 스나무시(옵션에 따라) 대인 1,500-2,400엔, 소인 600-1,400엔
  일반온천 대인 800엔, 소인 400엔

교통편

① 가고시마공항 입국(가고시마추오역-이브스키역까지 특급, 쾌속, 보통열차)

- 특급 이부스키노 타마테바코(指宿のたまて箱) 시간표(50분 소요), 좌석이 바다를 향해 있는 관광열차이다.

  09:56   11:56   13:56

- 쾌속 나노하나(なのはな) 시간표(1시간 소요)

  07:51   15:35   17:50   18:48

- 보통열차 시간표(1시간 15분 소요)

  08:385   09:17   10:02-16:02(매시간 02분)

  17:12   18:08   19:05   20:00   21:11   22:26

② 구마모토공항 입국

구마모토역에서 JR패스 교환(구입) 후 큐슈 신칸센(九州新幹線)으로 가고시마추오역(鹿児島中央駅)에서 환승하면 된다. 큐슈 신칸센은 매시간 1-3편 운행한다.

③ 미야자키공항 입국

미나미미야자(南宮崎)역에서 특급 기리시마로 가고시마추오역(鹿児島中央駅)에서 환승하면 된다.

- 특급 기리시마 미나미미야자키역 시간표(약 2시간 소요)

  07:19   09:25   10:21   12:30   14:23   16:27   17:39   19:04

좌석이 바다를 향해 있다.   특급 이부스키노 타마테바코

49 — 기리시마온천 霧島温泉

남큐슈 지방 산속 온천

기리시마 관광협회 홈페이지(한국어) kirishimakankou.com
성분 단순온천, 식염천, 황화수소천, 유황천
용출 온도 36-80℃

기리시마온센고(霧島温泉郷)

가고시마현 기리시마시(鹿児島県霧島) 기리시마산 중턱에 흩어져 있는 나카쓰가와(中津川) 유역의 온천들이다. 1714년 가장 먼저 발견된 이오타니온천(硫黄谷温泉)과 1744년 발견된 에이노오온천(栄之尾温泉), 해발 800m에서 발견된 하야시다온천(林田温泉)을 비롯해 마루오온천(丸尾温泉), 쿠리카와온천(栗川温泉)과 묘반온천(明礬温泉) 등을 모두 일컫는다.

화산 분출물이 많아 험한 길을 통해 가야 하는 산속에 온천이 있어 메이지시대 이전에는 말이나 가마를 이용하지 않으면 쉽게 갈 수 없었다고 한다. 마루오온천은 기리시마온천 마을들의 중심지로 1819년에 발견되었다.

1917년부터 마루오 료칸이 영업을 시작하고 1937년 가고시마현립 기리시마온천 요양소(가고시마 대학 병원 기리시마 재활센터)도 문을 열면서 본격적으로 발전하기 시작했다. 이후 이곳은 '가고시마의 안방'으로 불리며 기리시마 관광의 거점으로 성장했다.

1959년에는 '기리시마온천'이라는 이름으로 국민 휴양 온천지로 지정되었다. 1866년 사카모토 료마(坂本龍馬) 부부가 이오다니온천과 에이노오온천에 방문했는데, 이는 일본 최초의 신혼 여행으로 알려져 있다. 사카모토 료마는 에도시대 무사로, 삿쵸 동맹을 성사시켜 에도막부를 무너뜨리고 왕정복고를 통해 일본의 근대화를 이끌다 젊은 나이에 암살당한 인물이다. 메이지유신을 통해 일본이 근대국가로 나아갈 수 있는 발판을 마련하였다고 평가받는다.

기리시마 마루오온천가

기리시마 연봉의 남쪽 중턱에 펼쳐진 온천지이다. 온천 시장을 중심으로 10여 곳의 호텔과 료칸들이 있다. 용출되는 온천의 양이 매우 많아 곳곳에서 온천 수증기가 올라오는 모습을 볼 수 있다. 대부분의 호텔들은 규모가 크고 다양한 시설을 갖춘 리조트 스파 형태이다. 물론 오랫동안 머무르며 온천 치료를 할 수 있는 작은 숙소들도 여럿 있다. 마로오온천가는 기리시마 관광의 거점으로 기념품 가게와 술집 등 유흥 시설도 발달해 있다.

기리시마국제호텔

마루오온천가에 있는 호텔이다. 마루오온천가에서 유일하게 가고시마 건너편의 사쿠라지마(桜島) 화산을 조망할 수 있는 숙소다. 사쿠라지마 화산은 가고시마의 상징으로 지금도 활발하게 활동하고 있는 화산이라 가끔씩 분연을 내뿜는다. 기리시마국제호텔은 현대적 감각이 느껴지는 온천 호텔이다.

교통편

① 가고시마공항 입국

특급 기리시마 가고시마추오역-기리시마진구역에서 버스 환승 15분

특급 기리시마 가고시마추오역 시간표(1시간 소요)

07:40   08:49   09:59   11:50   14:18   16:18   18:27   20:20

② 미야자키공항 입국

미나미미야자(南宮崎)역에서 특급 기리시마 이용, 기리시마진구역에서 버스 환승 15분

특급 기리시마 미나미미야자키역 시간표(1시간 20분 소요)

07:19   09:25   10:21   12:30   14:23   16:27   17:39   19:04

③ 구마모토공항 입국

구마모토역에서 JR패스 교환(구입) 후 큐슈 신칸센(매시간 1-3편)으로 가고시마추오역(鹿児島中央駅)에서 환승하면 된다.

기리시마 마루오온천행 버스(소요시간 29분) 기리시마진구역 출발시간표

08:42   09:42(토.일.공휴일운휴)   11:02   12:32(토.일.공휴일운휴)
14:17   17:02(토.일.공휴일운휴)

기리시마진구역행 버스 기리시마 마루오온천 출발 시간표

09:11   10:11(토.일.공휴일운휴)   11:31   13:01(토.일.공휴일운휴)
14:46   17:31(토.일.공휴일운휴)

50 — 타카치호온천 高千穂温泉

환상적인 폭포

타카치호 관광협회 홈페이지(한국어) takachiho-kanko.info/ko
성분 저장성 약알칼리 단순샘
효능 신경통, 근육통, 관절통, 오십견, 냉증

미야자키현 다카치호 협곡에 있는 작은 온천이다. 명탕은 아니기에 온천을 목적으로 하기보다는 관광 목적으로 방문하기에 적절하다. 잘 알려진 국가 명승지인 타카치호 협곡의 아름다운 경치를 돌아보고 피로를 풀기에 좋아서 마지막으로 소개한다. 온천가는 타카치호 협곡을 산책하고 난 뒤 돌아봐도 될 정도로 아주 작은 마을이다. 큐슈 남부 지방 향토 음식점과 이자카야 등이 있다. 120년의 역사를 자랑하는 타카치호 소주도 유명하다.

타카치호쿄(高千穂峽, 타카치호 협곡)

미야자키현 다카치호초(宮崎県高千穂町) 고카세가와(五ヶ瀬川)에 걸쳐 있는 협곡이다. 고카세가와강 협곡은 1934년 국가 명승지, 천연기념물로 지정되었다. 마나이노타키(真名井の滝), 타마다레노타키(玉垂の滝), 아라라기노타키(あららぎの滝)와 같은 유명 폭포들이 있다.

약 12만 년 전과 9만 년 전, 두 차례에 걸친 화산 대폭발로 분출된

뜨거운 경석류(輕石流, 화쇄류의 일종)가 당시의 고카세가와 협곡을 따라 두껍게 흘러내렸다고 한다. 경석류가 식는 과정에서 의회암(凝灰岩)이 됐으며 이는 주상절리의 형성으로 이어졌다. 침식에 의해서 다시 V자 협곡이 된 것이 타카치호 협곡이다. 7km에 걸쳐 높이 80-100m에 이르는 절벽이 이어져 있다. 이를 가리켜 고가세가와 협곡, 타카치호쿄라고 부른다.

협곡 절벽 위의 자연공원 안에 있는 오노코로 이케(おのころ池) 연못의 물은 다카치호쿄 내 강폭이 좁아진 부분으로 흘러내린다. 17m의 낙차로 쏟아지듯 흘러내리는 이것이 바로 마나이폭포이다. 마나이폭포는 '일본의 폭포 100선' 중 하나로 꼽힌다. 신화에 따르면 아메노무라 구모노미코토(天村雲命)라는 신이 천손(天孫)이 내려올 때 땅에 물이 없어서 물을 옮겼으며 이것이 용솟음치며 폭포가 되어 흘러내리게 되었다고 한다. 여름철에는 오후 10시까지 폭포 주변에 불을 밝혀 환상적인 분위기를 자아낸다.

'마나이폭포' 부근에는 협곡을 따라 산책로가 잘 조성되어 있다. 마나이폭포, 센닌노 뵤부이와(仙人の屏風岩, 신선의 병풍바위), 야리도비바시(槍飛橋) 등을 관광하며 다카치호 신사까지 갈 수 있도록 계단

식으로 이어져 있다. 협곡 아래에는 노를 젓는 보트를 빌려주는 곳이 있어 마나이폭포 가까이까지 다가가는 재미있는 경험을 할 수 있다. 여름에는 근처의 찻집 치호노이에(千穂の家)에서 원조 나가시소멘(流しそうめん, 흐르는 소면)을 즐길 수 있다.

타카치호 타비조엔 야마사토(旅情苑やまさと)

타카치호 버스터미널에서 5분 거리 언덕에 있는 조용하고 아담한 가정집 같은 숙소이다. 작은 온천탕을 무료로 대절해서 사용할 수 있다. 간소하고 정갈한 식사를 제공한다. 마을 중심가와 다카치로 협곡에서 가까워 편리하다.

• 전화 : 0982-72-2757

① 미야자키 공항 입국-특급 니치린(にちりん), 휴가(日向) 이용

미야자키-노베오카(延岡)역 버스 환승

특급 니치린, 휴가 미야자키-노베오카 시간표(1시간 10분 소요)

08:10	10:29	11:39	12:25	13:31	14:36	15:36
16:37	17:30	18:33	19:35	20:34	21:35	22:42

② 가고시마공항 입국-가고시마중앙역 환승, 특급 기리시마 미야자키역 환승

특급 기리시마 가고시마추오-미야자키 시간표(2시간 10분 소요)

07:40	08:49	09:59	11:50	14:18	16:18	18:27	20:20

특급 니치린, 휴가 미야자키-노베오카(延岡)역(①시간표 참조) 버스 환승

타카치호행 버스(소요시간 1시간 20-37분) 노베오카역 출발 시간표

06:50	08:45	08:45	10:00	11:00	12:00	13:00	14:00
15:00	16:55	17:20	18:15	20:00			

노베오카역행 버스 타카치호 출발 시간표

05:55	07:35	08:15	09:30	10:30	12:20	13:30	14:15
15:40	16:25	17:30	19:40				

JR남큐슈 레일패스 모델 코스 일정표

[3박 4일]

❶ 가고시마(1박)-이부스키온천(1박)-기리시마온천(1박)

1일 가고시마공항-가고시마중앙역 JR패스 교환(구입)

가고시마 시내 관광(사쿠라지마 등), 가고시마 숙박

2일 이부스키노 타마테바코 1호 가고시마중앙역 09:56-10:47 이부스키

이부스키온천가 관광, 숙박

3일 쾌속 나노하나 이부스키 09:32-10:35 가고시마중앙역 환승

기리시마 8호 11:50-12:40 기리시마진구역 버스 환승 12:56-13:25 또는

이부스키노 타마테바코 2호 이부스키 10:56-11:48 가고시마중앙역 환승

기리시마 8호 11:50-12:40 기리시마진구역 버스 환승 12:56-13:25

보통열차 13:10-14:08 기리시마진구역 버스 환승 15:21-15:50

기리시마 마루오온천가 관광, 숙박

4일 가고시마공항 버스 이동 귀국(공항버스 시간 사전 확인)

❷ 가고시마(1박)-타카치호(1박)-기리시마온천(1박)

이 코스는 기리시마진구역 버스 환승 시간이 1시간-1시간 30분으로 긴 편이다.

1일 가고시마공항-가고시마중앙역 JR패스 교환(구입)

가고시마 시내 관광(사쿠라지마 등), 가고시마 숙박

2일   기리시마 6호 가고시마중앙역 08:49-10:57 미야자키역 환승

휴가 2호 미야자키 11:39-12:42 노베오카버스 환승 노베오카 13:00-14:37

타카치호 또는 기리시마 8호 가고시마중앙역 09:59-12:10 미야자키역 환승

니치린 12호 미야자키 12:25-13:38 노베오카버스 환승

노베오카 14:00-15:20 타카치호, 타카치호 협곡 관광, 숙박

3일   버스 타카치호 08:15-09:52 노베오카 환승 니치린 3호 10:33-11:37

미야자키 환승 / 기리시마 9호 12:26-13:42 기리시마진구역 버스 환승

기리시마진구역 15:21-15:50 마루오온천 또는 버스 타카치호 10:30-11:50

노베오카 환승 / 니치린 시가이아 5호 12:08-13:07 미야자키 환승 /

기리시마 11호 14:19-15:37 기리시마 진구역 버스 환승 16:31-17:00

기리시마 마루오온천가 관광, 숙박

4일   가고시마공항 버스 이동 귀국(공항버스 시간 사전 확인)

❸ 구마모토-가고시마-기리시마온천(1박)-이부스키온천(1박)-구마모토(1박)

오전 도착 항공편의 경우이며 오후 항공편일 경우에는 1일를 구마모토 숙박으로 바
꾸고 4일 오전에 구마모토로 와서 공항으로 간다.

1일   구마모토공항 무료 셔틀버스-히고오즈-구마모토역 JR패스 교환(구입)

히고오즈-구마모토(매시간 2회 이상 운행)

큐슈 신칸센 미즈호 607호 구마모토 13:00-13:43 가고시마중앙역 환승

기리시마 12호 14:19-15:04 기리시마진구역 버스 환승 15:21-15:50 또는

큐슈 신칸센 사쿠라 405호 구마모토 14:15-15:11 가고시마중앙역 환승

보통열차 15:16-16:19 기리시마진구역 버스 환승 16:31-17:00

기리시마온천가 관광 숙박

2일 버스 기리시마온천 09:51-10:20 기리시마진구역 환승

기리시마 5호 10:39-11:27 가고시마중앙역 환승

이부스키노 타마테바코 3호 11:56-12:48 이부스키

이부스키온천가 관광, 숙박

3일 쾌속 나노하나 이부스키 09:32-10:35 가고시마중앙역 큐슈 신칸센 환승

큐슈 신칸센 가고시마중앙역-구마모토(매시간 2회 운행)

구마모토 시내 관광(구마모토성 등), 구마모토 숙박

4일 구마모토-오즈역 무료 공항 셔틀버스 공항 이동 귀국

[4박 5일]

가고시마(1박)-타카치호(1박)-이부스키(1박)-기리시마온천(1박)

1일 가고시마공항-가고시마중앙역 JR패스 교환(구입)

가고시마 시내 관광(사쿠라지마 등), 가고시마 숙박

2일 기리시마 6호 가고시마중앙역 08:49-10:57 미야자키역 환승

휴가 2호 미야자키 11:39-12:42 노베오카버스 환승 노베오카 13:00-14:37

타카치호 또는 기리시마 8호 가고시마중앙역 09:59-12:12 미야자키역 환승

니치린 10호 미야자키 12:25-13:38 노베오카버스 환승

노베오카 14:00-15:20 타카치호, 타카치호 협곡 관광, 숙박

3일 버스 타카치호 08:15-09:52 노베오카 환승 니치린 3호 10:32-11:37

미야자키 환승 / 기리시마 9호 12:26-14:28 가고시마중앙역

보통열차 가고시마중앙역 15:02-16:16 이부스키 또는

버스 타카치호 10:30-11:50 노베오카 환승

니치린 시가이아 5호 12:08-13:07 미야자키 환승

기리시마 11호 14:19-16:25 가고시마중앙역 보통열차 가고시마중앙역

17:12-18:23 이부스키, 이부스키온천가 관광, 숙박

4일 쾌속 나노하나 이부스키 09:32-10:35 가고시마중앙역 환승

기리시마 8호 11:50-12:40 기리시마진구역 버스 환승 12:56-13:25 또는

이부스키노 타마테바코 2호 이부스키 10:56-11:48 가고시마중앙역 환승

기리시마 8호 11:50-12:40 기리시마진구역 버스 환승 12:56-13:25

보통열차 13:10-14:08 기리시마진구역 버스 환승 15:21-15:50

기리시마 마루오온천가 관광, 숙박

5일 가고시마공항 버스 이동 귀국(공항버스 시간 사전 확인)

남큐규레일패스를 이용해 탈 수 있는 관광열차

1. 특급 우미사치 야마사치(海幸山幸) 삼나무로 장식한 관광열차(주말운행)

미야자키(宮崎)-난코(南郷)를 전차량 지정석으로 사전 예약 필수

2. 큐슈횡단 특급 구마모토-벳푸를 아소산 남쪽에서 횡단하며 경치가 좋다

일본 음식 문화 상식 사전

여행의 또 다른 즐거움 중 하나는 현지 음식을 맛보는 일이다. 그러나 일본 식당에 가면 우리와 다른 음식 문화 때문에 어려움을 겪는 경우가 종종 있다. 음식이나 재료의 이름을 몰라 헤매는 경우도 있을 것이다. 알아두면 요긴하게 쓸 수 있는 일본 음식의 이름 및 상식을 몇 가지 소개한다.

1. 메뉴 구성에 따른 종류

식당 쇼쿠도(食堂) 쇼쿠지도코로(食事処)

밥집 메시야(めしや, 飯屋)

밥 고항(ごはん, ご飯)

국 수프(スープ), 시루(しる, 汁),

오토시(お通し) 기본 반찬(안주, 일종의 자릿세로 보통 1인 300-500엔)

테이쇼쿠(定食, 정식) 주요리에 밥과 된장국(미소시루, 味噌汁) 포함

돈부리(丼) 밥 위에 요리를 얹은 덮밥

모리아와세(盛り合わせ) 사시미(刺身), 야키토리, 덴푸라 등 모듬 요리

오마카세(おまかせ) 주방장에게 일임하여 그날의 재료로 만든 특선 요리

갓포요리(割烹料理) 손님의 기호에 맞는 고급 요리를 즉석에서 조리해서 카운터나 테이블에서 먹는 요리. 정해진 메뉴에 따라 만든 카이세키와 저렴한 이자카야(居酒屋, 선술집) 사이의 요리이다.

카이세키(会席,懷石) 풀코스의 일본 전통 요리. 주로 전통 료칸, 호텔이나 요정에서 나온다.

바이킹(バイキング) 뷔페

타베호다이(食べ放題) 식사 무한 리필(일반적으로 60-120분 이내)

노미호다이(飲み放題) 술 무한 리필(일반적으로 30-120분 이내)

마쿠노우치 벤토(幕の内 弁当) 모듬 도시락으로 가장 일반적인 도시락

오모치카에리(お持ち帰り) 포장 판매(Take Out)

2. 조리 방법에 따른 종류

야끼모노(焼き物, 구이요리) 생선구이, 야키니쿠, 야채구이 등

이타메모노(炒め物, 볶음요리) 볶음밥(炒飯, 챠항), 고기볶음(肉炒め)

니모노(煮物) 니코미(煮込み) 조림 요리, 생선 조림, 야채 조림 등

무시(蒸し) 찜 요리. 고기, 야채, 장어 등을 대개 나무통에서 찐다.

호시(干し) 건어물 등 말린 식재료

쿠시야키(串焼き, 꼬치구이) 야키토리(焼き鳥, 닭꼬치구이)가 대표적이다.

쿠시카쯔(串かつ) 꼬치 튀김(프라이). 주로 오사카 지방에 많다.

나베(鍋) 전골 요리, 모쓰나베(もつ鍋, 일본식 곱창전골)

창코나베(ちゃんこ鍋) 일본식 모둠 전골

규스키나베(牛すき鍋) 소고기 철남비 전골

테팡 야키(鉄板焼き) 철판구이, 오코노미야키나 스테이크가 대표적

로바타야키(炉端焼き) 화로구이

덴푸라(天婦羅) 밀가루 반죽을 입혀 튀긴 튀김

카라아게(唐揚げ) 밀가루 반죽 대신 밀가루만 입혀 튀긴 튀김

카쯔(かつ), 후라이(フライ) 계란물에 적셔 빵가루를 입혀 튀긴 튀김

오니기리(おにぎり) 손바닥으로 쥐어서 만든 주먹밥. 삼각김밥 등

쓰케모노(漬物) 나라쓰케, 단무지처럼 소금이나 간장, 식초 등에 절인 식품

3. 음식 종류

초밥(すし, 寿司)

니기리스시(にぎりすし) 밥을 손바닥에 쥐어 만든 가장 일반적인 스시. 생선
초밥이 대표적이다.

마키스시(巻すし) 주로 김으로 말아서 만든 김초밥. 굵기에 따라 굵은 후토
마키(太巻)와 가는 호소마키(細巻)가 있다.

이나리스시(いなりすし) 유부 초밥

군칸스시(軍艦すし) 김밥 위에 성게알, 연어알, 게살, 샐러드, 다진 회 등을 올려서 만든 군함 모양의 초밥

찌라시스시(ちらしすし) 초밥 위에 조미된 여러 가지 재료들 섞어 계란 지단, 김과 함께 뿌리듯 얹어서 만든 초밥

무시스시(蒸しすし) 초밥 위에 각종 재료를 얹어서 나무통에서 쪄낸 초밥

하코스시(箱すし) 주로 오사카 지방 초밥으로 상자 속 초밥 위에 재료를 올려 눌러서 만든 초밥

우동

카케우동(かけうどん) 기본적인 우동(국물에 파만 얹은 우동). 토핑에 따라 덴푸라 우동, 쓰키미(月見) 우동 등이 된다.

자루우동(ざるうどん) 국물 없는 채반의 면을 간장 소스에 찍어 먹는 우동

붓카케우동(ぶっかけうどん) 국물 없는 면에 각종 소스 등을 부어 먹는 우동

소바

카케소바(かけそば) 기본적인 소바(국물에 파만 얹은 소바). 토핑에 따라 덴푸라 우동, 쓰키미(月見) 소바 등이 된다.

자루소바(ざるそば) 국물 없는 채반의 면을 간장 소스에 찍어 먹는 소바. 일본에서는 그냥 소바를 주문하면 뜨거운 국물의 카케소바가 나오므로 판메밀국수를 시키려면 반드시 자루(모리)소바를 주문해야 한다.

와리코소바(割り子そば) 3단의 작은 소바 그릇에 나누어 산채, 마, 등 토핑을 얹어 간장 소스를 붓거나 찍어 먹는 소바로, 시마네현의 이즈모시(出雲)가 유명하다.

라멘

최근에는 각지의 해산물이나 특산물을 이용한 독특한 라멘들도 많이 개발

되어 느끼한 것을 싫어하는 사람들의 입맛에도 맞추고 있다.

돈코츠라멘(豚骨ラーメン) 돼지뼈 육수로 만든 일반적인 라멘

시오라멘(塩ラーメン) 담백한 맑은 국물에 소금으로 간을 맞춘 라멘. 홋카이도의 하코다테식 라멘

미소라멘(味噌ラーメン) 육수에 일본 된장을 섞어 구수한 풍미의 라멘. 홋카이도의 삿포로식 라멘

쇼유라멘(醤油ラーメン) 육수에 일본 간장으로 간을 한 라멘. 홋카이도의 아사히카와식 라멘

야키토리(焼鳥)

양념구이 타레야키(たれ焼き)

소금구이 시오야키(塩焼き)

닭살+대파 꼬치 하사미(はさみ)

네기마 ネギま

닭살꼬치 모모(もも, 허벅지살)

닭 모래집(스나) 즈리(砂ずり)

닭 간 기모(きも, 레바, レバー)

닭 껍질 카와(かわ)

닭 염통 코코로(こころ, 하토 ハート, 하츠 ハツ)

닭 완자(허벅지살, 가슴살 다짐) 츠쿠네(つくね)

닭 날개 테바사키(手羽先)

닭 연골 난코츠(軟骨)

암탉 난소(달걀 되기 전) 타마히모(玉ひも)

닭 다릿살 미(み)

닭 엉덩이살 본지리(三角, ぼんじり, 힛푸 ヒップ)

닭 목살 세세리(せせり)

오뎅 메뉴

사쓰마아게 さつま揚げ 다진 생선 살을 모양을 내서 튀긴 기본 오뎅

사쿠와 さくわ 구운 원통형 오뎅

한펜 はんぺん 흰살 생선 오뎅

아부라게노 후쿠로니 あぶらげの袋煮 유부 주머니 오뎅

아쓰아게 厚揚げ 튀긴 두부

가마보코 かまぼこ 색깔 입힌 흰 오뎅

간모도키 がんもどき 두부를 으깨서 당근, 연근, 우엉 등과 섞어 튀긴 오뎅

다이콘 大根 무

타마고 卵 삶은 계란

곤야쿠 ごにゃく 곤약

(규)스지 牛すじ 소 힘줄

4. 조미료 이름

소금 시오(しお, 塩)

설탕 사토(さとう, 砂糖)

간장 쇼유(しょうゆ, 醬油)

쯔유 조미 간장(소바 소스로도 쓰인다)

폰즈(ポン, 酢) 감귤류 식초 간장

식초 스(す, 酢)

된장 미소(みそ, 味噌)

참기름 고마아부라(ごまあぶら, 胡麻油)

콩기름 다이즈유(大豆油)

시치미(七味) 고춧가루 등 7가지가 든 조미료

후추 코쇼(こしょう, 胡椒)

타레(たれ) 조미된 양념의 통칭

5. 식재료 이름

생선, 해산물

연어 사케(さけ, 鮭)

참치 마구로(まぐろ, 鮪)

방어 부리(ぶり, 鰤)

잿방어 칸파치(カンパチ, 間八)

도미 타이(たい, 鯛)

참돔 마다이(まだい, 真鯛)

돌돔 이시다이(いしだい, 石鯛)

감성돔 쿠로다이(くろだい, 黒鯛)

금눈돔 킨메다이(きんめだい, 金目鯛)

가다랑어 가쓰오(かつお, 鰹)

고등어 사바(さば, 鯖)

광어 히라메(ひらめ, 平目)

꽁치 산마(さんま, 秋刀魚)

전갱이 아지(あじ, 鯵)

정어리 이와시(いわし, 鰯)

청어 니신(ニシン)

가자미 카레이(カレイ, 鰈)

임연수 홋케(ほっけ)

삼치 사와라(サワラ, 鰆)

갈치 타치우오(タチウオ, 太刀魚)

농어 스즈키(すずき, 鱸)

쥐놀래미 아이나메(あいなめ)

보리멸 키스(きす, 鱚)

학꽁치 사요리(さより, 細魚)

전어 코하다(こはだ)

뱅어(실치) 시라우오(しらうお, 白魚)

송어 마스(マス, 鱒)

곤들메기 이와나(イワナ, 岩魚)

문어 타코(たこ)

새우 에비(えび, 海老)

단새우 아마에비(甘エビ)

꽃새우 시마에비(しまえび)

오징어 이카(イか, 烏賊)

갑오징어 코우이카(こういか)

한치 야리이카(やりいか)

꼴뚜기 호타루이카(ほたるいか)

게 가니(かに, 蟹)

털게 게가니(毛がに, 毛蟹)

바다참게(대게) 즈와이가니(ずわいがに)

갯가재 샤코(しゃこ, 蝦蛄)

민물장어 우나기(うなぎ, 鰻)

바다장어 아나고(あなご, 穴子)

가리비 호다테(ほだって, 帆立)

바지락 아사리(あさり)

백합조개 하마구리(はまぐり, 蛤)

대합 오아사리(大あさり)

뿔소라 사자에(サザエ)

전복 아와비(あわび, 鰒)

키조개 타이라가이(たいらがい)

재첩 시지미(しじみ, 蜆)

피조개 아카가이(あかがい, 赤貝)

왕우럭조개 미루가이(みるがい)

홍합 이가이(イガイ)

굴 카키(かき, 牡蠣)

김 노리(のり, 海苔)

톳 히지키(ひじき)

미역 와카메(わかめ)

다시마 콘부(こんぶ, 昆布)

성게알 우니(うに)

연어알 이쿠라(いくら)

명란 멘타이코(めんたいこ, 明太子)

날치알 토비코(とびこ, 飛び子)

이리 시라코(しらこ, 白子)

청어알 카즈노코(かずのこ)

멍게 호야(ほや)

해삼 나마코(ナマコ)

채소

오이 규리(きゅうり, 胡瓜)

가지 나스(なす, 茄子)

파 네기(ねぎ)

양파 타마네기(たま, 玉, ねぎ)

마늘 닌니쿠(にんにく, 葫)

생강 쇼가(しょうが, 生姜)

배추 하쿠사이(はくさい, 白菜)

양배추 캬베츠(キャベツ)

무우 다이콘(だいこん, 大根)

부추 니라(ニラ, 韮)

고추(가루) 토가라시(とうがらし, 唐辛子)

풋콩 에다마메(えだまえ, 枝豆)

완두콩 엔도마메(エンドウ豆)

땅콩 랏카세이(落花生), 피나츠(ピーナッツ)

시금치 호우렌소우(ほうれん草)

쑥갓 기쿠(しゅんぎく, 春菊)

당근 닌징(にんじん)

애호박 주키니(ズッキーニ)

단호박 카보챠(かぼちゃ, 南瓜)

양상추 레타스(レタス)

숙주나물 모야시(もやし)

우엉 고보(ごぼう)

팽이버섯 에노키(えのき)

양송이버섯 맛슈루무(マッシュルーム)

표고버섯 시이타케(しいたけ, 椎茸)

송이버섯 마츠타케(松茸)

느타리버섯 히라타케(ヒラタケ)

새송이버섯 에린기(エリンギ)

죽순 타케노코(たけのこ, 竹の子)

연근 렌콘(レンコン, 蓮根)

감자 쟈가이모(じゃがいも, じゃが芋)

고구마 사쓰마이모(さつまいも, 薩摩芋)

토란 사토이모(さといも, 里芋)

산마 야마이모(やまいも, 山芋)

곡물

쌀 코메(こめ, 米)

찹쌀 모치 코메(もち米)

보리 무기(むぎ, 麦)

밀 코무기(こむぎ, 小麦)

콩 마메(まめ, 豆)

팥 아즈키(あずき, 小豆)

대두 다이즈(大豆)

완두콩 엔도우(エンドウ)

강낭콩 인겐마메(インゲン豆)

붉은강낭콩 킨토키마메(金時豆)

메밀 소바(そば, 蕎麦)

참깨 고마(ごま, 胡麻)

들깨 에고마(えごま)

좁쌀 아와(あわ, 粟)

과일

사과 링고(りんご)

배 나시(なし, 梨)

단감 카키(かき, 柿)

복숭아 피치(ピーチ), 모모(もも, 桃)

딸기 이치고(いちご, 苺)

포도 부도(ぶどう, 葡萄)

감귤 미캉(みかん, 蜜柑)

금귤 킨캉(きんかん, 金柑)

체리 사쿠란보(さくらんぼ)

수박 스이카(すいか, 西瓜)

자두 스모모(すもも), 프라무(プラム)

살구 안즈(杏子), 아프리코토 アプリコット

매실(절임) 우메(梅, 干し, 보시)

육류 및 기타 식재료

소고기 규니쿠 (ぎゅうにく, 牛肉)

돼지고기 부타니쿠(ぶたにく, 豚肉)

닭고기 토리니쿠(とりにく, 鶏肉)

오리고기 카모니쿠(かもにく, 鴨肉)

두부 토후(とうふ, 豆腐)

튀긴두부 아게토후(あげとうふ, 揚げ豆腐)

포두부(두부막) 유바(ゆば, 湯葉)

달걀 타마고(たまご, 卵, 玉子)

계란 프라이 메타마야키(目玉焼き)

계란찜 차완무시(茶碗蒸し)

수란 온센타마고(温泉たまご)

메추리알 우즈라타마고(うずら卵, 鶉卵)

6. 일본의 술

일본주(니혼슈, 日本酒)

일반적으로 '사케(酒)'라고 하며 양조용 쌀로 만든다. 쌀의 도정 정도와 주정(양조용 알코올)의 첨가 여부에 따라 등급이 나뉜다. 알코올 도수는 14-15%이다. 맛에 따라 단계별로 아마쿠치(甘口, 단맛)부터 츄우카라(中辛, 중간 맛), 카라쿠치(辛口, 쓴맛)로 구분한다.

사케의 등급은 다음과 같다.

- 준마이 다이긴죠(純米大吟釀) : 쌀 100%로 50% 이하로 도정하여 빚은 술
- 준마이 긴죠(純米吟釀) : 쌀 100%로 60% 이하로 도정
- 다이긴죠(大吟釀) : 주정 일부 포함, 50% 이하로 도정
- 토쿠베쓰 준마이(特別純米酒) : 쌀 100%로 60% 이하 도정 또는 특별한 제조
- 준마이(純米酒) : 쌀 100%로(일반적으로 70% 내외) 도정
- 혼조죠(本釀造) : 주정 일부 포함, 70% 이하로 도정
- 야마다 니시키(山田錦) : 대표적인 일본의 양조용 쌀 품종으로 술병이나 상표에 많이 표시되어 있다.

일본 소주(쇼쥬, 燒酎)

곡식을 증류해서 만든 증류주로 알코올 도수는 20-25%이다. 간혹 40%짜리도 있기는 하나 요즘은 20-22%의 저도주로 가는 추세이다. 큐슈 지방에서는 사케보다는 소주를 더 많이 즐긴다. 소주는 로크(ロック, 언더락),미즈와리(水割り, 물에 희석)로 주로 마신다. 우롱차나 과일 음료에 타서(우롱하이, 츄하이 酎ハイ) 마시기도 하고 뜨거운 물에 타서(お湯割り, 오유와리) 마시기도 한다.
- 이모쇼쥬(고구마소주 芋燒酎) : 주로 가고시마(鹿児島) 특산물인 사쓰마이모(薩摩芋, 사쓰마고구마)로 양조. 향이 강하다. 가장 인기가 높다.
- 무기쇼쥬(보리소주 麦燒酎) : 보리로 만든 소주로, 비교적 향이 부드럽다.
- 코메쇼쥬(쌀소주 米燒酎) : 쌀로 만든 소주로, 인기가 낮은 편이다.
- 아와모리(안남미소주 泡盛) : 오키나와 소주로 주로 안남미(安南米)로 만든다.

7. 대표적인 일본 프랜차이즈 식당

저렴한 가격으로 아침이나 점심을 간단하게 먹을 수 있는 전국적인 프랜

차이즈 식당을 소개한다.

규동(牛丼, 쇠고기덮밥)과 아침 정식(朝定食) 등 저렴하고 간단한 식사

요시노야(吉野家), 마쓰야(松屋), 스키야(すき家)

조식과 각종 일식정식(돈가스, 생선구이, 햄버그 등)을 먹을 수 있는 식당

미야모토 무나시(宮本むなし), 야요이켄(やよい軒)

파스타 등 이탈리아 음식을 저렴하게 먹을 수 있는 식당

이탈리아 토마토, 사이제리아

간단한 일본식 경양식을 저렴하게 먹을 수 있는 식당

가스토(ガスト) : 패밀리 레스토랑 SKYLARK 계열

각종 사누키 우동과 덴푸라를 저렴하게 먹을 수 있는 대표적인 식당

마루카메 제면소(丸亀製麺所)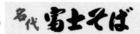

각종 소바(메밀국수)와 덴푸라를 저렴하게 먹을 수 있는 식당

나다이 후지소바(名代富士そば) 名代 富士そば

간단한 일본식 중화요리를 저렴하게 먹을 수 있는 식당

히다카야(日高屋)

교자(餃子, 만두)와 간단한 중화요리 전문점

오사카 오쇼(大阪王将), 교자노 오쇼(餃子の王将)

테이크 아웃 도시락 전문점 호토모토(HOTO MOTO)

8. 이자카야 프랜차이즈

다양한 메뉴가 사진으로 되어 있으며 한글도 표기되어 있는 경우도 많다.
비교적 저렴하여 누구나 쉽게 이용할 수 있으므로 몇 군데 소개한다.

니혼카이쇼야(日本海庄や), 우오타미(魚民), 와타미(和民), 자·와타미

하나노마이(はなの舞), 와라와라(笑笑), 시로키야(白木屋)

이소마루 스이산(磯丸水産), 센넨노우타게(千年の宴)

야키토리 전문점 다이키치(大吉), 토리기조쿠(鳥貴族)

9. 각 지역별 특색 있는 에키벤

각 기차역마다 다양한 종류의 지역 특산물로 만든 에키벤들이 많이 있으
므로 각자 취향에 맞는 도시락들을 골라 먹는 재미도 느껴볼 수 있다.

아오모리역(青森駅)
아오모리 특산 가리비 도시락(帆立弁当)

홋카이도 최북단 왓카나이역(稚内駅)
게살 도시락(カニ弁当)

마쓰자카역(松坂駅)
일본 3대 와규 마쓰자카 소고기도시락(松坂牛弁当)

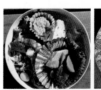
닛코역(日光駅)
유바 치라시 도시락(ゆばチラシ弁当)

모리오카역(盛岡駅)
증기기관차 은하철도 차내 판매 도시락(SL銀河弁当)

홋카이도 동쪽 끝 네무로역(根室駅)
게살 솥밥 도시락(カニ釜めし弁当)

이즈아타카와역(伊豆熱川駅)
금눈돔 소금구이 도시락(金目鯛塩焼き弁当)

다카야마역(高山駅)
송이 솥밥 도시락(松茸釜飯弁当)

나고야역(名古屋駅)
마쿠노우치 도시락(幕の内弁当)

도자기의 고장 큐슈 아리타역(有田駅)
야키카레 도시락(焼きカレー弁当)

다양한 식재료를 사용한 도시락

바다장어덮밥 도시락(穴子丼弁当)

민물장어덮밥 도시락(鰻丼弁当)

햄버그 도시락(ハンバーグ弁当)

치라시스시 도시락(ちらし寿司弁当)

건강 도시락(健康弁当)